Le choix d'adopter

Anne Meunier

Le choix d'adopter

Flammarion

ISBN : 2-08-067282-7

À mes enfants

Avant-propos

Encore un livre sur l'adoption ! Mythe vieux comme le monde, question d'actualité, phénomène de société, aventure sans frontières, mais aussi aspiration à fonder ou à agrandir sa famille, rencontre guidée par le hasard : le sujet est inépuisable et l'émotion toujours là.

Soulignons d'emblée l'essentiel : adopter c'est, avant tout, établir une filiation. Pour l'adopté cela implique une absence ou une rupture partielle, sinon totale, de filiation antérieure. Autrement dit, le lien de parenté qui l'unissait à ses père et mère change. Cet aspect fondamental est banalisé, négligé. Les conséquences de l'instauration d'une filiation ou sa substitution sont trop souvent méconnues. Les futurs parents adoptifs souhaitent offrir à un enfant déshérité ce que sa famille ne peut lui donner, les conditions d'éducation que son pays, quand il vient de l'étranger, ne lui aurait pas apportées. Leurs premières préoccupations tournent autour des obligations administratives, des délais, des filières, puis de son arrivée et de ses traumatismes présumés. Dans cette première approche la transmission du nom et de l'héritage, l'inscription dans la généalogie n'entrent guère en ligne de compte. Cet acte symbolique, dont un jugement marque l'engagement, passe au second plan, comme s'il résultait logiquement de l'accueil qui lui est réservé. Pourtant, il existe bien d'autres manières de manifester sa sensibilité et son intérêt à l'égard des enfants malheureux. Alors, quel est le moteur qui oriente, de préférence à un autre choix, vers l'adoption ?

Nous voudrions aborder ce sujet à partir de centaines d'entretiens. Nous avons rencontré, depuis des années, en qualité de psychologue-psychanalyste attachée à un service départemental spécialisé, un grand nombre de candidats à l'adoption. Ils sollicitent un agrément administratif au détour duquel le contexte psychologique proposé doit faire l'objet d'une appréciation. Nous nous appuierons au fil de ces pages sur leurs réflexions en ayant, cela va de soi, modifié les prénoms et les lieux afin de respecter le secret professionnel.

Quel désir tente ici de se satisfaire ? Nous ne pouvons collaborer qu'en offrant à chacun la possibilité d'une élaboration individuelle de cette question. Une réponse singulière à la souffrance d'exister, dont une part est tributaire des progrès de la culture, est recherchée dans cette forme de parenté, selon un parcours chaque fois unique. Sa mise en lumière à partir des interrogations soulevées lors de ces entretiens est-elle généralisable ? Évidemment pas. Néanmoins, au-delà de la particularité de chaque démarche, des lignes de force s'esquissent. Elles tiennent à la situation d'ensemble créée par notre civilisation scientifique. Le psychanalyste ne peut ignorer ce qu'il en est des rapports de parenté et ce que recouvrent les termes de père, mère, enfant. À l'occasion de ce travail d'éclaircissement, autour des attentes liées à cette forme de filiation, apparaît, comme grossie à la loupe, l'aspiration au bonheur pour soi et pour l'enfant.

Il nous est apparu nécessaire d'en dire quelque chose : non pas de faire un état des lieux, non pas de proposer un guide pratique ou administratif, non pas de recueillir des témoignages d'adoptants et d'adoptés, ni de prodiguer conseils et recommandations mâtinés de psychologie. Alors quoi ? Mettre en forme une expérience qui confronte l'attente d'un enfant désiré, voulu, choisi, à l'évolution des lois et des mœurs. Pourquoi cette institution ancienne occupe-t-elle une telle place aujourd'hui ? Comment comprendre la valorisation indéniable, tant individuelle que collective, dont elle est devenue l'objet ? Est-elle à lire comme une figure du malaise contemporain ? Il nous a paru intéressant d'interroger le discours sur l'adoption qui semble donner consistance à l'idéal d'un amour universel du prochain.

Lors de l'expression de cette demande adressée à un service social, quelle position tenir ? Il ne saurait être question de sélectionner des hommes et des femmes supposés savoir adopter. Le bon parent n'existe pas. Bien plutôt, il s'agit de faire en sorte que chacun puisse repérer quelque chose de ce vouloir, de ce désir qui soutient sa démarche, et aperçoive ce que recouvrent pour lui les termes de père et mère adoptifs. Si le couple est sans enfant, souhaite-t-il devenir « comme tout le monde », ou s'agit-il d'autre chose ? S'il en a déjà, son projet est-il l'effet d'une lubie, d'un snobisme, d'un enjeu familial trop problématique ?

Occuper cette place eût été, pour nous, impossible sans l'apport de la psychanalyse et la référence à son éthique. En effet, il est crucial de garder sa distance face aux idéaux de l'époque dont nous essaierons de montrer que l'adoption est un des plus beaux fleurons. Comme il est tout aussi crucial d'apprécier avec la plus grande prudence la singularité de celui qui tente d'exprimer quelque chose à propos de ce choix.

Loin de nous l'intention de dresser un profil type des adoptants ou d'en faire une minorité particulière en fonction de critères sociologiques, matrimoniaux ou psychologiques.

Pour tout un chacun, car il nous concerne tous, une grande part du « désir » dit « d'enfant » reste énigmatique. Dans les propos de ces futurs parents, l'enfant devient l'objet d'une réflexion à ciel ouvert que ceux qui les font « sans y penser » ne formulent pas à haute voix. Les méandres de ce désir viennent croiser les conjonctures scientifiques, sociales, économiques. Ils nous semblent illustrer de façon exemplaire l'évolution des structures familiales. Nous voudrions en rendre compte en nous éclairant des propos de ceux qui s'en remettent à l'administration pour obtenir l'aval de la société, légitimer leur projet : être parents « à la mode », mais pas « de chez nous ».

Introduction

Nombre d'enfants abandonnés, exposés, puis adoptés sont devenus illustres. Leurs parents adoptifs, en revanche, quel que soit leur rang, n'ont pas eu cette notoriété, si ce n'est, parmi les pionniers de l'adoption internationale, Joséphine Baker. Hier comme aujourd'hui, évoqués avec admiration pour « leur beau geste », ils sont désormais plaints de devoir tellement « se battre » pour obtenir satisfaction.

Des mythes aux contes

À l'origine, les figures héroïques des mythes fondateurs des grandes civilisations, tels Œdipe dans la tragédie grecque et Moïse dans la religion judéo-chrétienne, ont été des enfants sans attache familiale avant d'être « adoptés ».

Dans la pièce *Œdipe roi* de Sophocle [1], Laïos, roi de Thèbes, pour échapper à l'oracle prédisant qu'il mourrait de la main du fils qu'il aurait de Jocaste, lie les pieds d'Œdipe et charge un serviteur de l'abandonner sur une montagne déserte. Celui-ci ne s'y résout pas et confie Œdipe à un vieux berger, en pensant qu'il l'emmènera à l'étranger. Le berger à son tour croit sauver l'enfant. Il le confie à la cour de Corinthe où règne un couple stérile.

1. Sophocle, *Théâtre complet*, Paris, Flammarion, 1964 et 1990, p. 105-143.

Œdipe sera élevé dans « un vieux palais » qu'il appellera « paternel » par Polybe, son père adoptif, et sa femme Mérope. Un jour, un convive aviné le traite d'« enfant supposé » et provoque son désir de savoir la vérité. Malgré leur tendresse, ses parents ne répondent pas à sa question. Œdipe, blessé dans son orgueil, brûlé par l'insulte, consulte un oracle. Il fuit son pays pour ne pas accomplir les calamités annoncées : être le meurtrier de son propre père, s'unir à sa mère, avoir une monstrueuse postérité. Mais son destin tragique fera qu'à son insu ce meurtre parricide et cette union incestueuse auront lieu puisqu'il ne peut reconnaître son père ni sa mère, ayant été adopté par d'autres.

La nature incestueuse du désir n'a pas attendu l'invention freudienne du très fameux « complexe d'Œdipe ». Mais cette référence a mis en relief le passage obligé par la haine du parent du même sexe et le désir envers celui de sexe opposé, et leur pacification nécessaire par l'interdit. Elle fait valoir aussi la soumission des relations de parenté à des lois qui rendent possible la vie sociale.

Libérateur et législateur du peuple juif, Moïse [1] doit, lui, dès sa naissance, être caché. Puis sa mère le dépose, à trois mois, dans une corbeille parmi les roseaux du Nil afin qu'il échappe au massacre de tous les enfants mâles des Hébreux ordonné par le Pharaon. La fille de celui-ci l'aperçoit et le sauve des eaux. La nourrice qui l'allaitera ne sera autre que celle dont il est né. Il grandit, traité par la princesse égyptienne comme un fils. Il a deux familles comme les enfants trouvés des contes mais, contrairement à l'habitude, la première famille est modeste, la seconde, celle qui l'élève, de haut rang.

Sa vocation, ainsi que celle d'Œdipe, tient à la conjonction de plusieurs données : une sombre prédiction

1. Exode, II, 1-10.

en cas de conception, une naissance à dissimuler et la mort évitée de très peu par le hasard d'une rencontre salvatrice.

Les contes de l'enfance utilisent abondamment les épreuves que sont l'abandon, la disparition des parents, l'isolement, l'angoisse suscitée par l'évocation des séparations, la peur de l'inconnu et les risques de mort.

Les rois et les reines peuvent se trouver dans l'obligation de confier l'enfant qu'ils aiment. C'est le cas dans un conte de Grimm, « Le fidèle Jean [1] ». Un roi sentant sa mort prochaine fait promettre à son serviteur préféré d'instruire en tout son fils, d'être son père adoptif, mais de ne pas lui montrer le portrait d'une princesse dont, pour son plus grand malheur, il tomberait amoureux. Sur l'insistance du jeune roi, le fidèle Jean cède, trahit sa promesse et ouvre la porte de la chambre où se trouve le portrait dangereux. Il sera ensuite condamné à être pétrifié pour avoir aidé son maître à enlever la princesse et cherché à le sauver des conséquences de sa passion. L'adopté, roi reconnaissant, n'hésitera pas à décapiter ses deux enfants chéris pour que le serviteur fidèle revienne à la vie. Le récit précise que le roi ne peut mourir en paix que si son fils retrouve un père qui lui transmettra les richesses du royaume dont fait partie le tableau interdit à son regard. Une fois devenu père à son tour, l'orphelin manifestera sa gratitude vis-à-vis de celui qui l'a élevé.

Petits et grands, nous ne nous lassons pas de ces récits puisqu'ils traitent des mystères des choses de la vie et que les souhaits s'y accomplissent. Fictions, ils prennent l'apparence de la vérité parce que ce sont des histoires de famille dont il est possible aux héros de se détacher pour courir « le vaste monde » et « être heureux jusqu'à la fin de leurs

1. Grimm, *contes*, Paris, Gallimard, Folio, 1995, p. 43-53.

jours ». Ils transmettent indirectement ce qui tient à la structure même de l'expérience humaine : quelque chose manque au bonheur ; la réussite du héros dont les épreuves jalonnent le parcours est longtemps différée, avant que, la magie du merveilleux l'emportant, il n'accède à un bonheur sans faille.

De nombreuses œuvres romanesques utilisent le ressort mélodramatique de l'enfant trouvé, substitué, retrouvé au fil de péripéties interminables : grâce à un signe de reconnaissance (« la croix de ma mère »), l'orphelin est identifié par celle qui, lui ayant donné le jour, l'avait abandonné. Il demeure une ombre autour de l'origine, une incertitude sur la filiation, que sa naissance soit supposée glorieuse ou honteuse. Les suites de l'abandon tiennent à un hasard, à la rencontre avec des parents qui remplacent les premiers. Ils sont simples, bons, compatissants.

Les légendes content ce que l'on sait depuis toujours, en insistant sur cette substitution des uns aux autres : pour qu'il soit vivant, désirant, il faut donner une place à celui qui vient au monde. Le fait de compter pour quelqu'un, d'être l'objet de son désir, constitue un point d'ancrage, un arrimage essentiel. Ainsi, chacun de nous, bon an, mal an, a dû accepter pour parents les adultes penchés sur son berceau et pas d'autres. De leur côté, cet homme et cette femme se sont peu à peu sentis responsables, père, mère de cet enfant-là et pas d'un autre. En ce sens, les parents ne peuvent être qu'adoptifs et les enfants, quel que soit leur sang, qu'adoptés. Il s'agit ici d'une donnée universelle de la réalité psychique individuelle. Voilà pourquoi, sans doute, nous restons si sensibles à ce thème alors que nous ne sommes, réellement, juridiquement, ni adoptés ni adoptants. En revanche, le système mis en place avec procédure et prononcé judiciaire de la filiation ne se concrétise sur ce mode que pour quelques-uns.

Néanmoins nos relations familiales sont l'objet d'un grand nombre d'interrogations : « Qui suis-je ? » ; « D'où viennent les enfants ? » ; « De qui suis-je né ? » ; « Mon père est-il mon père ? » ; autrement dit : « De quel désir suis-je l'adopté ? » Chacun se pose ces questions et y répond à travers ce que Freud a décrit comme « le roman familial des névrosés [1] ». Il s'agit d'une expérience normale, le plus souvent oubliée, de la vie infantile. Il est question dans chaque roman familial de la filiation, de la paternité, de l'infidélité éventuelle de la mère. Quand les parents n'apparaissent plus aux yeux de l'enfant comme des êtres pleins de vertus, de pouvoirs, sans défaillances, celui-ci doit admettre qu'ils ne sont pas parfaits, comme il le croyait, et cela lui est insupportable. Pour affronter ce démenti de la toute-puissance parentale et plus particulièrement paternelle, il se raconte une histoire, s'invente d'autres origines, ailleurs, se croit trouvé, adopté. Il fait de ses parents des étrangers pour ne pas être des leurs. Il se dotera d'une figure paternelle prestigieuse par compensation, déniant à son père tout droit sur sa vie, lorsqu'il aura compris que la mère est toujours certaine. Cette fiction individuelle, par laquelle il échapperait à sa configuration familiale, est construite comme un mythe pour cerner une vérité. Tous, donc, nous nous interrogeons sur nos ascendants, même lorsqu'ils ne nous sont pas inconnus, à plus forte raison lorsque nous ne les connaissons pas.

Le sort inhabituel des enfants réellement abandonnés se prêtait il y a quelques décennies, et se prête encore, à une représentation romancée, qui puise son imagerie à la fois dans la tragédie antique, le conte et le fait divers. L'enfant trouvé avait été porté par une femme, séduite et abandonnée. Courageuse dans sa détresse, elle décidait qu'elle ne

1. S. Freud, *Le Roman familial des névrosés* (1909), in *Névrose, psychose et perversion*, Paris, PUF, 1973, p. 157-160.

pouvait pas l'élever. Elle le remettait à une sage-femme ou le déposait sur le parvis d'une église. Un lange brodé d'un chiffre, une médaille servirait de signe de reconnaissance pour plus tard. Fruit d'unions illicites, enfant de l'amour consenti ou violenté, il échappait à la misère, à l'alcoolisme, à l'errance ; bref, à un funeste destin. Les enfants qui avaient la chance d'être nés dans une famille devaient se méfier des bohémiens. Présentés comme voleurs d'enfants, ils les faisaient travailler et les forçaient à mendier. Les parents adoptifs étaient jeunes, amoureux, unis par les liens du mariage depuis quelques années. Sans enfants, ils s'étaient faits à l'idée d'adopter. Le ciel restant sourd à leur supplique ils se tournaient vers la société afin qu'elle leur confiât un de ses orphelins que l'on disait pupille. Ils en faisaient une affaire privée, très privée, secrète même. Moralement, ils étaient éprouvés. Puis, enfin, un enfant leur était confié. Choisi pour eux, il les attendait dans une pouponnière où il recevait des soins mais manquait d'affection. On racontait que, plus tard, il découvrait par hasard, en lisant des papiers ou par une indiscrétion, en écoutant aux portes, ce secret de famille enfin dévoilé. Chacun connaissait un cas rare et intéressant qu'il évoquait à mi-voix.

Ces figures tenaces de l'enfance malheureuse inspirent les commentaires et colorent les attentes des futurs parents. Avant d'apprécier à quelle réalité sociale elles correspondent, deux postulats énoncés comme allant de soi méritent qu'on s'y arrête : « Il est naturel de vouloir un enfant » ; « Il est naturel d'adopter puisque cela existe ».

Pourquoi des enfants ?

Les circonstances d'une naissance sont chaque fois uniques : enfant du désir, de la volonté, enfant-accident, enfant de l'amour, enfant de la misère. Et, quel que soit son sort ensuite – accepté, donné, abandonné, adopté –, il se demandera : « Pourquoi m'ont-ils fait naître ? » À l'âge adulte, hommes et femmes sont confrontés à leur tour à la question : « Pourquoi des enfants ? »

Interrogeons l'évidence : est-ce raisonnable de mettre au monde des enfants, serait-ce plus raisonnable de les adopter ? Finalement, pourquoi des enfants ? À quelle impérieuse nécessité le besoin de se reproduire répond-il chez la plupart des êtres humains ? Pourquoi dépenser tant d'énergie à contrôler la procréation et à lutter contre la stérilité ? Bien sûr la reproduction existe chez toutes les espèces animales. C'est la vie, dira-t-on !

Pour les humains le terme de procréation marque la distance d'avec la reproduction. Car l'homme se distingue de l'animal, il parle. Il dispose de mots, d'une grammaire, d'une logique qu'il découvre petit à petit. Il les trouve à sa disposition pour nommer ce qui est tangible, mais aussi ce qui est absent et ne peut être que représenté. Cette possibilité organise le temps, explicite l'ordre des générations, le lien social entre les semblables. Ceux qui ne sont plus là, mais restent vivants dans le souvenir, les enfants et petits-enfants, le passé, le futur, la mort. Le langage permet de les nommer, d'en parler.

Nous sommes des êtres de langage et, avant d'être là, présent, vivant, l'enfant à venir, conçu ou adopté dépend du discours parental. Un prénom lui sera donné, un patronyme transmis, ils le représenteront, ils marqueront sa place parmi les autres membres de la famille. Il sera reconnu, inscrit sur le livret de famille de ceux qui seront ses parents. Il trouvera dans l'héritage – passé sous silence ou explicité – des siens et de leurs ancêtres un certain nombre d'attributs. Car, quelles qu'aient été les données de sa conception, la vérité biologique ne donnera pas un sens à son existence. Il devra se souvenir à son tour de ce désir énigmatique transmis, à leur insu, par ses géniteurs, par ceux qui seront ses parents, y puiser des raisons de vivre. Le couple conjugal, devenu par sa présence couple parental, aura été porteur d'une vie biologique et d'une vie symbolique. La famille est donc le lieu d'une transmission dont la teneur échappe à ceux-là mêmes qui l'assurent. L'homme et la femme qui veulent un enfant recherchent, à travers lui, le sens qui manque à leur vie. Fonder une famille vise à se perpétuer, à ne pas manquer à la succession des générations, dont le langage ordonne les lignées.

Mais ce souhait n'est pas toujours exaucé dans la réalité du corps. Aussi, l'absence de grossesse est-elle ressentie très profondément. Une femme exprimait simplement ce qu'elle éprouvait devant l'impossible transmission de son désir : « J'ai quelque chose à apporter, j'ai un manque. » Bien sûr elle désirait donner son amour, sa tendresse à un bébé. Elle disait aussi toute l'affection dont elle entourait ses neveux et nièces. Malgré tout il lui manquait quelque chose d'indéfinissable : ce qu'elle aurait apporté à celui qui serait le sien. Si étonnant que cela puisse paraître, c'était très justement ce manque même qu'elle donnerait à l'enfant. Il lui manquait un enfant. En associant, dans la même phrase, ce quelque chose à un manque, elle illustrait ce qu'est l'amour. Son attachement à ceux de la famille élargie répondait insuffisamment à son attente.

Avoir des enfants c'est « laisser quelque chose derrière soi », une trace vivante de notre passage sur terre, pas seulement une inscription sur une tombe, mais des descendants qui se souviendront de l'aïeul. Toutes sortes de productions témoignent de l'existence d'un humain mais l'enfant en est une privilégiée. Car, « maillon de la chaîne », il transmettra à son tour ce quelque chose, la vie, et en même temps, l'énigme du désir qui l'aura fait vivre. Un homme le formulait très bien, en concluant le bilan de ses motifs de satisfaction par : « Mais il manque le reste, un enfant. » Quelqu'un qui reste après lui. Un enfant, le reste, pas seulement d'une relation entre un homme et une femme, mais le reste d'un rapport d'homme à femme, puisque, si satisfaisant qu'il soit, il n'apporte pas la complétude.

Pourquoi adopter ?

Depuis l'essor des techniques de procréation médicalement assistée, la première solution, pour remédier à la stérilité, n'est plus sociale mais scientifique. À moins que celle-ci n'ait été précocement annoncée, l'espoir de porter un enfant sera entretenu et soutenu par les traitements proposés. S'ils échouent, la possibilité de substituer aux géniteurs des parents adoptifs se présente comme une réponse sociale pour ceux qui ne peuvent se perpétuer. Lorsque le corps ne peut engendrer, l'adoption s'impose à celui et celle qui veulent élever des enfants. Elle propose une « satisfaction croisée » en croisant les insatisfactions : du côté de l'enfant le manque de parents, du côté des adultes l'absence de descendance.

N'est-il pas étonnant qu'au moment où la science et la société offrent la possibilité de devenir père et mère grâce à des manipulations du lien de filiation et de la biologie, le choix d'adopter devienne le fait d'adultes en âge de procréer et féconds ? La procréation, contrôlée grâce à la contraception, n'est plus subie mais choisie. La stérilité ne semble plus irrémédiable grâce à la procréation médicale et grâce à l'adoption généralisée. Ainsi les vieux rêves de maîtrise pourraient se réaliser, que l'on soit fertile ou stérile.

Il ne s'agit pas de remettre en cause le bien-fondé et les avantages qu'offrent les acquis des sciences biologiques et médicales mais d'en dégager l'impact sur les sujets à travers les questions nouvelles que leur utilisation suscite. Leur succès même oblige tous ceux qui ont des relations sexuelles à se confronter à une alternative : un enfant ou pas, le faire soi-même ou l'adopter ? Adopter, pourquoi pas ?

Le Code civil avait donné un cadre à cette forme de filiation choisie ; les modifications législatives, dont la dernière date du 5 juillet 1996, en ont modifié, facilité l'accès, tant pour les futurs parents (couples stériles ou fertiles, célibataires) que pour les enfants en attente de famille.

La loi n'interdit pas : faut-il en déduire qu'elle préconise ? Ces ouvertures sont-elles des recommandations ? Il n'y a là aucun impératif. Car la porte s'ouvre aux revendications : y aurait-il un droit à l'agrément administratif, allant jusqu'au droit d'être mère, au droit d'être père ?

L'adoption universalisée

Encore faudrait-il que des enfants soient adoptables, or il y a fort peu de pupilles. Une fois l'agrément obtenu, il s'écoulera des années avant qu'en France un nourrisson soit confié. Pourquoi une si longue attente ?

Le thème de l'orphelin est populaire et son impact sur les sensibilités constant. *Sans famille*, le célèbre roman d'Hector Malot, paru en 1878, fit pleurer des générations ; il commence ainsi : « Je suis un enfant trouvé, mais jusqu'à huit ans j'avais une mère car lorsque je pleurais, il y avait une femme qui me serrait si doucement dans ses bras que mes larmes s'arrêtaient de couler [1]. »

Après l'enfant abandonné, c'est au tour de l'enfant adopté et de ses parents d'occuper le devant de la scène. La place de plus en plus importante accordée aux histoires d'adoption dans le discours ambiant en donne une idée : pas un mois sans une émission télévisée, pas une semaine sans un article dans la presse écrite. Et les témoignages

1. H. Malot, *Sans famille*, Paris, Hachette Jeunesse, 1993, t. I, p. 1.

abondent : ils insistent sur la longueur d'un « parcours du combattant », inadmissible, incompréhensible, que devraient livrer ceux qui s'engagent dans cette voie. Mais de quel combat et de quels obstacles parle-t-on ?

Où donc diriger ses pas ? Vers un autre pays, sur d'autres continents. L'adoption est devenue internationale. Les médias n'en évoquent souvent que les excès : filières, réseaux, trafics. Parler des sommes à débourser choquera peut-être, mais adopter coûte en temps, en énergie, en disponibilité, en patience et en argent. Sur ce dernier point, ce n'est pas le cas pour les pupilles de l'État français. On s'insurge : payer pour avoir un enfant est inadmissible ! Certes, on ne saurait assez dénoncer les abus en ce domaine. Tous les pays concernés sont en train de s'organiser pour « moraliser » les pratiques. Au risque de scandaliser, la formulation en termes d'offre et de demande, donc de marché, n'est pas excessive. Elle témoigne du malaise qui règne autour de ce phénomène de société, lié aux disparités Nord-Sud.

Bien sûr, les images insoutenables de la misère et de l'exploitation que les médias exhibent ne sont pas sans émouvoir. Des enfants en mal de tout, version moderne de l'enfant trouvé, sont exposés aux regards : en mal de soins, en mal d'affection, en mal de famille, en mal de bonheur. Les images de détresse enfantine sont particulièrement insupportables à celui qui, comme le formulait l'un d'entre eux, a de « la place dans son cœur et dans son portefeuille ». Comment parents et enfants s'adoptent-ils ? En quoi les effets de la présence d'un « enfant extérieur » diffèrent-ils de ceux d'enfants « nés de soi » ? Est-il « déraciné », et plus tard en quête de « son histoire » plus que les autres ?

Sans doute le contexte actuel de manque d'enfants adoptables accentue-t-il l'aura liée à la connotation d'extraordinaire qui entoure depuis toujours cette forme de filiation. Comment les progrès de la médecine, les ouvertures législatives, l'ébranlement de la famille, le déséquilibre économique mondial jouent-ils dans la décision de ceux qui veulent envers et contre tout être ainsi parents ? Ne voit-on pas s'amorcer un changement de perspective révélateur de la place accordée au père, à la mère, à l'enfant ?

Première partie

L'adoption envisagée

Hélas ! ma Renée, je n'ai toujours point d'enfants. Un moment viendra sans doute où il faudra les sentiments du père et de la mère pour animer cette retraite, où nous aurons besoin l'un et l'autre de voir des petites robes, des pèlerines, des têtes brunes ou blondes, sautant, courant, à travers ces massifs et nos sentiers fleuris. Oh ! quelle monstruosité que des fleurs sans fruits. Le souvenir de ta belle famille est poignant pour moi.

H. de Balzac

Les Deux Jeunes Mariés

Longtemps, l'adoption fut le seul moyen, pour les couples qui n'avaient pas d'enfant, de fonder une famille, d'être père et mère, de s'assurer une descendance, de donner un sens à leur vie, de remplir leur maison vide.

L'enfant de la biologie

Il est indéniable qu'il y eut toujours des hommes et des femmes stériles ; seraient-ils plus nombreux qu'autrefois ? Certes le sujet, moins tabou, est abordé ouvertement, avec moins de réticences. Surtout, le développement de la science, la maîtrise de la fécondité permettent de retarder le moment de la première naissance. À l'âge où la décision est prise, déjà, la fertilité diminue, sans que ce soit le moins du monde pathologique. Pour beaucoup de couples une vie sans enfant relève de l'impensable. Ils auront recours à la médecine de la procréation. Elle les assistera dans leur désir de concevoir. Qu'il s'agisse d'une hypofertilité masculine, féminine ou de couple, d'une stérilité, quel que soit le degré de sophistication des techniques utilisées, les témoignages concordent : l'alternance des espoirs et des déceptions reste l'aspect le plus éprouvant de l'expérience. Physiquement, psychologiquement, peu supporteront plus de trois ou quatre tentatives infructueuses. S'ils n'ont pas renoncé à être parents alors que ni la nature ni la médecine ne leur ont donné de descendance, ils s'achemineront alors, peu à peu, vers l'adoption.

Certains préféreront l'assistance de la médecine afin que l'enfant soit de leur sang, tant adopter demeure l'ultime recours. D'autres ne voudront pas insister, ils renonceront à une grossesse hypothétique, considérant qu'il vaut mieux « ne pas forcer la nature ». Un homme concluait rapidement, après les premières investigations médicales : « Eh bien, s'il n'est pas la chair de ma chair, il sera l'esprit de mon esprit ! » D'autres encore voudront ouvrir leur foyer à un enfant, déshérité, alors même qu'ils pourraient en concevoir. Quoi de plus exaltant que cette aventure, la rencontre d'un petit inconnu en mal d'amour ?

Vouloir une descendance qui ne vient pas naturellement, disons plutôt par les voies naturelles, c'est le motif traditionnel du recours à l'adoption. L'utiliser pour faire l'expérience d'« autre chose », apporter sa contribution à l'humanité sans engendrer soi-même, que l'on vive seul ou en couple, ce sont quelques-uns des motifs invoqués quand la stérilité n'est pas en cause. L'adoption contemporaine a évolué non seulement parce que les adoptés arrivent de tous les coins du monde mais aussi parce que la démarche s'origine dans bien d'autres justifications que l'absence de descendance. Celles-ci reflètent particulièrement bien l'évolution des relations amoureuses et familiales.

Dans le même temps, les progrès de la médecine réalisent des prouesses dans le domaine de la procréation assistée. Elle pallie une reproduction biologique qui a besoin d'être instrumentée. Parallèlement, la maîtrise de la fertilité permet également, avec la contraception, une distance entre les relations du couple et la reproduction. Il nous semble donc que cette disjonction introduite par la science a des effets sur la manière de se représenter la maternité indépendamment des situations de stérilité. La fécondation se réalise en éprouvette, ailleurs que dans le corps de la future mère. On peut se demander dans quelle mesure cet écart entre amour et conception n'aurait pas contaminé la représentation des étapes suivantes. La grossesse et l'accouchement peuvent aussi avoir lieu ailleurs, être assurés sans avoir à payer de sa personne : pas encore en laboratoire mais grâce aux bons offices d'une autre femme, qui en déchargerait ainsi la future mère adoptive.

L'enfant au choix

Il en résulte un dilemme pour les hommes et les femmes placés devant ce nouveau choix : être ou ne pas être mère, père. La dissociation entre les relations sexuelles et la parenté que permet la science se retrouve dans l'adoption. Que l'option en paraisse indiquée en cas de stérilité, de refus ou d'insuccès des traitements, soit. Mais comment le comprendre alors que, nanti d'une descendance, le sujet s'y oblige délibérément ?

De quelle nature est donc ce choix ? Ne serait-ce pas un choix dont on pourrait dire qu'il ne se décide pas, qu'il est irrationnel et qu'il s'impose en quelque sorte ? Car enfin, comment savoir si le moment est propice ? Comment être sûr de son partenaire, de ses capacités maternelles ou paternelles, de ses ressources, de sa santé ? Et surtout, comment être assuré de son propre désir, de sa propre volonté ? Finalement, tout bien réfléchi, ce n'est jamais tout à fait le moment. Ce qui ne se décide pas, à proprement parler, un père de trois bambins l'expliquait très bien : « Dans l'arrivée de nos enfants, nous n'avons jamais réellement programmé. Il y a toujours eu une part de hasard, ça c'est bien. Il y a une décision de principe, après les événements… la vie, elle est faite comme ça, construite de choses pas prévues qui se passent. »

D'où viennent les enfants ?

Désormais, à la question freudienne « D'où viennent les enfants [1] ? », la réponse traditionnelle devra tenir compte

---

1. S. Freud, *Les Explications données aux enfants*, in *La Vie sexuelle*, Paris, PUF, 1985, p.10.

des multiples variantes : il nous faut les considérer comme des modalités de la reproduction type. Ils ne peuvent venir que de l'union de cellules sexuelles. Les variations tiennent aux voies empruntées, elles seront naturelles, artificielles ou étrangères au couple parental. La fécondation n'implique plus forcément de relations sexuelles entre un homme et une femme, même si, dans la plupart des cas, elles sont supposées. Elle est possible en éprouvette, « fécondation *in vitro* », dite encore « fivete [1] », par opposition à « *in utero* ». Plus traditionnellement, ce peut être sous une couette, à l'occasion d'une amourette ou d'une passion, sous d'autres latitudes, que la conception aura eu lieu. Dans la mesure où tous sont des êtres vivants, ils sont biologiques.

Appliqué à un enfant, cet adjectif « biologique » s'emploie pour le distinguer de l'« adopté », dont on souligne, ainsi, le sang différent de celui de ses parents. La naissance biologique relève du réel de l'organisme. La naissance de la filiation, dont l'adoption, relève du symbolique, passe par une reconnaissance. Il s'agit d'une parole par laquelle père et mère s'attribuent, comme dans un jugement, celui qui sera le leur, désormais nommé « fils de » ou « fille de ». Le passage d'un registre à l'autre pour parler de ce lien entraîne des précisions quasi vétérinaires ou des périphrases. Elles tentent de préciser la modalité de fabrication de l'organisme. Les formulations amalgament le registre du vivant, la fabrication biologique de l'enfant, et le registre du langage, la « fabrication juridique des parents » dont parle le juriste et psychanalyste Pierre Legendre [2].

Comment les futurs parents s'expriment-ils à ce propos ? Ils parlent d'un enfant « non biologique », d'un

1. Fivete : acronyme de « Fécondation *in vitro* et transfert embryonnaire ». On dit aussi FIV (fécondation *in vitro*).

2. P. Legendre, *LeÁon IV. L'inestimable objet de la transmission,* Paris, Fayard, 1985, p. 315.

enfant « pas de notre filiation sanguine », « pas de naissance », « pas fait maison », « pas de nos deux corps », « pas du couple », « pas un enfant conçu », « pas un enfant classique ». Les appellations suivantes insistent sur sa particularité : il sera « exotique », « illégitime », « pas ordinaire », « international », « tout fait », « prêt-à-élever », quand ce n'est pas un « enfant d'occasion ». Trop brutales, ces expressions ? Elles sont venues spontanément aux lèvres des parents potentiels au cours des entretiens. Bien sûr, ils parlent aussi de l'« enfant du cœur », « don du ciel », « fait sien », etc. Ils seraient sans doute outrés qu'en miroir les enfants les considèrent comme des « parents non biologiques », des « parents étrangers », des « parents illégitimes », voire des « parents d'occasion » !

Chapitre I

L'adoption, consolation des couples stériles

Il y a quelque trente ans, l'absence d'héritier, sujet très privé, n'était abordée qu'avec les intimes, la discrétion était de mise. La stérilité, vécue douloureusement, ne s'affichait guère comme telle, pas plus que les naissances hors mariage, une honte à taire, à cacher. L'évolution des mentalités, une plus grande liberté des mœurs, le contrôle de la fécondité, tous ces facteurs influent sur la représentation sociale du couple sans enfant.

L'infertilité, dont les femmes, si longtemps, portèrent seules la responsabilité, était subie comme un malheur, voire une malédiction. Selon les croyances et les mœurs, la cause en était attribuée aux dieux, à Dieu, à la personne elle-même, coupable d'une faute qu'elle expiait de cette manière. Les invocations, les rites, les pèlerinages – certains y recourent encore – devaient, sans forcer la nature, provoquer la conception tant attendue. La médecine moderne oppose à cette fatalité des traitements, des interventions afin que le corps fonctionne correctement. Dans les premiers temps d'une relation, quand l'engagement de vie commune se précise, la planification permet de retarder le moment de la première grossesse. Après avoir décidé d'avoir un enfant, la découverte d'une difficulté à le concevoir sera d'autant plus intolérable que le contraceptif, inutile, l'aura masquée pendant des années. Mais parfois, dès l'adolescence l'infécondité aura été suspectée et même diagnostiquée.

1. Stérilité précocement annoncée

Avant même de se marier, il y a de cela quinze ans, Viviane et Xavier savaient leur stérilité, du fait d'une malformation utérine congénitale décelée à l'adolescence. Viviane dira la chose en termes moins savants : « Je manque d'utérus. » Elle avait quatorze ans quand le médecin posa le diagnostic. Ce fut sa mère qui accusa le coup ; sans doute se sentit-elle responsable, mais surtout, elle pouvait mieux que sa fille réaliser les conséquences de cet état de fait. Allait-elle trouver un mari ? Le trousseau brodé par la grand-mère, selon la tradition familiale, servirait-il un jour ? Viviane dira avoir été choquée par le mot « malformation ». Elle ne peut encore aujourd'hui en parler sans que les larmes lui montent aux yeux. Mais elle ne se replia pas sur elle-même, rencontra son futur mari. Celui-ci ne considéra pas que ce fût une tare. Ils s'organisèrent une vie de travail, mirent leur énergie à aménager la maison familiale dont ils héritèrent. Durant les périodes de vacances, ils accueillaient leurs neveux et nièces. Ceux-ci grandissant, leurs séjours se raréfièrent ; aujourd'hui, bien installés, à l'exemple d'amis qui récemment adoptèrent, ils sont décidés à sauter le pas et imaginent un enfant le plus petit possible : « Qu'on puisse un peu le pouponner, déjà de ne pas avoir eu de grossesse… alors au moins un tout petit bébé. » S'ils ont attendu si longtemps, c'est qu'ils craignaient « trop de formalités », dira Xavier. Des rencontres informelles avec des adoptants dont les enfants ont grandi cahin-caha, comme les autres, auront levé leurs dernières inquiétudes ; ils ont été sensibles aux témoignages de ces « personnes qui n'ont jamais regretté d'avoir adopté ». Ils estiment avoir acquis dans l'épreuve une maturité précieuse. Ce qui demeure une forme d'injustice leur a ouvert les yeux, pensent-ils. D'autres traversent des douleurs autrement plus graves, plus difficiles à gérer : c'est une « grosse expérience de la vie » et, à défaut de grossesse, Viviane vivra d'« autres joies que la coupure du cordon ». Ils sont donc aujourd'hui convaincus qu'ils s'attacheront à « un petit bout de chou » et l'aimeront autant que s'ils l'avaient conçu.

Porteuse d'une maladie génétique découverte à douze ans, Barbara ne peut être enceinte. Elle ne l'a su qu'à dix-huit ans. Là aussi, la réaction maternelle est forte : « Que ça touche une de ses filles, elle a été encore plus déçue que moi. » Très pudique, Barbara n'en parlera à personne et, comme beaucoup dans son cas, elle dira : « J'ai pris sur moi. » Elle ne veut pas avoir à se justifier, être prise en pitié, encore moins s'apitoyer sur son sort. Très vite elle aborde ce sujet avec celui qu'elle « fréquente ». Quant à son fiancé, l'essentiel étant de partager sa vie avec elle, il n'hésite pas : « Cela n'avait pas d'importance, j'avais déjà dans l'idée l'adoption ou l'espérance médicale. » Avec un traitement continu et le recours à un don d'ovocytes, une grossesse serait possible, mais ils ne veulent plus attendre cet hypothétique don. Un certain temps aura été indispensable à cette femme, d'une part pour s'assurer de la détermination de son mari, et surtout pour se faire à l'idée d'être mère d'un enfant ayant déjà « on ne sait quel passé ».

Pour cet autre couple, proche de la trentaine, adopter relève de l'évidence. À seize ans, Danielle, à la suite d'une intervention chirurgicale, apprend qu'elle ne pourra jamais être enceinte. Bien entourée par sa famille et ses amis, elle décide, après sa convalescence, de s'orienter vers une profession où elle sera entourée d'enfants : elle sera puéricultrice, elle adoptera. Elle a connu Gérald, son mari, il y a dix ans, ils vivent ensemble depuis huit ans et sont jeunes mariés. Les choses se déroulant dans la continuité, ils ne s'inquiètent pas, restent confiants, bien qu'ils sachent l'attente encore longue. Ici, la défaillance physique est considérée comme accidentelle, contingente, nul n'en est rendu responsable. Elle ne semble pas atteindre l'image que Danielle a d'elle-même. Celle-ci n'adresse donc de reproches ni à sa mère ni aux médecins, pas plus qu'à elle-même, et envisage une maternité adoptive en toute sérénité.

Dans chacun de ces cas, avant le projet précis d'un enfant, le diagnostic était posé. Ce sont les parents de ces adolescentes, particulièrement leurs mères, qui se sont sentis responsables, « coupables » de la transmission d'une anomalie physique rendant l'enfantement très risqué, sinon impossible. Que leur fils ou leur fille ne puisse à son tour, à son heure, mobiliser son espoir d'un avenir meilleur dans un enfant atteint le narcissisme des parents. En effet, c'est en lui que s'incarne le mieux la dimension narcissique de l'amour. La dimension narcissique, c'est-à-dire, ici, la possibilité de poursuivre sa propre vie dans celle d'un autre être, est blessée. Outre la perspective de ne pouvoir devenir grands-parents, la crainte que la stérilité connue, avouée, n'éloigne les possibles partenaires est au premier plan. Le sujet concerné n'en mesurera qu'au fil du temps les conséquences. Il y a donc chaque fois un décalage entre le moment du constat de la stérilité et le moment où, dans sa vie, la jeune femme butera sur cette réalité.

Cette restriction, imposée par l'organisme défaillant, provoque des réactions diverses selon la place auparavant accordée à l'enfant à venir et la capacité à renoncer à une grossesse. Il est frappant de constater que, pour toutes, plusieurs années auront été nécessaires pour en arriver aux démarches, à la décision d'adopter. Ce désir de maternité qu'elles savent depuis longtemps pouvoir satisfaire uniquement sur ce mode leur donne le sentiment de ne pas être si jeunes que cela. Car le projet est ancien, c'est pourquoi elles ne supporteront pas de commentaires sur leur âge, elles estimeront être plus matures du fait de cette épreuve. Parfois aussi, le renoncement aura entraîné l'acceptation implicite d'une vie sans enfant, voire sans mari. La rencontre d'un partenaire remettra la question à l'ordre du jour. Et, si le couple décide d'adopter, il lui faudra accepter un enfant avec « on ne sait quel passé », en effet.

L'impossibilité pour un homme ou pour une femme de procréer par suite d'un trouble fonctionnel ou d'une lésion organique peut être radicale, mais il est un certain nombre de situations dans lesquelles le diagnostic sera plus long et plus difficile à poser. Les résultats des explorations et les propositions thérapeutiques imposeront des artifices médicaux ou bien sociaux, et orienteront vers l'une ou l'autre option. Pour chacun se conjugueront le registre du réel du corps qui pâtit, le registre de l'imaginaire de l'enfant qui se fait désirer, le registre de la relation amoureuse. Les cheminements varieront selon les modalités de l'infertilité.

2. Insoutenables stérilités

L'Organisation mondiale de la santé parle de stérilité lorsqu'il n'y a pas de grossesse après deux ans de rapports sexuels sans contraception. La probabilité de la grossesse, pour un couple donné, résulte d'un hasard dans lequel chacun apporte sa donne, qui peut se modifier avec le temps.

Or, lorsque la fécondité n'est pas immédiate, quelque chose échappe à la maîtrise du sujet. C'est une restriction à sa propre volonté. Et chacun de s'interroger : d'où vient la défaillance ? Stérilité, hypofertilité de l'un, des deux, passagère, définitive, surmontable médicalement ? À quoi est-elle due ? Et le glissement vers un « à qui la faute ? » n'est pas loin. Il entraîne des reproches plus au moins explicites envers la mère qui vous a si mal fait, envers l'autre qui vous prive malgré lui de descendance, envers les médecins, pas toujours sûrs de leur diagnostic et impuissants à remédier à cet état de fait. Reproches, aussi, que le sujet s'adresse à lui-même : il se sent dévalorisé à ses propres yeux devant ce qui lui apparaît comme une incapacité. Enfin, en imposer malgré soi la conséquence à celui ou à celle dont on partage la vie s'accompagne de culpabilité.

Les expressions employées spontanément traduisent le retentissement psychologique provoqué par le diagnostic posé. À propos du couple : « Nous avons une stérilité conjointe », « incomprise » (au lieu d'« incompréhensible ») ; « La conjugaison des deux est un peu défaillante » ; « C'est une insuffisance chez l'un et l'autre ». Ces formules font image, d'autant qu'elles disent l'hypofertilité mais qualifient aussi la relation des partenaires concernés. Individuellement, également, le jugement concerne non seulement l'organe qui ne fonctionne pas mais la personne elle-même. Ainsi cet homme dont les spermatozoïdes ne seraient pas assez mobiles : « Je suis trop lent. » Ou bien cet autre devant une hypofertilité de couple : « Nous sommes moyens. » Ou encore cette femme dont l'ovulation doit être stimulée, traitant ses ovaires de « fainéants », et ajoutant dans un lapsus : « En plus j'ai la tronche bouchée » ! Chaque fois, ce qui relève du biologique, d'une mécanique ou d'un dysfonctionnement s'exprime dans des expressions qui vont au-delà de la description objective. L'attribut, le trait, le défaut d'un organe contamine l'ensemble de la personnalité. Le constat scientifique est repris dans une formulation spontanée. La défaillance se colore de la représentation que celui qui l'énonce a de lui-même, à ce moment précis, et peut faire écho à d'autres ratages.

Dans la plupart des cas, plutôt que d'une stérilité masculine ou féminine on préfère parler de couples peu féconds. Avec l'épidémiologie, il faut distinguer fécondabilité et fécondité. La fécondité se matérialise par la conception d'un enfant alors que la fécondabilité correspond à la probabilité de conception au cours d'un cycle de la femme. C'est ainsi qu'un médecin, pour illustrer la fécondabilité infime d'un couple, pourra dire : « Vous avez une chance tous les vingt ans d'avoir un enfant. » La fertilité de l'un peut compenser la fertilité moindre de l'autre. Ou bien, au contraire, les deux improbabilités s'additionnent : chacun étant peu fertile, ensemble la conception demeure très hypothétique. Cette dernière situation, relativement répandue, touche un couple sur quatre. Comme l'indique la psychanalyste Geneviève Delaisi de Parseval, 2 à 5 % de couples sont restés stériles à la fin de leur vie reproductive, 10 % n'auraient pas le nombre d'enfants souhaités, et elle ajoute : « La conclusion qui s'impose est, elle, de nature psychologique et sociale : le quart de la population française entre 20 et 45 ans s'époumone (ou s'est époumonée) à un moment ou à un autre pour fabriquer ce sacré enfant qui ne voulait pas venir [1]. » Ce qui est nouveau, outre la proportion de couples concernés, c'est d'une part l'attitude de la société devant un risque de dénatalité qui préoccupe les démographes,

1. G. Delaisi de Parseval, *L'Enfant à tout prix*, Paris, Seuil, Points, 1983, p. 41-42.

d'autre part le fait que les sujets ne supportent pas cet obstacle à la réalisation de leur désir d'enfant.

Peut-on parler d'une baisse de la fécondité ? Il ne semble pas. Il faut tout d'abord rapporter la situation actuelle de la natalité à celle de la fécondité. Depuis dix ans, en France, le nombre annuel des naissances oscille entre 700 000 et 750 000. La venue des enfants dans la vie des couples est de plus en plus tardive, l'âge moyen des mères lors d'une première naissance est de vingt-huit ans. Les générations du XXe siècle ont assuré, malgré l'indice conjoncturel de fécondité de 1,8-1,9 enfant par femme, leur remplacement grâce au recul très important de la mortalité infantile [1]. On observe une baisse de la natalité due en partie aux maternités et paternités de plus en plus tardives ; pour corriger les effets de cette évolution, il faudrait ramener l'indice à 2,1. On peut parler d'une augmentation des consultations pour infertilité. Car celle-ci, ressentie plus que jamais comme insoutenable, confirme rarement le sujet dans l'idée qu'il n'est pas fait pour avoir des enfants. Il faut distinguer les facteurs qui relèvent d'une défaillance des organes de la procréation de ceux dus à l'embryon, au fœtus. Ils peuvent être anatomiques, métaboliques, génétiques, infectieux, immunologiques. La stérilité « inexplicable », l'absence de causes médicales connues, demeure la plus difficile de toutes à admettre. Enfin, quand la conception est possible mais que la grossesse ne peut être menée à terme, la femme se tient pour unique responsable et appréhende les fausses-couches à répétition.

Il n'est guère surprenant, alors, que certaines aient songé très jeunes à l'adoption. Cette rêverie, fantaisie dont le souvenir est parfois vif, assure un avenir maternel imaginaire, à l'exemple de leur propre mère, ou de celle qui en a occupé

1. F. de Singly, *La Famille : l'état des savoirs*, Paris, La Découverte, 1991, p. 317.

la place. Elle se présente comme une solution rassurante lorsque la jeune fille s'interroge sur sa fécondité. Elle offrirait un recours si l'amoureux, l'amant, le mari était stérile ou si les circonstances de la vie la laissaient seule. Longtemps solution de substitution au cas où le corps ne fonctionnerait pas, elle est désormais envisagée et envisageable indépendamment de la confirmation des inquiétudes adolescentes.

Devant la difficulté à traiter les stérilités et surtout devant l'incertitude des tentatives thérapeutiques, certains, parallèlement, entreprennent les démarches préalables à l'adoption. Ils les savent longues et prennent ainsi les devants. La provenance de l'enfant, soit directe soit indirecte, si l'on peut dire, n'importe plus. Tout s'ordonne autour du but à atteindre ; que les modalités soient médicales ou sociales, c'est sa présence à leur foyer qui prime – « Nous sommes dans la même logique », disent-ils alors.

Côté hommes

On sait les thérapeutiques masculines, médicales ou chirurgicales, relativement réduites, contrairement à celles proposées aux différentes étapes de la reproduction chez la femme. Chaque fois la surprise est grande et le désarroi immédiat. La dynamique de la relation est remise en question : la rencontre va-t-elle se poursuivre ou le couple se séparer si un enfant ne vient pas lester l'homme et la femme du poids des responsabilités de père et mère ?

Après sept ans de vie commune, Lucienne et Gaël atteignent la trentaine. Depuis leur mariage, il y a deux ans, ils espèrent en vain une grossesse. Les premiers examens avaient déjà décelé une anomalie génétique chez Gaël qui refusa un traitement expérimental. Il ne se soumit pas plus à la « petite intervention » proposée, en laquelle le médecin lui-même mettait peu d'espoirs. Parallèlement, les investigations du côté de Lucienne montraient un léger déséquilibre hormonal. Finalement, le diagnostic arriva un jour, brutal, avec le résultat du spermogramme : « Azoospermie » (absence de spermatozoïdes). Le langage scientifique, inévitablement technique, accentue l'aspect cru, biologique du réel de la procréation. Elle n'est plus guère auréolée de mystère. Gaël se demanda tout d'abord s'il avait bien lu. Le mot fit choc, il sonnait bizarrement ; il le renvoyait, le réduisait à un animal, au zoo, à l'animal de zoo ; il se doublait pour lui d'un lien avec permis, pas permis, défendu. Bien que peu préparé à cette éventualité, il a réagi rapidement : « J'étais assez armé pour encaisser ça. » Si, au moment des entretiens, le couple attend le « verdict » d'une fécondation *in vitro* avec les paillettes du sperme d'un donneur, le projet adoptif vient redonner un brin d'espace à une autre réalité que celle de la cuisine du laboratoire. Ils ne peuvent se représenter un bébé à partir de cellules congelées, l'écart est trop grand entre ce réel du vivant et un être humain. En revanche, un enfant abandonné, ils en ont, comme tout un chacun, une idée. Ils imaginent un échange entre l'affection qu'ils lui témoigneront et sa joie d'avoir une famille. Ils remettent les amis à leur place lorsque d'aucuns admirent à l'avance ce « beau geste » envers un orphelin. Avant tout, ce sont eux qui éprouvent ce besoin, cette envie d'être parents. Ils n'ont pas eu jusqu'à ce jour le courage de dire à quiconque la raison de l'absence d'enfant à leur foyer. En l'occurrence, c'est la femme qui protège l'image de son mari à ses yeux et vis-à-vis de l'entourage, « l'homme, ça atteint sa virilité », et ils ne veulent pas donner prise à la curiosité concernant leur vie sexuelle. Finalement, il leur semble que leur amour en sort renforcé, dans la mesure où ils sont d'accord sur les mêmes options : « On a décidé les choses ensemble. » Ils se sentent tous les deux prêts : « On l'attend tellement. » Ils s'accommodent, aussi bien que possible, de cette réalité car « même s'il y a un manque, cela a été dur mais pas insurmontable ». On voit, ici, la manœuvre d'un couple craignant le glissement qui assimilerait l'infertilité à l'impuissance.

Marié depuis trois ans, Étienne s'est entendu annoncer une stérilité définitive ; le diagnostic est sans appel : « Pour moi rien à faire. » Là aussi, effet de choc, puis lente acceptation de cet état de fait. Pour autant, ni l'un ni l'autre ne se résout à rester ainsi : « Un enfant ? C'est l'aboutissement d'une vie de couple. » Andrée renonce à son désir de grossesse, mais elle ne renonce pas à la maternité. Si elle avait été plus douée pour les études, elle aurait été pédiatre tellement elle aime s'occuper des tout-petits. « Pourquoi moi, pourquoi nous ? Cela nous est tombé dessus et je ne savais pas qu'il y avait tous ces moyens : insémination artificielle par donneur, et même l'adoption, je n'y avais pas pensé. » Il y a là comme une fatalité, en même temps cet homme considère qu'il a malgré tout la chance de se trouver à une époque favorable : « Il y a quelques décennies, nous serions restés un couple sans enfant. » Et l'amour qu'Andrée lui porte l'étonne, elle a admis ne pas être enceinte, elle a accepté Étienne ainsi et ne remet pas en question son choix de femme, alors qu'il craint parfois qu'elle ne lui en veuille sans oser le lui dire. Enfin, il a fallu qu'une amie, bien ou mal intentionnée, dise à son épouse qu'elle était d'accord pour lui prêter son mari ! Cette vexante suggestion fut considérée comme une stupidité. Néanmoins, elle dit bien l'alternative à laquelle chacun pense, qui pourrait, sans artifices sophistiqués, procurer un enfant au mari. La première, Andrée évoqua l'adoption en refusant de recourir aux inséminations par donneur. En ce cas, « cet enfant ne serait pas de nous deux », pense-t-elle. Il lui semble beaucoup plus acceptable qu'à défaut de lien biologique des deux côtés, l'enfant ne doive à aucun des deux son patrimoine génétique et soit lié symboliquement autant à son père qu'à sa mère.

D'un premier lit, Christian a eu trois enfants mais, récemment, les examens ont mis en évidence une fertilité masculine réduite. L'échec de son premier mariage, avec une femme-enfant plus jeune que lui, reste encore très présent. Les effets de la séparation sur les trois jeunes enfants sont moins préoccupants qu'il ne le craignait. Il ne lui échappe pas que sa culpabilité, liée à l'engagement non tenu, demeure encore actuelle. Il souffre non pas de ne plus pouvoir se reproduire, mais qu'après « avoir essayé de faire des enfants d'une façon naturelle », il ait sans résultat « tenté le tout pour le tout » : une intervention dont l'issue avait une chance sur cent de réussite. Or, « la machine est cassée », a dit le médecin qui n'a pu la réparer. Est-ce une panne ? Comment remettre le moteur en marche ? Il suppose plutôt un « dérèglement de la machine », indépendant de sa volonté. Cette volonté, les démarches en cours lui donneront l'occasion de la mettre à l'épreuve, car il souhaite fonder une famille avec sa seconde femme, déjà mère d'une adolescente. Ils ont pensé à l'adoption plutôt qu'à des procréations médicalement assistées, difficiles à supporter (ils en ont des exemples proches). Il n'est pas évident de ne pas se décourager, de persévérer, d'attendre encore. Mais « elle prend la vie comme elle vient avec les bons moments et les mauvais », et lui, « il a du caractère, quand il a décidé quelque chose, il l'a décidé ». La difficulté vient de ce que la « machine », l'organisme, ne répond plus et échappe à la volonté, quelle que soit la décision consciente.

L'aspect irrémédiable du bilan se révèle plus rapidement chez l'homme que chez la femme du fait de la relative simplicité de l'anatomie masculine. Les résultats des examens et analyses sont, en général, sans grande ambiguïté. Le diagnostic est, pour cette raison, souvent annoncé alors que le doute sur sa fécondité n'effleure qu'à peine l'homme. Il apprend sa stérilité dès les premières investigations. Quels que soient les ménagements avec lesquels l'information est transmise, il y aura un effet de mauvaise surprise dont la plupart rendront compte en termes de « choc ».

Il est assez frappant de constater la capacité des femmes à admettre le diagnostic de la stérilité ou de l'infertilité de « leur homme ». Elles témoignent ainsi de la distinction qu'elles font entre le père et le géniteur. L'homme ne pourra pas réaliser biologiquement sa paternité, il faudra suppléer à la défaillance du réel de l'organisme, mais rien ne l'empêchera d'assumer la paternité sur le plan imaginaire et symbolique. C'est pourquoi, dans les cas décrits, si les hommes sont préoccupés par leurs capacités, les femmes réaffirment-elles qu'elles les aiment, qu'ils assureront la fonction paternelle en les rendant mères par l'adoption. Car le père n'est pas un simple reproducteur, il ne se réduit pas à la fonction fécondante, à une cellule sexuelle, à une paillette. Il est celui dont le désir est orienté par une femme, celui qui possède la mère. En même temps, être père relèvera de tout un jeu de liens sociaux et culturels, de l'acceptation d'une position dans la chaîne des générations.

Côté femmes

Le mari et sa famille, la femme et sa famille espèrent une descendance. Cela fait partie de ce qui est attendu, à la suite de l'alliance. Le corps féminin, s'il ne peut porter en ses entrailles l'enfant, objet de la reproduction sexuée, sera le lieu d'un certain nombre d'explorations aux différentes étapes de la maternité : temps de la conception, temps de la grossesse, temps de l'accouchement. La première étape, quand elle devient scientifique, se décompose en stimulation, insémination, fécondation, nidation, gestation, avec tous leurs aléas, jusqu'à la délivrance. Autour du moment et des conditions favorables à la conception s'élaborent un savoir, des techniques, une recherche en pleine évolution. Cette médicalisation de la conception confronte celles qui s'y prêtent à leur organisme, instrumenté pour produire enfin un enfant. Où situer alors ce « moment de la conception, [du] souvenir conscient ou inconscient d'un instant d'extase [1] » qu'évoquait Georg Groddeck, disciple de Freud ? « L'une des sources de l'amour maternel est la jouissance éprouvée au moment de la conception. » Et il ajoutait : « Donc, la femme est fière d'avoir, au cours de la nuit et par un travail divertissant, créé un être vivant [2]. » À quel moment des procréations médicalement assistées s'éprouve cette extase : au moment de fécondation en éprouvette ou lorsque la nidation est annoncée ? Mais comment se fait pour ceux qui ne veulent pas demeurer sans enfant le passage de la conception médicalisée à la conception adoptive ?

Karine avait dû consulter à l'adolescence. Les médecins l'avaient rassurée, elle pourrait être enceinte. Profonde déception : après quinze ans d'échecs, « le grand spécialiste » pense que dans son cas il ne faut pas attendre le miracle. Le couple doit se rendre à l'évidence, avec l'impression d'avoir perdu, au cours de toutes ces années, la notion du temps. Tous deux aiment beaucoup les enfants, se sont occupés de ceux de leurs amis, dont certains sont adoptés : « Ils sont affectueux quand ils se sentent bien dans un foyer, des gamins magnifiques. » Leurs années de mariage ? Quinze ans de bonheur après de sombres années d'enfance. Clément n'aurait pas du tout été « programmé ». Il évo-

1. G. Groddeck, *Le Livre du ça,* Paris, Gallimard, Tel, 1976, p. 41.
2. *Ibid.*, p. 45.

quera un frère « chouchou », très jaloux, auquel il doit un grand nombre de cicatrices et dont il craint encore aujourd'hui la violence. Karine, dont la mère fut orpheline à trois ans, élevée en internat, placée dans une maison bourgeoise à douze ans, tremblait devant cette femme qui la forçait, « pour son bien », à partir en colonie de vacances où elle pleurait tous les jours. Souvent, pendant les années de traitements infructueux contre la stérilité, elle sortait en larmes des hôpitaux et son mari était bouleversé de la voir dans cet état. Une fois prise la décision d'adopter, tous les symptômes d'anxiété disparurent. Ils sont persuadés que la présence de l'enfant leur fera oublier toutes ces épreuves. Ils s'occuperont beaucoup de lui, afin que lui aussi pense le moins possible à ses mauvais souvenirs. L'idée que tous trois auront été éprouvés avant de se rencontrer leur donne le sentiment d'une proximité, d'une compréhension mutuelle possible. C'est une manière d'imaginer une symétrie dans le malheur avant le bonheur espéré de la constitution d'une famille.

À la suite des échecs incompréhensibles de trois fécondations *in vitro*, Aude a vécu une période d'abattement, « frôlant, dira-t-elle, la dépression ». En effet, elle avait perdu appétit et sommeil, dut se faire prescrire des antidépresseurs et recourir à une psychothérapie. Si les choses s'étaient déroulées normalement, ils auraient déjà les deux enfants souhaités. Mais elle n'admet pas d'avoir servi de « cobaye » à la recherche, et ce, sans résultat : « Ils sont encore impuissants là-dessus, l'hypofertilité reste inexplicable. » Elle n'a pas du tout apprécié les différents examens et entretiens avec les médecins, et leur en veut de lui avoir infligé toutes ces inutiles contraintes. Elle s'est sentie intimidée, paniquée, impressionnée par la multiplication des interlocuteurs. Elle considère cette stérilité non pas comme un défaut de son organisme mais comme un handicap. Cela va dans le sens d'un certain fatalisme présent chez elle dans tous les domaines. Si certains pensent que ça n'arrive qu'aux autres, elle a souvent l'impression que le sort s'acharne « naturellement sur elle ». Et ses tentatives infructueuses viennent confirmer son pressentiment de toujours. Par ailleurs, elle se sent, et son mari le dit, particulièrement à l'aise dans ses rapports avec les enfants. Ils évoquent le plaisir qu'ils trouvent à s'occuper de petites nièces pendant les week-ends, pendant que travaillent leurs parents commerçants. Puisque la nature ne veut pas leur donner un enfant, ils adopteront. Il est à craindre que le séjour dans un pays lointain puis les inévitables conflits ne soient interprétés encore dans le sens d'un « Pas de chance d'être tombés sur cet enfant-là », à moins que sa présence n'estompe cette amertume. Comment dépasser, surmonter les déceptions sans en garder une rancœur qui déteigne sur les relations à venir ? Faut-il parier sur la détente qu'apporteront l'autorisation d'adopter, puis la présence d'un enfant ?

Les parents de Séverin ont élevé « une gamine de la DASS ». Il a toujours considéré cette fillette comme sa sœur cadette, sa « sœur de lait », bien qu'elle ne fût jamais adoptée. Sa femme, Ghislaine, évoquera les trois grossesses alitées de sa propre mère, si souvent racontées, et les péripéties de ses accouchements longs et douloureux. De ce fait, elle ne s'imaginait pas autrement que stérile ou malade pendant neuf mois. Or il n'en est rien : elle arrive sans encombres au cinquième mois d'une première grossesse, grâce à une fécondation *in vitro.* Mais, étant donné l'issue, à ses yeux très incertaine, des procréations médicalement assistées, elle désire aller jusqu'au bout de la démarche administrative. Tant que la grossesse n'est pas menée à terme, la maternité demeure hypothétique, et il est rassurant de garder ouverte la possibilité d'une maternité par adoption grâce à l'agrément : celui-ci joue ici un rôle de garantie d'être mère quoi qu'il arrive. Séverin obtempère, il a conscience que la stérilité de sa femme n'a pas disparu d'un coup de baguette magique. Souhaitant élever au moins deux enfants, en disposant de l'agrément il se sent assuré de parvenir à fonder une famille. Il se félicitera, en pensant à l'adoption internationale, d'avoir trouvé « une femme qui n'ait pas les deux pieds dans le même sabot ! ».

Une sorte de superstition – « jusqu'à la naissance, on n'est sûr de rien » –, la recherche d'une assurance, le souhait d'une nombreuse famille, autant d'arguments, chez les couples dont la femme est enceinte, pour maintenir leur demande d'agrément. Ils ont l'impression, si on leur propose de surseoir, que la grossesse est un obstacle et qu'ils auraient dû la taire, adopter plus tôt. L'enfant qui s'annonce devient paradoxalement une entrave à la réalisation du projet. Quand est évoqué l'enfant à venir, on ne sait plus duquel on parle ! Indépendamment des capacités matérielles d'organisation, disons le « bon sens » imposerait de prendre le temps de se faire à l'idée de cette naissance proche avant de courir le monde pour trouver un bébé ! L'impatience, le désir exacerbé par des années de déceptions, l'envie de rattraper le temps perdu rendent le renoncement, spontané et provisoire, à l'adoption difficile, sinon impossible. Il semble chaque fois nécessaire d'engager une réflexion approfondie.

Malgré l'espoir mis en la science, pendant bientôt quinze ans, par Édith et Gilles, malgré l'énergie que supposent une douzaine d'inséminations et autant de fécondations *in vitro*, il n'y eut pas le moindre début de grossesse. Sans l'incitation insistante du « grand patron » qui les soigne à se tourner vers l'adoption, ils auraient persisté dans leurs tentatives médicales. Ils espèrent encore que le miracle viendra tout seul, le plus naturellement du monde. Le père de Gilles a succombé aux suites d'un accident du travail quand l'enfant avait dix-huit mois. Il accepte l'idée à la condition expresse que l'enfant soit orphelin de père et de mère, tout en disant apparemment le contraire : « Je voudrais un enfant qui ait des parents. » Que cherche-t-il à exprimer là ? Sa volonté d'être père, certes : « Je voudrais un enfant », mais un enfant qui ait des parents ? De qui parle-t-il ? De celui qu'il n'aura pas été, « un enfant avec ses deux parents » puisque très tôt sa mère fut veuve ? Il condense dans cette formulation paradoxale son désir ancien avec son désir actuel.

Quant à Édith, elle parle d'elle, petite fille, comme d'un « garçon manqué » et se demandera si ce n'est pas pour cela qu'elle ne parvient pas à être enceinte. Car son cas est inexplicable par la science et, d'une certaine manière, cela n'est pas pour lui déplaire. Elle met en échec, malgré elle, le savoir des spécialistes dont l'un lui aurait dit, ce qui la remplit de fierté alors qu'elle souffre de cet état de fait : « Vous n'êtes pas stérile, vous êtes un mystère, mais où puisez-vous cette énergie ? » Devant cet énigmatique obstacle à la conception, même médicalisée, elle ne fléchit pas. Alors que les spécialistes les plus compétents, les équipes parisiennes les plus performantes y perdent leur latin. Ne faudrait-il pas « laisser la nature travailler toute seule… et adopter ? » finit par conclure son mari, et cette fois-ci elle acquiesce. Elle accepte de ne plus mettre à l'épreuve le savoir médical, de ne plus faire subir en vain à son corps des intrusions décevantes. Elle accepte en fait de ne plus mener le jeu, elle abandonne la partie. Elle va sans doute la poursuivre sur un autre terrain. Du fait même de ce déplacement, il arrive qu'une grossesse « spontanée » (si l'on peut dire !) ait lieu… surprise que réserve la nature. Toutes celles qui petites filles ont regretté de ne pas être du sexe mâle ne sont pas sans enfant. Mais Édith lie, à sa manière, féminité et maternité.

Inès se reprochera de ne pas avoir souhaité être mère durant son enfance, son adolescence et même durant les premières années de sa vie commune avec son ami. Est-elle comme les autres ? Quand elle en éprouve le désir, cela ne vient pas ou se termine en fausse-couche. Elle-même s'étonne de ne pas désespérer. Comment réagit-elle ? En étant active dans son domaine professionnel ; ainsi, elle a le sentiment que « cela rend fertile le reste ». Projeter d'adopter lui redonne aussi espoir, mais elle s'interroge : n'a-t-elle pas trop tardé, elle aura bientôt quarante ans ; trouvera-t-elle l'énergie nécessaire pour élever cet enfant ? Seule de sa famille à rencontrer cette difficulté, elle cherche à comprendre. Il n'y a pas d'antécédents dans les générations antérieures, au contraire. À chaque retour de son père, marin au long cours, la famille s'agrandissait d'un nouvel enfant, elle fut la cinquième des huit. L'idée d'un blocage psychologique la tourmente. Elle aime beaucoup jouer avec les enfants de son entourage. Est-elle encore trop jeune pour devenir mère, ou est-ce seulement la malchance ? La maison est vide, il y manque quelque chose de vivant. Des petits dans une maison ça crie, ça rit, ça demande des explications. Si elle a pu craindre que sa relation amoureuse ne se dégrade, la volonté manifestée par Damien, son soutien devant ses espoirs déçus l'ont rassérénée. Enfin, cette démarche qui n'exclut pas la poursuite d'un traitement la rassure : d'une manière ou d'une autre il y aura un enfant. Quant à Damien, il estime qu'il y a des solutions et l'adoption s'impose à lui comme étant la meilleure, puisqu'il est des rêves irréalisables, même avec l'aide de la science.

Durant l'entretien Inès craint de ne pas dire ce qu'il faudrait, de ne pas faire entendre la force de ce désir, ressenti tardivement. Y a-t-il une bonne réponse à la question supposée : « Pourquoi voulez-vous un enfant ? » Sa formulation serait : « Pour m'épanouir comme femme. » À sa manière, elle reprend à son compte les paroles de l'Ecclésiaste : puisqu'il y a un temps pour tout, peut-être faut-il « un temps pour la femme, un temps pour la mère ». Sa réflexion met particulièrement en évidence l'alternative « femme ou mère ? » et l'articulation difficile des deux positions simultanées « femme et mère ». Elle définit la féminité par la maternité. Sur le tard, elle entre à son tour dans le discours normatif en donnant pour équivalent ce que la psychanalyste Marie-Hélène Brousse condensait dans la formule « féminité et mamelle [1] ». Elle est inquiète, pourquoi n'a-t-elle pas assimilé plus tôt le destin normal de sa sexualité féminine à la maternité ? Ne rêve-t-elle pas d'une identité entre la femme et la mère tout en se demandant comment être mère sans que ce soit au détriment de la femme et inversement. Elle pose une question cruciale : comment situer la mère par rapport à la femme ? À chaque femme se pose la question de la maternité. Inès a commencé par un refus, vint ensuite une certaine appréhension marquée par l'ambivalence : tantôt elle pensait pouvoir s'affirmer en tant que femme sans enfant, tantôt il lui était insupportable de ne pas épanouir en elle la femme en vivant la complétude mère-enfant dont elle rêvait. Enfin, l'échéance imposée le temps qui passe. Chaque femme tente d'occuper une position dans laquelle elle répond à la question qui lui est implicitement posée : quelle place donner dans sa vie à la maternité ?

---

1. M.-H. Brousse, « Femme ou mère ? », *La Cause freudienne*, n° 24, *« L'Autre Sexe »*, juin 1993, p. 30.

Mariés six mois après leur rencontre, un coup de foudre, Marina et Benoît avaient aussitôt souhaité plusieurs enfants. Ils ne la voyaient pas comme ça leur vie, jalonnée de déceptions : les grossesses assistées médicalement n'arrivent pas à terme et les raisons du retard de croissance *in utero* restent inexpliquées. Marina souffre encore de ces échecs et a interrompu le protocole de la dernière fivete proposée. Elle a été surprise du nombre de femmes rencontrées dans les salles d'attente ; elle se croyait unique et découvrait que son malheur était relativement banal ! En constatant qu'elle partageait cette difficulté avec beaucoup, elle s'est sentie moins seule. Elle décrit sa mère exemplaire, maternelle, chaleureuse et exigeante, en un mot inimitable. Elle appréhende les réactions d'un enfant, adopté ou pas : « L'éducation ce n'est pas évident, rien n'est acquis. » Benoît ne sait comment la rassurer, il lui semblait au départ plus facile de poursuivre les traitements. Il a été « choqué » car, à chaque fois, il avait l'impression de contribuer tellement peu à ce qui se passait, dès que sa femme était enceinte. Il pense que la maternité relève de la nécessité chez elle et que la paternité s'accepte. Lui-même n'éprouve pas une telle urgence, mais il adore les enfants, alors il suit de bon cœur le mouvement.

Ce cas de figure, ici clairement explicité et assumé, est beaucoup plus fréquent qu'on ne veut bien le dire. Marina et Benoît ont donc mis des années à se résoudre à envisager autrement l'arrivée de l'enfant, à renoncer à l'engendrer. Ils ne pouvaient imaginer qu'il ne serait pas né d'eux : « On ne voulait pas se jeter dans les bras de la DASS. » Dans les bras de la DASS… comme pour une étreinte désespérée avec l'administration pourvoyeuse d'enfants ?

Marina admire sa mère, à ses yeux exceptionnelle, comment peut-elle s'identifier à elle ? Ne présenterait-elle aucun défaut, aucun manque ? Comment a-t-elle pu répondre au désir de cette mère à son égard ? En revanche il lui manque, à elle, l'enfant, elle ne parvient pas à être mère. Relevons, ici, avec la psychanalyste Claire Harmand les deux formulations offertes par la langue française : « On dit "avoir un enfant" ou "être mère". "Avoir un enfant" révèle le fait que l'enfant est l'objet de la mère [...]. Le seul versant imaginaire de la maternité aboutit à l'échec. On ne peut pas compter sur la maternité, on ne peut pas y croire en tant que solution pour les femmes. » Elle concluait en insistant sur la nécessaire séparation : « Je dirai donc qu'"être mère", c'est ne pas cesser de se séparer de l'avoir qu'aurait pu constituer l'enfant [1]. »

Côté couple

Il arrive que les investigations chez l'un occupent le devant de la scène jusqu'à ce que le partenaire soit à son tour mis en cause et devienne objet d'examens. Il n'est pas rare qu'une légère insuffisance décelée alors s'ajoute à celle déjà constatée. Dans ce partage, même inégal, des causes de l'infécondité, certains trouveront un relatif réconfort. Là encore les expressions employées sont révélatrices des problématiques en jeu, elles dépassent le simple registre biologique.

Si la nature ne fait pas les choses spontanément, alors que tout devrait « marcher normalement », elle doit avoir ses raisons que la raison ne connaît pas. Marie-Claude et Ludovic ne s'acharneront pas. La médecine ne leur laisse qu'un vague espoir de mener à terme une grossesse du fait de « petits problèmes partagés ». Marie-Claude ne voudrait pas « forcer son corps à quelque chose qu'il pourrait faire sans aide médicale » et comme « il n'y a jamais eu un

1. C. Harmand, « Avoir un enfant, être mère », *La Cause freudienne*, *n°24*, p. 37.

embryon de réussite », inutile d'insister. Il n'est « pas indispensable de se reproduire à X exemplaires », dira Ludovic. Mariés depuis presque vingt ans, ils considèrent aujourd'hui l'adoption comme la meilleure réponse à leur désir d'élever des enfants, après quelques années durant lesquelles ils avaient décidé de ne pas en avoir. S'il y avait eu des naissances, ils n'auraient pas formé ce projet. Les parents de Marie-Claude, militants tiers-mondistes, en parlaient il y a déjà vingt-cinq ans, mais eux ne reprennent pas ce projet à leur compte. Ils ne veulent « pas sauver l'humanité, ce n'est pas un sacerdoce ». Cela ne correspond pas non plus à « un désir capricieux », mais à une envie profonde d'établir une relation de parents. Tous deux regrettent la distance affective imposée par les leurs et se promettent de manifester plus chaleureusement leur affection. En même temps, si la présence d'enfants n'est pas vitale, ils imaginent pourtant qu'elle rendra leur vie « plus intense ». Ils ont attendu longtemps, mais, contrairement au couple précédent, leur désir les amène à revenir sur cette position dans un mouvement commun et dans un temps qui correspond à la fécondité potentielle.

Chaque fois qu'il ne vient pas naturellement, le recours à la médecine de la reproduction s'offre comme une solution pour que l'enfant soit « né de soi ». D'échecs en espoirs, le récit du cheminement témoignera de la capacité à se plier, un peu, beaucoup, pas du tout, aux tentatives proposées. Certains prennent les choses comme elles viennent ; après quelques bilans, ils reculent devant ce qu'ils considèrent comme un forçage suspect de la nature. Pour d'autres, prévoir l'adoption les conforte dans leur désir d'enfant et ils supportent plus sereinement les contraintes des procréations assistées.

3. Les éprouvettes du désir

Les exigences ne pèsent pas d'un même poids du fait des différences anatomiques. De nombreuses étapes constituent le parcours des femmes dont l'hypofertilité nécessite une assistance. Le chemin est jalonné de consultations, investigations, stimulations, injections, ponctions, transplantations et réductions d'embryons, ablations, congélations... et de « tentatives d'échecs », disait une femme. Le recours à ce qu'on a pu appeler « les éprouvettes du désir [1] » accentue l'asymétrie qui existe dès la conception naturelle. La femme portera l'enfant, malgré une « maternité blessée », mais l'homme ne joue-t-il que le rôle du « taureau donneur », ainsi que l'exprimait l'un d'entre eux ? Quelle place alors prend la stérilité pour chacun ? Jusqu'à quelle extrémité aller ? Que faire pour devenir parents, comme les autres ? « J'ai même dû en passer par la tentation, je veux dire la tentative de fécondation », signalait une future adoptante pour faire valoir ce à quoi elle avait consenti.

Mariés dans les années soixante-dix, voilà bientôt vingt ans qu'Aline et Jean-Michel expérimentent, au fur et à mesure des progrès, toutes les formes de procréation médicale ; sans succès. Le désir d'avoir un enfant l'un de l'autre fut présent dès leur rencontre, ils l'espérèrent longtemps. L'ablation d'un ovaire après trois ans de mariage avait été vécue comme « une grande bataille ». Aline dira avoir été prête à tout : insémination artificielle par conjoint, par donneur, don d'ovocytes. L'insémination artificielle par donneur fut un premier pas vers l'idée d'un tiers entre eux. À cette époque on ne leur parlait pas d'irré-

1. Titre de l'exposition conçue et réalisée en 1994 par le CRPCSTI de ALIAS (région Nord/Pas-de-Calais).

versibilité, et ils placèrent leurs espoirs dans des « techniques séduisantes ». Ils étaient complètement absorbés par tout cela, il fallait gérer, digérer, accepter ce problème d'hypofertilité. Penser à une autre voie eût été s'éparpiller, l'adoption ne les concernait pas. Ils furent « les premiers à essayer les premières méthodes », à Paris. À chaque fois ils y croyaient, même si les médecins ne cachaient pas leurs tâtonnements. Au courant des performances des meilleures équipes, ils n'hésitèrent pas à sillonner la France, tant le fait d'avoir un enfant qui ressemblât à son mari primait alors pour cette femme. Elle ne pouvait tolérer d'être différente des autres, de celles qui enfantent. Bouleversée par la réflexion de la fille d'une amie : « Tu n'en as pas parce que tu n'as pas une bonne graine », elle voulait sans doute prouver le contraire. Elle s'accrochait à chaque nouveauté, non pas avec un acharnement désespéré mais avec une immense confiance en la science. Aline se représentait l'adoption comme un beau geste. Elle ne pouvait être que le fait de « gens très riches qui donnaient leur fortune à un déshérité ». Jean-Michel osait à peine penser aux enfants abandonnés, tellement cela le rendait triste. Il les imaginait « trimbalés comme des paquets, malheureux comme les pierres », et n'était pas sûr de pouvoir leur apporter ce dont ils auraient besoin. Pourtant, beaucoup plus vite que sa femme, il avait commencé à se renseigner, notamment à la suite des inséminations par donneur : « À partir de ce moment l'adoption a commencé à germer dans ma tête », ajoutait-il très joliment. Ce fut la rencontre d'une famille avec deux jeunes Vietnamiens qui décida Aline à entendre les suggestions déjà anciennes de son médecin et de son mari et à ne plus attendre l'impossible de la science. Mais il lui aura fallu toutes ces années pour être sûre d'avoir fait tout ce qui était en son pouvoir, pour être sûre de n'avoir pas de regrets et dire : « On est sans enfant, alors on adopte. » Elle renoncera, enfin, sans amertume ni résignation, à un enfant fruit de l'union du couple, en faveur d'un enfant venu d'ailleurs qu'elle n'aura pas porté en son corps mais auquel elle conçoit de transmettre son expérience de la vie. Il lui aura fallu une longue élaboration pour admettre que la maternité adoptive la rendrait mère comme les autres, et que, sans appui sur le biologique, ce qu'elle transmettrait garderait toute sa valeur.

« Prête à tout » afin de procurer un enfant à son mari, ce qui est une opération sociale et juridique, cette femme n'est pas parvenue à l'engendrer malgré le secours de la science. Le recours à un autre, ne serait-ce que dans le don de gamètes, a ouvert la voie à la nécessaire intervention d'un tiers.

Max et Micheline ne veulent plus entendre parler de procréation médicale. Ils se sont connus il y a dix ans et, depuis, souhaitent un enfant. Ils ont essayé différents traitements, avec des périodes d'interruption et, d'échecs en échecs, perdaient le moral. Tout cela a fini par leur apparaître comme « hors nature », et surtout ils estiment que ces méthodes ne leur conviennent pas : « Dans notre tête ça ne va pas. » Tout cela devient « trop compliqué », et, pour eux, une insémination avec le sperme d'un donneur ce serait « surnaturel ». Sans états d'âme, ils refusent. Ils s'opposent aussi à la réimplantation de plus de deux embryons, se sentant incapables de faire face à des triplés. Ils citent l'exemple, relativement proche dans ce même contexte, d'une cousine de Max complètement débordée et épuisée par ses trois bébés. Malgré leur complicité avec les médecins, ils ont l'impression d'avoir été « traînés d'essais en essais » et, rétrospectivement, Micheline proteste : « On n'est pas un animal, c'est pas n'importe quoi ce qu'on veut faire. » Puis, comme la stérilité restait inexpliquée, « ils avaient dit que c'était la tête, que quelque chose coinçait », ils consentirent à rencontrer un psychologue plusieurs fois : « On a bien discuté, il était bien sympa. » Finalement, puisque la médecine, si performante soit-elle, n'apportait rien, et la psychologie, si « sympa » soit-elle, pas davantage, peu à peu, ils envisagèrent l'adoption. La disjonction entre l'amour et la reproduction sexuelle s'éprouva comme une réduction au réel du vivant animal. En passer par quelques manipulations biologiques, soit. Mais l'introduction d'un tiers vint bouleverser leurs représentations. contrairement au couple précédent, l'intrusion de quelqu'un d'extérieur, d'un « donneur », prenait la figure d'une liaison, équivalait presque à un adultère, et relevait de l'impensable. Les positions varient donc selon que l'assistance médicale concerne une procréation interne au couple ou une procréation grâce aux gamètes d'un tiers.

Trois ans déjà que « la vie ne tient pas ses promesses : porter un enfant ». Las des « fausses alertes » – c'est un sapeur-pompier qui parle –, Christiane et Julien n'attendront pas davantage pour être de jeunes parents. Dans l'esprit de Christiane, un enfant devrait arriver quand ce sera le moment car « un enfant c'est aussi dans la tête ». L'hypofertilité ne l'étonne qu'à moitié : des cycles irréguliers, des règles cauchemardesques lui avaient laissé penser que cela ne serait peut-être pas si simple. Au départ, il n'était pas pour elle primordial d'être enceinte au point de faire appel à un donneur. Et surtout elle ne tenait pas à être prise pour « un hamster de laboratoire » ! Julien suit sa femme dans toutes ses démarches, adhère au projet mais s'en inquiète moins qu'elle. Il ne peut pas se dire « je suis prêt à être père », ce n'est pas « prêt-partez », mais à l'instant où on lui annoncera « tu es père », alors « ça va commencer, je vais m'y mettre ». Il attend ce moment car il pressent qu'un homme n'est pas forcément père automatiquement d'avance, d'emblée, qu'il occupe cette place petit à petit. Après des soins curatifs et palliatifs, l'appel au tiers donneur entérine l'infertilité, ne la supprime pas. Cet homme pressent que la substitution des gamètes d'un autre aux siennes est une façon pour lui de se préparer à l'adoption.

Monique et Yves se connaissent depuis quinze ans et recourent à des traitements depuis une dizaine d'années. Après deux fausses-couches, une grossesse extra-utérine, une intervention chirurgicale, deux fécondations in vitro, ils ne tenteront pas les deux autres prévues, ne supportant plus ces « techniques médicales forcenées ». Belle formule qui contracte l'idée de la naissance, des forces vives, des forceps, d'une violence du fait même d'une instrumentation technique à laquelle ils refusent désormais de se soumettre. Ils considéraient, au début, l'absence de grossesse comme un « handicap », puis la perspective de l'adoption en atténua peu à peu l'impact. En fait, « déclarés stériles ni l'un ni l'autre », ils espèrent lever ainsi leur hypofertilité de couple. Autour d'eux des grossesses inespérées se sont ainsi « déclenchées », pourquoi le miracle ne se produirait-il pas ? Cela arrive, c'est vrai, avec cette valeur d'extraordinaire, d'inexplicable. Certains se résigneront à adopter en désespoir de cause. Ils tairont leurs réticences dans l'espoir d'un effet thérapeutique aussi inexplicable rationnellement que leur hypofertilité. Mais si ce calcul motivait trop exclusivement une première adoption, en l'absence de conception quelques mois plus tard, l'amertume de la déception ne risquerait-elle pas de s'associer à la présence de l'enfant accueilli ?

Parfois ces « charcutages », ces « intrusions » se teintent d'une valeur de sacrifice, d'offrande sur l'autel de la science.

Il en reste l'impression d'avoir atteint l'au-delà du supportable en livrant son corps rebelle aux regards et aux manipulations d'hommes en « blouse blanche ». On peut voir là une manière de marquer, à défaut des modifications physiques d'une grossesse, à défaut d'accouchement, un passage par le corps pour devenir mère. Certaines n'hésitent pas à mettre leur vie en péril. C'est alors le conjoint qui impose, craignant une issue fatale, l'arrêt de toute intervention et propose d'adopter. Jusqu'où aller ? Les capacités de résistance physique et la ténacité psychologique sont des données extrêmement fluctuantes, et il n'est pas facile de faire coïncider, au fil des mois, désir et volonté. Chaque étape oblige le sujet à réaffirmer ce qu'il accepte, supporte ou refuse au nom de cet enfant, qui s'annonce parfois quand on ne l'attendait plus.

4. Fécondes adoptions

Le sens commun, la psychologie vulgarisée préconisent le deuil de l'« enfant imaginaire » avant l'accueil d'un « enfant réel », en vue d'adoption. Comme si les deux registres étaient absolument dissociables l'un de l'autre, alors que la réalité de l'enfant va être le support des rêveries des parents. Par enfant imaginaire il faut entendre celui des jeux de poupées, des rêves de la petite fille lorsqu'elle se dit : « Quand je serai grande j'aurai des enfants. » Il est paré de toutes sortes de traits et d'attraits. Il est classiquement imaginé comme celui que l'on mettra au monde. Par enfant réel, au contraire, il faut entendre l'enfant en chair et en os, aussi bien celui dont une femme accouche que celui qu'on lui mettra dans les bras dans une pouponnière. À ce nourrisson, qui pèse plusieurs livres, va venir se superposer, comme en surimpression, l'enfant imaginé avec le caractère que, déjà, on lui prête. Ce décalage (celui qui arrive ne correspond pas à celui rêvé) joue dans toute rencontre parent/enfant, quel que soit le mode de filiation.

Dans le cas de l'adoption, le deuil à faire, si deuil il y a, n'est pas celui de l'enfant imaginaire en soi mais celui de l'enfant imaginé conçu et né de soi, auquel va venir se substituer, après un délai très variable, un enfant imaginé conçu en éprouvette puis imaginé ensuite conçu par d'autres. Ses futurs parents auront parlé de lui bien avant de le rencontrer, modifiant au fur et à mesure des étapes leur représentation de sa conception. Autrement dit, ils vont être obligés de faire coïncider, un tant soit peu, l'enfant imaginé et celui dont la présence s'imposera. Ou encore, les caractéristiques de l'enfant imaginaire vont devoir se modifier au fil du temps, les nouveaux éléments rencontrés dans la réalité être assimilés. La particularité vient de ce que son histoire a déjà commencé. De ce fait, il sera problématique pour l'adopté d'avoir à correspondre à celui qu'il n'est pas, et difficile pour les adultes de l'accepter si différent de celui attendu « de naissance ». C'est « dans la tête » de chacun des parents que sa représentation se transforme ; en ce sens seulement on pourrait employer le terme de deuil. Une telle évolution prépare à l'accueil d'un enfant venu d'ailleurs. Lorsqu'une grossesse s'annonce alors qu'on ne l'attendait plus ainsi, les constructions dans lesquelles les futurs parents se voyaient adoptifs sont bousculées. Souhaiter enfanter, y renoncer, revenir à cette première espérance oblige parfois, comme à regret, à faire un nouveau deuil : celui d'un enfant adopté.

Cela arrive lors de la réussite d'une dernière fivete à laquelle les intéressés ne croyaient plus, ou lorsque, ayant renoncé à une grossesse trop hypothétique, le couple se décide à adopter. Ces hommes et ces femmes n'auraient théoriquement plus besoin de nos services, mais ils veulent garder un agrément en réserve, pourrait-on dire !

Il y avait peu de temps qu'ils avaient décidé d'arrêter tout traitement avant d'entreprendre, « très motivés », les démarches administratives, après l'échec de la troisième FIV. La décision avait été radicale : « On arrête. » Surprise ! Un mois après l'envoi de leur lettre de demande d'agrément, Francine est enceinte. Sa grossesse est si surveillée qu'elle s'angoisse. Mais, surtout, elle se sent complètement « déroutée ». Préparée à l'idée d'adopter, elle explique qu'à deux mois du terme ce projet commence seulement à passer au second plan. Une nouvelle signification se dégage, ce n'est plus l'« attente d'un bébé qu'on n'a pas pu avoir », mais celle d'un bébé qu'on peut mettre au monde, et cela devient « fantastique ». L'étonnement est d'autant plus sensible que trois mois auparavant, pour un motif inexplicable, le médecin avait annoncé à Didier : « 8 % de vos spermatozoïdes sont valables. » Le même praticien n'a toujours pas compris pourquoi « ça a marché » et les intéressés non plus ! C'est une « grossesse inexpliquée ». Pourrait-on imaginer que, piqué au vif, le mari, à son insu, ait aussitôt opposé un démenti, du genre : « Attends un peu, tu vas voir de quoi ils sont capables mes 8 % ! » Au fait, pourquoi, alors, demander un rendez-vous ? Justement pour en parler, d'autant plus que rien ne dit que la « machine mise en route » fonctionnera une deuxième fois. Et puis, on ne renonce pas si facilement à celui qu'on se représentait déjà existant pour revenir à celui issu d'une « conception maison ». Rêvant, comme dans la chanson, d'« une petite marmaille qui fourmille », ils sont disposés à accueillir tous ceux qui se présenteront !

Parfois les gynécologues suggèrent à leurs patientes la poursuite des traitements et simultanément la démarche vers l'adoption. Ils en présagent un effet de laisser-aller, de laisser-tomber partiel, du côté d'une attente crispée et d'angoisses persistantes, plus efficace que leurs injonctions du style « Mais pensez donc à autre chose ! ». En effet, une femme stérile dira : « Je n'arrive pas à *tomber* enceinte. » L'expression est populaire, mais elle dégage bien un sens de chute possible ou pas : « Quelque chose tombe en effet, du niveau des fantasmes au niveau de la réalité, du niveau de l'imaginaire à celui du corps [1]. » Parvenir à regarder ailleurs décentre et apporte un soulagement dont beaucoup témoignent. L'une d'elles le formulait très bien en jouant sur les conjonctions et les temps des verbes pour marquer le changement de sa position : « Adopter, ce n'est pas *si* un jour tu as un enfant, mais *quand* tu auras un enfant. » Après coup certaines réaliseront qu'elles y pensaient trop, que c'était quasiment « une idée fixe », comme « une obsession », d'autant plus prégnante que le corps résistait, sans raisons décelables.

Le parcours suivant illustrera ce cas de figure. Pendant plusieurs années Laura et Arnaud firent « des tentatives pour avoir un enfant par voies naturelles », mais l'absence de grossesse resta « inexpliquée ». Puis, pendant plus de dix ans, ils essayèrent plusieurs méthodes, « y compris des fécondations artificielles » ; à la fin les médecins leur conseillèrent de « penser à autre chose ». Les péripéties furent interminables : « Au début j'ovulais pas, après j'avais pas de glaire, après j'avais des cycles fantaisistes, puis après des adhérences aux trompes, après c'était la nidation, ça ne tenait pas. » Et pourtant, à chaque phase, quelque chose manquait, clochait. « J'ai même, dira Arnaud, transporté ce que j'ai de plus cher… ses ovocytes. » De plus, tous deux tremblaient à la perspective d'engendrer, à cause des manipulations génétiques, « des monstres ».

1. « Avoir et s'approprier », *Scilicet*, n° 2-3, 1970, p. 145.

Vivre tout cela leur demanda de surmonter leur extrême pudeur, leur timidité. En même temps, ils s'obligèrent à n'en parler qu'entre eux afin que cela restât l'histoire de leur couple. « Et que répliquez-vous à la question d'un indiscret qui vous demande pourquoi vous n'avez pas d'enfant ? » La réponse formidable du mari fusa : « On s'en sort par une cabriole ! » Il voulait sans doute utiliser l'expression « par une pirouette », mais la question le renvoyant à sa virilité, il n'osa dire tout haut « mais oui, nous faisons des galipettes », et de galipettes en cabrioles il ne fit qu'un pas justement ! Des complications laissèrent Laura à plusieurs reprises épuisée, dans un état de lassitude morale jamais éprouvée avant, ce qu'elle ressentit comme des « assauts répétés ».

Ils pensèrent adopter mais les médecins leur auraient dit que, pour avoir des enfants en bas âge, c'était très long et très complexe. Les regrets de cousins éloignés, âgés de quatre-vingts ans, se reprochant si souvent mutuellement de ne pas avoir osé adopter, les décidèrent. Six mois plus tard, ils reprenaient rendez-vous pour parler de ce qui leur arrivait, car juste après les entretiens Laura se découvrait enceinte. Elle s'interrogea : « Est-ce de cause à effet, de sentir qu'on pourrait avoir l'agrément ? Les médecins jugent la chose inexpliquée. » Ils en étaient tout « chavirés ». Dire que pendant des années il n'y avait pas eu d'événements notoires et voilà que tout tombait en même temps : quelques semaines plus tôt mourait le grand-père d'Arnaud. Celui-ci l'avait élevé à partir de l'âge de cinq ans, après la disparition dans un accident de voiture de ses parents. Il avait été une figure paternelle d'autant plus importante pour lui.

Ils faisaient remonter le « déclic » aux entretiens : « Vous aviez dit qu'on avait des chances d'obtenir l'agrément. Dans notre tête ça n'allait pas, on avait trop envie d'avoir un enfant, c'est peut-être pour ça qu'on est restés bloqués si longtemps… après, on a été plus détendus, on a moins pensé à en avoir un par les voies naturelles, on s'est libérés, avec les formalités, les émotions, on n'avait pas le temps de penser autant à nous », commente Arnaud. Les trois premiers mois furent bouleversants pour la future mère : non seulement elle se trouvait sans forces mais surtout extrêmement angoissée, craignant de perdre cet enfant. Depuis qu'il bouge, quand il s'immobilise, elle s'inquiète. Tous les récits familiaux à propos des fausses-couches et des accouchements compliqués lui reviennent en mémoire. Par moments elle a l'impression qu'il est encore « hors d'elle » et, malgré les échographies, elle se dira longtemps « incrédule ». Elle témoigne très bien de ce sentiment d'étrangeté vis-à-vis de ce qu'elle ne croyait pas pouvoir ressentir. Se sentant physiquement et psychologiquement épuisée, elle acceptera de poursuivre des entretiens avec une psychanalyste.

La dimension inconsciente joue pour une part dans le fait que, pour un couple donné, l'enfant soit ou non concevable, cela est indéniable. D'aucuns entreprennent d'adopter dans l'unique espoir d'une levée de la stérilité « sans causes médicales connues ». À moins que les intéressés n'émettent eux-mêmes l'hypothèse d'un « blocage psychologique », cette notion fourre-tout ne sert pas à grand-chose, sauf à provoquer par réaction un renforcement de la culpabilité : « Qu'ai-je fait pour mériter cela ? » ; beaucoup plus rarement un sursaut inattendu et l'ouverture d'une question : « Y suis-je pour quelque chose ? » Le déchiffrage d'Arnaud et Laura illustre bien que ce n'est qu'après coup qu'ils ont pu donner un sens, interpréter eux-mêmes l'absence de grossesse en termes de « blocage ». Lorsque l'hypothèse d'une raison psychologique à l'hypofertilité est avancée par un tiers, si pertinente soit-elle, elle apporte une réponse toute faite, d'ordre général, à une question singulière. Les sujets concernés risquent de n'en éprouver que plus de peine à s'interroger eux-mêmes.

Vouloir devenir père et mère entraîne la mise en jeu du corps sexué, la mise en jeu du cœur répondant à une inclination amoureuse et la mise en jeu du désir de transmettre cette vie qui nous dépasse. Tout ne peut s'expliquer en ce domaine, mais, si les interrogations persistent, il est possible d'en parler. Un travail psychanalytique peut éclairer le sujet et lui permettre de modifier un tant soit peu son rapport à la vie, au fur et à mesure qu'il évoque ce qui le préoccupe. De surcroît, il peut se produire, sinon des effets sur sa fécondité, en tout cas des effets sur sa manière de faire avec ce qui lui arrive. Toutes les causes peuvent être invoquées, toutes les significations recensées, tous les deuils faits, les épreuves remémorées et la stérilité persister. Aussi bien, un acte, un mot, un souvenir, un lien, une rencontre, un renoncement à l'acharnement thérapeutique ou à un objet seront-ils fertiles dans tous les sens du terme, à l'insu du sujet. Ainsi en est-il sans doute de ces décisions d'adopter ou des obtentions d'agrément qui se révèlent fécondes au sens propre.

Le ressort restera énigmatique car la science ne peut rendre compte des particularités de chaque sujet dans son rapport singulier à la jouissance et au désir. La médecine et la génétique savent ce qu'il en est de la reproduction, génératrice d'un organisme biologique en vie, mais elles sont embarrassées face à des stérilités sans cause repérable comme face à l'apparition inexpliquée de « celui qu'on n'attendait plus ».

Les diverses situations de stérilité et d'hypofertilité décrites retracent des parcours très actuels. Ceux-ci sont tributaires des avancées du savoir concernant la conception et les recherches sur la fertilité. Les progrès en la matière suscitent beaucoup d'espoirs dont témoignent les demandes aux médecins, au nom d'un désir d'enfant insatisfait. Cette médicalisation de la conception pourrait laisser penser à une maîtrise prochaine de la reproduction humaine. En anticipant un peu, on pourrait imaginer qu'il n'y ait plus de lignées interrompues. L'instrumentation scientifique viendrait enfin pallier, efficacement, l'incapacité des corps féminins et masculins. Ce serait la fertilité pour tous, l'enfant pour tous. Ainsi serait supprimée l'injustice, en ce domaine, qui frappe les uns et épargne les autres.

La technique a amélioré la reproduction des végétaux, des animaux et des humains. Or, de si près que la science puisse décrire et imiter les choses de la vie, intervenir sur le vivant, elle ne peut saisir ce qui anime le corps d'un être parlant, puisqu'il est le lieu de langage du désir conscient et du désir inconscient. Aussi, une fois que les conditions organiques nécessaires à la transmission du vivant sont réunies, il demeure une part de contingence dans la naissance d'un enfant. L'émergence de la vie humaine échappe à notre pouvoir, défie l'entendement. Elle tiendra toujours pour une part de l'imprévu, de la surprise, du prodige, quand ce n'est pas du miracle.

Chapitre II

L'adoption, consolation des couples fertiles

Lorsque la nature tient ses promesses et que les naissances se succèdent, l'effet de nouveauté s'efface parfois. La banalité de la parenté légitime et naturelle confère à la filiation adoptive des particularités dont sont attendues des surprises, bonnes et mauvaises, finalement quelque chose de l'ordre d'un « plus ». Ainsi que l'exprimait sans retenue une femme : « Nous ne voulons pas fromage ou dessert, mais fromage et dessert ! », naissance et adoption. L'adoption semble une expérience autre, complémentaire, exceptionnelle.

Ces projets fleurissent, moins classiques, mais de plus en plus nombreux. Ils se fondent non plus sur le moindre symptôme d'infécondité, mais sur une fertilité rendue provisoirement inopérante, stérilisée, grâce à l'efficacité de la contraception. Ils résultent de la dissociation introduite par la médecine de la fécondité entre les différents types de procréation et la filiation, entre le biologique et le symbolique. Alors même que le désir d'être parent cherche à se satisfaire, il apparaît de moins en moins paradoxal d'utiliser un contraceptif et d'adopter.

Autrefois, et ce n'est pas si lointain, on acceptait, bon an mal an, l'enfant qui, sans rien demander à personne, pourrait-on dire, s'annonçait. Les familles nombreuses étaient légion, et le nombre d'enfants était plus un signe de vitalité que d'incapacité à contrôler les naissances. Il en allait de l'honneur des familles que la jeune fille épouse celui dont elle attendait un enfant, lorsqu'ils avaient « fait Pâques avant les Rameaux », disait-on. Actuellement, la venue de l'enfant se planifie, voire se programme. Le choix du moment de la conception est tributaire du contexte autant matériel qu'affectif. La date adéquate pour l'accouchement, lui aussi programmé, varie en fonction des vacances, des impératifs professionnels ou financiers.

Mais choisir le moment, objectivement opportun, s'accompagne du souhait de choisir aussi l'enfant conforme, c'est-à-dire conforme à l'enfant de ses rêves. Quand je veux, comme je veux, d'où je veux ? Choix du ventre, choix du sperme, choix du moment de la conception et, dans la même série, choix de l'adoption, choix idéalisé de l'enfant, choix de l'enfant idéal. Il est frappant que de plus en plus de couples, au moment de concrétiser leur projet de fonder une famille, s'interrogent, hésitent entre concevoir et adopter. Fréquemment, à un moment pourtant de fertilité, ils voudraient retarder les naissances. Pour d'autres, qui sont féconds et en ont fait la preuve, l'enfant à venir ne sera concevable qu'adopté.

Cela suppose une première décision : ne pas se reproduire, donc pour l'homme ne pas engendrer, pour la femme ne pas enfanter. Il y a ainsi la faculté d'être parents en inhibant le mécanisme de la conception. L'adoption sans l'efficacité de la contraception ne s'envisagerait pas comme une alternative à une naissance. Le désir sexuel étant délibérément mis à distance, l'écart se creuse entre les relations sexuelles et l'enfant. Autrement dit, indépendamment du désir de l'homme pour la femme et réciproquement, s'exprime la volonté d'établir une relation de père et mère. L'évolution du couple conjugal vers « la famille conjugale » chère à Durkheim ne passe plus obligatoirement par le désir sexuel. L'enfant est attendu indépendamment des modalités de la vie sexuelle. Ce qui ne signifie pas que les personnes ayant un projet d'adoption n'aient pas ou n'aient plus de relations sexuelles. Mais la mise en jeu de la sexualité est complètement dissociée de la reproduction, alors même que s'exprime le vœu d'une descendance. En forçant à peine le trait, nous dirions que, dans ces cas-là, nous assistons à un délaissement de la filiation légitime et de la filiation naturelle au bénéfice de la filiation adoptive. La parenté biologique est d'une certaine manière dévalorisée au profit d'une parenté sociale survalorisée. Qu'est-ce à dire ?

Ces approches de moins en moins rares sont le fait de foyers avec ou sans enfant. Leurs positions diffèrent. Les couples sont confrontés, quand ils décident d'être parents, à un choix nouveau : concevoir ou adopter ? Les parents confirmés s'interrogent : partager avec un enfant venu d'ailleurs ou pas ? Ils ne se rabattent pas sur cette solution par défaut de postérité, bien plutôt par excès de garçons ou de filles, excès de biens matériels, de bonheur. Il ne s'agit donc pas d'un « second choix », comme le disait l'un d'eux, mais d'une infécondité volontaire pour « vivre autre chose ». Les motifs avancés font appel à une image idéale et idéalisée de la famille aussi bien qu'à une vision humaniste de justice universelle, que renforce la diffusion d'images catastrophiques, montrant le sort réservé aux enfants dans certaines régions du monde.

Ce mouvement va s'amplifiant depuis l'ouverture, en 1976, de l'adoption aux couples ayant déjà une descendance. Or, avec cet élargissement se multiplient les attentes non pas tant d'un enfant « à particularité » en quête de foyer, mais d'un « adopté », dont l'attrait résiderait dans cette qualité même. Ces demandes se présentent comme naturelles, tant leurs intentions se fondent sur l'amour, la sensibilité à l'inégalité des chances, la générosité, le partage. Mais le contexte a parfois de quoi laisser stupéfait. Il n'est pas si rare qu'un couple dont la femme est enceinte décide parallèlement d'adopter… La surprise des professionnels, leur étonnement et leurs interrogations sembleront déplacés. La proposition de surseoir laissera désemparé, tant le projet s'impose avec un caractère d'évidence : « Un moyen comme un autre d'avoir un enfant. »

1. concevoir ou adopter ?

Puisque l'adoption fait partie des possibilités d'accès à l'état de parent, pourquoi ne pas l'expérimenter ? Dans cette perspective banalisée, un dossier lui fut consacré en janvier 1995 dans un numéro de la revue *Cinquante Millions de consommateurs.* Il n'est pas impensable de l'imaginer prochainement traitée par *Que choisir ?* Comme le disait une mère de cinq enfants : « C'est entré dans les mœurs. » Adopter ou/et concevoir se pose à certains, si étonnant que cela puisse paraître, comme une embarrassante alternative. En fonction de quoi pencheront-ils pour l'une ou l'autre solution ?

Devenir ou non père, mère, avoir une descendance, y surseoir, y renoncer ? Il y a comme un forçage du choix. Il ne suffit plus qu'une « petite graine » en rencontre une autre, que le désir d'un homme soit orienté vers une femme pour qu'ils soient père et mère. Il faudra qu'il le veuille et qu'elle le désire. La transmission de la vie relève plus que jamais d'une décision. Ces démarches inédites en témoignent.

Rien n'empêcherait, *a priori*, une conception naturelle chez Estelle et Adrien, mariés depuis cinq ans. Néanmoins, ils veulent adopter et mettent en avant des motifs humanitaires, politiques, idéologiques. Il ne leur paraît pas indispensable de se prolonger, ils dédaignent cette satisfaction narcissique. Pourtant leur appartenance à des familles ouvertes, brillantes, offrirait sur tous les plans un héritage respectable, qu'ils disent ne pas sous-estimer. Mais rencontrer un enfant serait, différemment de la rencontre amoureuse, une rencontre idéale. Ne serait-ce pas le rêve que d'avoir celui auquel on convient et qui vous convienne puisqu'il y aurait un choix réciproque ? Un, parmi tant d'autres, se signalerait à leur attention et leur plairait. De cette rencontre due au hasard ils feraient un choix. Pendant longtemps, Estelle a considéré la charge d'un enfant comme une entrave à une indépendance chèrement conquise. Son point de vue évolue, elle approche de la quarantaine et réalise que « c'est maintenant ou jamais ». Elle s'étonne d'éprouver selon les moments l'envie d'être enceinte ou celui d'être mère adoptive. La perspective d'une grossesse et d'un accouchement ne l'effraie pas particulièrement. Elle n'est pas complètement convaincue du bien-fondé de l'adoption : comment s'assurer que l'aide ainsi apportée à un enfant se justifie ? S'il n'était pas orphelin, mieux vaudrait subvenir aux besoins des parents et leur permettre de l'élever eux-mêmes, pense-t-elle. La voilà donc extrêmement embarrassée, dans l'expectative. Elle ne saisit pas très bien ce qui l'empêche d'être enceinte, d'attendre un bébé de l'homme qu'elle aime, qui leur ressemblerait, un petit peu, beaucoup.

Cette position consistant à imaginer obtenir l'objet désiré par procuration est particulière. Au lieu de le procurer elle-même à son mari, elle irait se le procurer auprès d'une autre femme, d'un autre couple. Elle ne supporte plus l'idée de vivre sans enfant, mais se priverait de le concevoir, pour une autre fierté : être mère adoptive. Toutes sortes de rationalisations étayent cette option dont chacun approfondira les enjeux qui s'y attachent. Cette filiation serait, ici, choisie au nom d'un idéal. La valeur accordée à cette modalité d'un idéal de choix, sinon d'un choix idéal, amène le couple à s'interdire, en quelque sorte, une légitime filiation naturelle.

Le dilemme de Corinne et Bertrand porte sur le « quand ». Après dix ans de vie commune, le moment est venu pour eux de fonder une famille. En même temps qu'ils décident l'arrêt de la contraception, ils demandent l'agrément. Depuis longtemps ils pensaient à des enfants adoptés et à d'autres dont ils seraient les « géniteurs ». Cela fait partie de leur projet de vie et la grossesse en cours les « distrait » momentanément du projet initial. Celui-ci reste complètement d'actualité, quand bien même se pose la question de son opportunité : après cette première naissance ou après une seconde grossesse ? Ils ont l'embarras du choix. Les réactions de la famille et des amis les déroutent : « Pourquoi vous compliquer autant la vie ? » ; « Pourquoi ne pas tous les faire vous-mêmes ? ». Les deux voies ne sont pas en concurrence mais parallèles, l'une ne peut être préférée à l'autre. La « tactique inverse », adopter d'abord, n'aurait-elle pas été plus judicieuse, avec la probabilité de l'arrivée simultanée des deux enfants ? Ils auraient pu être comme des jumeaux, mais l'un blanc, l'autre noir ! Où l'on perçoit que l'adoption pourrait servir à réaliser toute la palette des fantaisies ! Corinne estime ne pas avoir plus de raisons d'être enceinte que de ne pas l'être, même si elle reconnaît qu'« un enfant est plus vite fait maison qu'adopté ». Elle a surtout envie de vivre « cette expérience, ce beau geste ». Elle se trouve pourtant déconcertée d'être obligée de le remettre à plus tard. Elle craint d'être « démotivée » ; aussi en entretient-elle l'idée afin qu'elle ne cesse de cheminer. Elle cultive depuis des années, dans des rêveries éveillées, ce scénario, manifestement plus attrayant à ses yeux que la maternité annoncée. Elle se dira pourtant prête à voir la frimousse de celui qu'elle attend, à « se faire la main » sur lui. De fait, Corinne et Bertrand n'ont pas vraiment choisi, ou plus exactement, ils ont choisi de ne pas choisir, laissant place à une surprise prévisible.

En s'en remettant au hasard ils témoignent de cette difficulté pour le sujet moderne à faire coïncider désir et volonté. Comment se déterminer devant les possibles de la nature conjugués à ceux de la science ? Ici, en laissant, à regret, faire la nature.

Parmi les arguments avancés, toutes les variantes sont envisagées pour justifier la nécessité d'établir une rupture dans la chaîne des générations. Décider de ne pas se perpétuer pour ne pas transmettre une maladie héréditaire invalidante ou décider de ne pas multiplier les humains sur une terre estimée déjà trop peuplée ne sont pas du même registre. Pourtant les deux motifs orienteront vers l'adoption.

Mus par leur compassion envers les orphelins, Claudia et Pierre incluent « enfants de naissance et enfants adoptés » dans leur représentation de la famille. Ils ne sont pas absolument déterminés quant à leur ordre chronologique et à leur répartition. Ils ont ainsi « le souci de joindre l'utile à l'agréable ». Du côté de l'utilité : offrir une famille à « un enfant qui n'a pas eu la chance de bien naître » ; du côté de l'agréable : concrétiser un projet en cohérence avec leur idéal. Il ne faudrait donc pas comprendre que l'« utile » serait l'adopté, l'« agréable » l'enfant naturel, ni penser agréable l'adopté et utile le non-adopté ! L'idée leur tient à cœur depuis qu'ils se connaissent : « Avoir un enfant naturel c'est bien, adopter c'est mieux. » Le mieux tient à la dimension sociale, primordiale pour eux. En s'occupant de ceux qui existent déjà et vivent dans des conditions désastreuses, ils mettraient en pratique leurs convictions humanistes. Ils ne vivront plus « égoïstement », uniquement pour eux-mêmes. Ils se défendent d'accomplir une bonne action : « C'est quelque chose en plus, un travail », qu'ils recherchent pour cet effort même, une sorte de valeur ajoutée. En même temps, ils signalent qu'ainsi ils échapperaient à la phase prénatale, potentiellement dangereuse pour la santé, les complications, les angoisses. Ces avantages, à leurs yeux, s'accompagnent de la satisfaction de réaliser un geste généreux.

Nelly et Jean-Marc ont deux fils de cinq et dix ans et un niveau de vie qui leur permet de « prendre un gamin supplémentaire ». Ce troisième, Nelly ne souhaite pas le mettre au monde, elle a vécu ses grossesses « dans la plénitude » mais ne tient pas à recommencer. Pour elle, les choses sont très logiques, elle est « rassurée » sur sa capacité à enfanter et à « pouponner ». Jean-Marc laissera entendre qu'il laisse le choix à sa femme, il ne veut rien lui imposer, pas même une nouvelle plénitude… Il faudra donc aller au-delà de cette apparente contradiction. N'est-il pas étonnant de renoncer si facilement à ce moment si heureux ? À la réflexion, Nelly ne tient pas du tout à se retrouver une fois de plus dans un enfant, du fait des caractéristiques physiques ou psychologiques qu'elle risque de lui transmettre. On comprend mieux alors qu'au-delà d'un geste socialement généreux, en prime pourrait-on dire, elle souhaite qu'il n'hérite d'aucun de ses traits de caractère si pénibles à observer chez les siens.

On aborde ici la question de l'hérédité, des caractères innés et acquis, c'est-à-dire la part de la filiation qui s'appuie sur le biologique et celle qui relève des identifications. Certes, le physique se transmet génétiquement, et dans un enfant adopté on ne retrouvera pas le portrait « tout craché » de ses parents. Il sera radicalement autre. Mais à quoi tiennent les ressemblances si ce n'est à un ensemble subtil d'expressions, de mimiques, à une façon d'être dans son corps et dans le rapport aux autres ? L'imitation est involontaire, mais les similitudes acquises, prélevées sur les attitudes parentales, vont s'imprimer imperceptiblement et peu à peu marquer l'appartenance familiale. Qui n'a été frappé de confondre les voix des pères et fils, des mères et filles ? Beaucoup de parents s'étonneront des réflexions spontanées qui insistent, au hasard des rencontres et en toute méconnaissance de l'adoption, sur cet « air de famille », trace fugitive des identifications.

Dans tous ces cas la contraception est utilisée. Elle présente l'avantage de libérer des appréhensions et désagréments d'une grossesse, sans renoncer pourtant à être mère. Cet arrangement avec la vie ouvre un nouveau champ de possibles. La disjonction entre la grossesse et la maternité, spécifique à l'adoption, sert ici à éviter ce qui reste fondamentalement lié : donner la vie – risquer la mort. Porter un enfant neuf mois n'apparaît plus comme une contrainte incontournable à la femme qui veut être mère. Les inquiétudes concernant sa propre santé, celle du fœtus, les cas de conscience si une une anomalie était détectée compliquent des attentes beaucoup moins confiées au hasard qu'autrefois. S'en remettre à une mère porteuse, dont on sait le principe interdit, est un fantasme de plus en plus fréquent. Enfin, échapper à ce qui est ressenti comme une répétition superflue est aussi mis en avant : accoucher une ou deux fois à la rigueur, mais pas plus.

Ne pourrait-on pas y déceler parfois une forme moderne du dégoût envers ce qui a trait au corps, à la sexualité ? Si, du fait de la contraception, il est devenu plus difficile pour une femme de se refuser- elle ne peut plus brandir le risque de la grossesse pour se dérober aux relations sexuelles- elle déplacerait ce refus sur un terrain où son corps ne serait plus en jeu. Cela équivaudrait à un « des relations sexuelles mais pas d'enfant » ou bien à « un enfant, mais pas de toi ». Cette position s'appuierait – avec le diagnostic prénatal, par exemple – sur la science pour justifier un renoncement aux joies et aléas de la maternité. Le dévouement y trouverait son compte en se satisfaisant du secours porté à l'enfant déjà né, en détresse.

Les exemples montrent, au-delà des motivations individuelles, les effets conjugués du contrôle des naissances et de la biogénétique : avoir un enfant peut se dissocier des relations sexuelles, fécondes ou infécondes ; une mère peut accoucher et, simultanément ou presque, adopter ; passé la cinquantaine, on peut être mère d'un nourrisson. Grâce à quoi est obtenu ce que la science parviendra bientôt à réaliser. On décide du sexe, on dispose du choix du roi, on rétablit une parité garçons/filles. On exclut, en fonction du développement présumé, tel ou tel âge. On évite ainsi, *a priori*, des troubles neurologiques, en se faisant confier un « bout de chou » de deux ans, car au moins il marche. Il est en état de marche ! Autant de cas de figure, autant de rêves qui, à défaut de l'assistance médicale, se réaliseraient par le truchement de l'adoption.

2. Un complément de fille ou de garçon

Garçon ou fille, la répartition des sexes, laissée au hasard, est à peu près équitable. Selon les familles prédomine la présence des uns ou des autres. Les attitudes varient selon les sociétés en fonction du rôle dévolu à chaque sexe : des reportages ont montré le sort dramatique des filles en trop, mises au rebut, en Chine. Sans aller jusqu'à ces extrémités, les réactions à la naissance sont tributaires de cette donnée anatomique. Le « choix du roi », un premier héritier mâle puis une fille, demeure le schéma favori des futurs parents. Quand la nature ne respecte pas cette répartition, la culture ne devrait-elle pas se charger du rééquilibrage ? C'est le vœu de beaucoup. Pour le moment, si la science peut faire ce calcul, elle ne répond pas à ce genre de demande ; l'adoption est alors appelée à la rescousse. L'exigence sera plus ou moins explicite et impérative.

Emmanuelle et Valentin déplorent que les médecins ne veuillent pas intervenir et déterminer à l'avance le sexe de l'enfant à naître. Puisqu'il en est ainsi, ils refusent le « risque » de mettre au monde un deuxième garçon car ils veulent une petite fille. Elle devrait avoir un faible écart d'âge avec Léo et lui ressembler le plus possible – il a le type espagnol du grand-père paternel. La réalité faisant obstacle, ou plutôt risquant de faire obstacle, pour échapper au hasard et obtenir l'objet désiré, Emmanuelle se « rabat sur cette solution », adopter, et tente de convaincre Valentin de ses avantages. Elle affirmera une volonté d'aboutir, liée à une obnubilation sur l'anatomie, au point d'être décidée à refuser la proposition d'un enfant mâle. Elle rêve d'une relation de complicité mère/fille, jamais établie avec sa propre mère, et ajoutera : « Pour une maman c'est plus agréable à habiller parce qu'une fille c'est plus coquet. » Elle se défendra de vouloir jouer à la poupée. Valentin renchérit, il trouverait « tellement mignon de se promener en donnant la main à une jolie petite fille ». Pourtant, si elle n'était pas conforme, un peu trop « garçon manqué », pourraient-ils l'accepter ?

Bien entendu, il est banal de souhaiter un enfant en bonne santé, une fille après deux garçons. Faudrait-il acquiescer à cette demande de pure convenance personnelle ? Ne faudrait-il pas plutôt la récuser du fait de l'idéalisation considérable dont cette fillette virtuelle est l'objet ? Au-delà, comment ne pas pressentir les excès possibles ? Doit-on laisser l'adoption précéder la science ? Cela donnerait prise à une forme insidieuse, subtile, d'eugénisme social. L'exigence deviendrait impérative. Secondairement, l'enfant ferait l'objet de réclamations. Il entrerait, alors, dans la série des bonnes ou mauvaises acquisitions.

La valorisation sociale dont l'adoption est devenue l'objet permet de s'en emparer comme d'une opportunité, pour « manipuler » socialement les enfants en fonction de leur anatomie, de leur sexe, de leur âge et de leurs caractéristiques. À propos des « manipulations classiques du lien de filiation », Pierre Legendre signale l'étymologie *adoptare,* latin du droit romain, « opter vers », « choisir vers » : « J'adopte, c'est-à-dire je choisis, de là enfants adoptés, comme s'ils étaient choisis (*adopto, idest eligo, unde adoptivi, quasi electi*) [1]. » Remarquons que cette définition insiste sur l'option : enfant choisi. Parents choisis ? Comme on dirait morceaux choisis ou morceau de choix ? Ici la dérive se fait entendre, dans ce qui pourrait être le choix précis d'un enfant selon des traits particuliers : l'âge, la couleur, le caractère, ou toute autre variation, pour ne pas dire variété.

Mathilde et Joël adopteraient pour donner un camarade de jeux, une « enfant de compagnie », à la petite dernière – les deux aînés sont adolescents – et pour satisfaire Mathilde : elle « les adore d'où qu'ils viennent, c'est une richesse ». Elle ne se réalise qu'à travers eux mais imposera son exigence : « Nous avons juré que ce serait une fille, si

---

1. P. Legendre, *Leçon IV. L'inestimable objet de la transmission, op. cit.*, p. 339.

c'est un garçon on dira non. » Même si certains pensent qu'ils sont « fous », elle ne comprend pas ce qui l'empêcherait d'« investir dans un enfant ». Investir ? Au sens noble, miser sur un avenir plus heureux pour une fillette qui partagera l'enfance de la leur. Joël s'efforce d'adhérer à ce qu'il considère comme une nouvelle lubie, et il jouera le jeu. Dans une sorte d'aveu qui en dit long sur son refus de s'opposer à sa femme, il laissera tomber, comme s'il rendait les armes : « Ça y est, je suis motivé pour », non sans peine donc.

Là encore, l'expression utilisée évoque un investissement, une capitalisation, elle accentue le côté objet de l'enfant attendu. Enfin l'aspect « enfant de compagnie » suscite des associations avec « dame de compagnie » pour personnes âgées, aussi bien qu'un ravalement au rôle d'« animal de compagnie ». Mathilde, animée des meilleures intentions du monde, ne comprendra pas qu'on ne cède pas immédiatement à ce qu'il faut bien appeler un caprice. Joël accueillera avec soulagement les réserves psychologiques, trouvant là une position de repli qui lui convient. Son adhésion de façade au projet n'était qu'un compromis pour éviter un conflit conjugal.

Magali et Léon ont deux fils et souhaiteraient une petite fille de moins d'un an afin que, sans « passé propre », elle ne garde pas en mémoire la cause de l'abandon. Elle serait celle qu'ils n'ont jamais réussi à faire : « Ce n'est pas une demande de frustration, nous pouvons encore avoir des enfants. » Magali a été élevée par ses grands-parents dès l'âge de cinq ans. Elle estime que si, biologiquement, elle a une mère, ce fut sa grand-mère qui a rempli le rôle maternel. Elle se demande donc qui sont les vrais parents pour un enfant : « Serons-nous les véritables parents de cette petite fille ? » Ils sont attachés à leurs deux garçons non parce qu'ils les ont engendrés mais parce qu'ils vivent avec eux. Ils éprouveront donc les mêmes sentiments envers elle. S'ils n'étaient pas des milliers de malheureux dans des situations dramatiques, ils feraient comme tout le monde, un troisième enfant. Bien qu'à la fin de la grossesse cela soit fort gênant de ne pouvoir se déplacer! remarque Magali. Ils ont horreur du misérabilisme, de la charité. Ils souhaitent rendre service à un orphelin et ouvrir leurs garçons au monde. Enfin, ils considèrent que l'étrangeté de la démarche tient à la place familière de la maternité naturelle et à la place, encore trop inhabituelle, de la maternité adoptive. L'amour du prochain, l'évitement de l'inconfort physique de la grossesse, le mélange des sexes, si enrichissant pour leurs fils, se mêlent dans une tentative de rationalisation justifiant un choix discutable. Pourquoi ne pas plutôt se proposer comme famille d'accueil pour des enfants, des personnes âgées ou handicapées ? Pourquoi courir au bout du monde plutôt que de rester alitée au huitième mois ? Pourquoi ne pas parrainer des enfants ? Ne voit-on pas, ici à nouveau, les effets de l'idéalisation de l'adoption ?

Après trois filles, Sonia et Franck se décident à adopter un petit garçon. L'enjeu serait double : perpétuer le nom et faire partager leur vie, matériellement privilégiée, à un petit déshérité. Tant qu'à faire, ce serait mieux pour tous, y compris pour le nouvel arrivant, qu'il soit proche en âge de la dernière-née, âgée de six ans. Le rythme des activités familiales suivrait son cours. La démarche s'inscrit dans la logique de l'« immense déception » du père à la naissance de cette troisième fille. Pour concevoir avec certitude un garçon, il leur faudrait aller en Italie et recourir « au sexage d'embryons précoces ». Cette expression renvoie à un déchaînement de la toute-puissance du biologiste jouant avec le réel des cellules sexuelles. Ils renoncent à regret à cette onéreuse possibilité. Cette solution exclue, adopter s'envisagerait à condition de satisfaire complètement leur attente. Sonia a « fait le tour » de la maternité classique et l'intérêt de ce quatrième résiderait dans sa différence anatomique. Ils l'imaginent donc d'un pays de l'Europe de l'Est car les enfants entre eux ne seraient pas différenciés par leurs traits physiques. La famille demeurerait « quand même une famille normale ». Malgré ce parti pris, ils se défendront l'un et l'autre d'assimiler leur choix à celui d'« un objet de supermarché ». Rééquilibrer par un fils la composition familiale existante apportera un « complément » à cette série de filles. Il y a donc bien une manifestation d'un manque, malgré les enfants déjà là. Franck, ainsi que bien d'autres dans le même contexte, parlera néanmoins d'une « incongruité », cette recherche se justifiant davantage, à ses yeux, dans les cas de stérilité que dans le leur. Il acceptera cependant de passer outre, tant il espère un fils pour que le patronyme ne se perde pas, tant il aspire à se voir soulager de sa culpabilité liée à une « vie hyperprivilégiée », tant, enfin, il se réjouit à l'idée de lui faire partager sa passion du sport.

Lorsque les conditions à réunir prennent un tour aussi impératif, lorsque les arguments servent à défendre une position par trop intransigeante, on est en droit de s'interroger. Car les rationalisations mises en avant laissent présager des exigences éducatives ou psychologiques rigides qui risquent de s'avérer excessives. L'adopté aurait d'emblée à s'adapter à la demande précise des futurs parents. Les aspirations, si légitimes soient-elles – avoir des enfants qui ne se fassent pas remarquer, par exemple –, ne prennent pas en compte les réactions de l'enfant. Il devra, ici, coûte que coûte entrer dans le rang. Il est des positions plus souples.

Après cinq ans de vie commune, Myriam et Ali avaient décidé de fonder une famille de quatre ou cinq enfants. Ils eurent trois filles. Ils avaient évoqué l'adoption, il y a déjà quelques années, mais comme l'on parle de beaucoup de choses, sans jamais les concrétiser. Ils atteignent aujourd'hui la quarantaine et il leur semble risqué, pour la santé de la mère et des enfants, de prévoir de nouvelle grossesse. Ils ne tiennent pas à l'« exotisme ». Ils voudraient simplement « essayer de rendre heureux un gosse pas heureux et partager un niveau de vie au-dessus de la moyenne mondiale ». Que ce « petit gars » – ils l'imaginent volontiers tel – soit français ou d'origine étrangère leur importe peu, même si, comme le chantait Georges Brassens, « les braves gens n'aiment pas qu'on suive une autre route qu'eux ». Rien ne leur paraît plus terrible que de ne pas grandir au sein d'une famille et « ce petit acte humanitaire » les mettra en accord avec leur optique de vie, tout en satisfaisant leur désir d'un héritier.

Où situer, dans ces cas-là, la limite entre le souhait, l'imaginaire, et l'exigence d'un trait précis dont l'enfant réel devrait être porteur ? Faute de quoi, si celui proposé ne correspondait pas au profil, comme on dit « profil de poste », cette non-conformité lui serait préjudiciable. Ces impératifs sont-ils conciliables avec l'acceptation de celui qui sera confié quel qu'il soit et avec le principe « une famille pour un enfant » ? Ne risque-t-on pas, sous une forme détournée, d'en arriver à une sélection qualitative des enfants sur catalogue ? La question sous cette forme est déjà dépassée puisque des listes d'enfants « disponibles » sont accessibles sur Internet [1]. Sait-on que le choix à partir de petites annonces se pratique déjà dans certains pays ? L'enfant figure bien dans la série des objets convoités, fabri-

1. J.-F. Mattei, « Adoption sur catalogue : le danger d'Internet », *Le Monde*, 1er juin 1996.

qués non par l'industrie mais par nos semblables, humains, à la merci d'une exploitation commerciale qui s'affiche aux yeux de tous.

3. Une maternité d'exception

Être mère sans enfanter intrigue et attire certaines femmes. La maternité adoptive se pare, à leurs yeux, des couleurs de l'inhabituel. S'il semble logique d'aimer ses enfants – « on ne se pose même pas la question, cela va de soi » –, aimera-t-on de la même manière celui qu'on n'aura ni porté ni mis au monde ? Quelque chose de maternel va-t-il pouvoir se jouer, encore, autrement, et sur quoi cela s'appuiera-t-il ? Par son existence même l'adoption introduit un doute : « À savoir que l'enfant que j'ai mis au monde et l'enfant que j'ai adopté, s'ils sont dans le même rapport de contiguïté par rapport à moi, ne sont pas dans le même rapport de "filiation". À la vérité, ni l'un ni l'autre ne sont à moi, l'un est de moi, l'autre m'est confié et je l'ai adopté, c'est-à-dire que je fais comme s'il était de moi en me l'appropriant [1]. » Cette appropriation est enviée. En quoi est-elle enviable ? Si étonnant que cela puisse paraître, certaines n'admettent pas de ne pouvoir accéder à ce qu'elles considèrent presque comme un privilège : « Je ne vois pas pourquoi ce serait réservé aux femmes stériles. » Pourtant, si elles n'ont pas ressenti avec acuité le manque d'enfant, puisqu'elles sont mères, elles l'éprouvent à s'imaginer idéalement mères grâce à l'adoption. L'expérience semble « pleine de richesse », elles veulent la tenter afin que rien ne leur échappe. Cette position ne risque-t-elle pas de faire bondir celles qui désespèrent d'être enceintes ?

1. « Avoir et s'approprier », *op. cit.*, p.142.

Dominique et Hubert, après deux petits enfants de trois et deux ans, ont décidé de se lancer : « Pour rendre service en proposant une famille de bon accueil à un enfant qui n'en a pas. » Ils veulent vivre autre chose que ce qui est naturel, les liens du sang, bien que « tout le monde dise que c'est difficile ». C'est une façon, dans leur esprit, de ne pas être des parents tout à fait comme les autres : « C'est plus fort que quand il y a une naissance, ça va être révélé, gratifiant, je me sentirai valorisée de réussir quelque chose qui n'est pas dans la norme… c'est une autre vocation que d'être mère normalement, quelque chose d'un peu plus. » Dominique estime ne pas avoir besoin de « justificatif physique » pour être mère et reconnaîtra : « Faire le troisième ? J'avoue que j'ai la flemme, je préfère l'avoir tout fait. » Avouer cette « flemme », s'éviter grossesse et accouchement pour convenance personnelle met particulièrement en évidence la dissociation entre la mère génitrice et la mère éducatrice. La paternité de deux enfants suffirait à Hubert. Pourtant il se dira disposé à en élever un autre, sans prétentions humanitaires affirmées. Il accepte que « le rôle de servante de l'espèce [1] » dont parlait Hélène Deutsch soit dévolu à d'autres.

Cette répartition des tâches est recherchée, ici, comme une solution de confort, voire de luxe. Ce serait être mère sans en assumer la charge, la lourdeur, les inconvénients, les risques dans son corps. L'« avoir tout fait » suppose qu'une autre femme reproduise l'espèce, vive une grossesse, soit utilisée comme mère porteuse de son propre enfant mais destiné à une autre. Dans certains esprits la distinction entre la femme qui porte l'enfant et celle qui le nourrit est telle qu'une femme enceinte à laquelle il était proposé de reporter à plus tard son projet d'adoption s'écria : « Ce

1. H. Deutsch, *La Psychologie des femmes*, Paris, PUF, 1964, p. 4.

n'est pas de notre faute si c'est moi la mère porteuse et pas une autre maman ! »

Ne pourrait-on voir dans ce type de réaction une conséquence des procréations scientifiquement assistées ? Après la fécondation *in vitro*, la nidation se fait *in utero* ; techniquement, sinon en accord avec l'éthique, elle pourrait s'effectuer dans n'importe quel utérus, celui d'une porteuse justement. Cette femme enceinte se décrivait, sans émotion, comme mère porteuse. La fécondation *in vivo* suivie d'une nidation *in vivo* aurait pu aussi bien être le fait d'une autre. Elle raisonnait comme si, enceinte malgré elle, l'adoption de l'enfant qu'elle portait ne devait commencer qu'au moment de la naissance. De ce point de vue les neuf mois *in vitro* devraient libérer des contraintes de la grossesse toutes les femmes !

Mariés depuis sept ans, Annick et Lucien sont parents d'une petite Fabienne de quatre ans. Ils trouveraient en adoptant une solution de compromis. Lucien rêve d'une famille nombreuse, d'une deuxième, troisième, voire quatrième naissance. Annick, bien que sa grossesse se soit très bien passée, malgré quelques légers symptômes, n'en souhaite pas d'autres. Elle exprimera même une forme de dégoût : « Renouveler la gestation, ça ne me dit rien, c'est un ressenti physique. » Elle admettrait mal être à nouveau enceinte : « Ce serait trop une répétition, trop pareil, adopter c'est une autre expérience, ce n'est pas une gêne. » Depuis l'âge de quinze ans, elle considère que c'est un geste noble, un acte qui lui plaît : « Élever, aimer un autre enfant que le sien, comme le sien. » Et puis il est possible de le choisir. Elle le choisirait et se l'approprierait, une manière de gagner sur tous les tableaux ! Se retrouver dans « la situation ambiguë d'un couple stérile, sans être infertile », trouble Lucien. Néanmoins, il accepte cette démarche longue, difficile, lointaine. Une famille, selon lui, doit compter au minimum deux enfants. Sa femme en espère une satisfaction supplémentaire, lui ne peut s'empêcher d'en ressentir une blessure, une assimilation à une impuissance à procréer, paradoxale du fait de sa fécondité.

Après la médecine dite « de confort », ne verrait-on pas poindre l'illusion d'une « adoption de confort » pour les couples installés dans une vie tranquille ? En même temps, ces petits arrangements ne traduiraient-ils pas la recherche paradoxale d'une complication, d'une bizarrerie qui viendrait déranger ?

L'adoption, ici, n'est donc plus du tout considérée comme un pis-aller. Au contraire, elle pare le lien classique parent/enfant d'une dimension d'exception. En quoi ce lien serait-il un lien exceptionnel ? Apparemment, en ce que l'adopté est l'enfant du cœur, de la volonté, un « enfant décidé », au point que certains, simplement « faits maison », pourront regretter de ne pas en être. Les adjectifs « adopté » et « adoptif » prennent la valeur d'un attribut supplémentaire. Accolés à « enfant » ou à « parent », ils signalent une caractéristique valorisée qui, n'étant pas, officiellement, le fait de tous, devient une marque distinctive.

Jacqueline et Bernard projettent d'adopter leur troisième enfant, dans un souci d'ouverture. Ils en profiteraient pour découvrir une façon autre de devenir parents. L'approfondissement de la réflexion mettra en évidence une fonction spécifique attribuée à celui qui viendrait les « déranger ». Jacqueline aime beaucoup être enceinte et n'exclut pas une quatrième naissance. Éducatrice de jeunes enfants, elle souhaite adopter un tout-petit. Tous deux pensent concilier par cet engagement leur désir de famille nombreuse et leur générosité. Ils s'interrogeront sur le bien-fondé de cette option : changer un enfant de milieu et de culture, dans l'intention louable d'améliorer ses conditions de vie, n'est-ce pas risquer de faire son bonheur malgré lui ? Les réponses à ces questions sont encore floues. Ils ne considèrent pas comme allant absolument de soi que leur offre soit une chance pour lui. Ils ont l'idée que quelque chose lui manquera peut-être. Bernard dira s'être laissé convaincre de bonne grâce. Emporté par l'enthousiasme de sa femme, il a accepté de ne pas trop réfléchir. Leurs parents s'inquiètent : « Vous travaillez tous les deux, votre vie est assez occupée comme ça, pourquoi aller au-devant de problèmes supplémentaires ? » Vivre une ouverture, sortir du « train-train », faire exception fait partie des effets attendus de cet accueil. Leurs convictions religieuses ne sont pas non plus étrangères à cette décision. Nul doute que la planification à outrance ne favorise également cette quête, cet appel à l'imprévisible.

La position de Richard et Chantal, différente et sans *a priori*, contraste avec la recherche d'exceptionnel. Chantal, étant fillette, aurait voulu que sa famille hébergeât ses amis dont les parents ne s'entendaient pas. Depuis toujours, elle récupère, dorlote, nourrit, réchauffe tous les délaissés, les égarés, les « paumés » qui croisent sa route, quel que soit leur âge. Elle garde plus souvent qu'à son tour, et bénévolement, les enfants du voisinage. Le couple n'a guère hésité en voyant toutes les émissions sur « ces gamins livrés à eux-mêmes ». Pourquoi ne pas adopter ? Ils ne tirent aucune vanité de cette générosité : « Enlever quelqu'un de la misère ? On ne passera pas dans l'Histoire. C'est une goutte dans l'eau ! » Les réflexions de ceux qui les traitent de « fous » les laissent de marbre. Éperdument amoureux, après quinze ans de vie commune, ils se font une confiance totale. Aux yeux de Richard, Chantal est « un ange, le summum de la gentillesse ». Elle a envisagé d'accueillir des enfants de la DASS et, bien qu'elle s'attache, elle supporterait qu'ils partent revivre avec leurs parents. Mais, à la réflexion, ils pensent l'adaptation réciproque plus simple dans l'adoption et opteront pour ce mode de lien. Lorsqu'ils eurent réalisé que leurs trois enfants ne représentaient pas une entrave à leur projet, ils organisèrent un « petit conseil de famille » afin de s'assurer qu'il n'y avait aucune objection majeure de leur part. Tant de petits et de grands ont déjà trouvé refuge chez ce couple qu'il s'agit là d'une continuité. La maternité englobe clairement pour Chantal grossesse et maternage, mais, même sans grossesse, sa « fibre maternelle » vibre d'emblée.

Il semble qu'un certain nombre de ces femmes cherchent à vérifier que la mère ne se réduit pas à la femme porteuse, à la parturiente. Certes la mère est celle qui accouche, mais il ne suffit pas d'accoucher pour faire sien le nouveau-né, il faut une reconnaissance implicite, un consentement à occuper cette place à laquelle sa prématurité appelle. Les propos rapportés postulent qu'un amour maternel qui ne s'appuierait pas sur le roc du biologique aurait une valeur particulière. Puisque rien ne le justifie, en tout cas pas l'enfantement. La maternité adoptive, différente de celles précédemment vécues, revêt un caractère particulier : la première étape, la gestation, fait défaut. Le premier maillon manquera délibérément et le lien établi avec cet enfant-là n'en aura que plus de prix. Vis-à-vis de celui-là, comment être mère et avoir la certitude d'être assez aimante ?

4. Plus parent encore

Du fait même de son existence, l'adoption pose avec acuité le problème de l'essence même de la maternité et de la paternité. Est-on père, mère autrement en adoptant ? Y a-t-il différentes manières d'être parent selon la filiation établie avec l'enfant ? Quel est l'impact du lien quand ne sont en jeu que les dimensions imaginaire et symbolique ? Autant de questions, mises en relief au cours des entretiens, auxquelles devrait répondre l'expérience de la réalité : l'accueil d'un enfant qui ne doit pas la vie à ceux dont il devient fils ou fille.

Ils se connaissent depuis douze ans, élèvent Léontine qui a cinq ans et ne voudraient pas qu'elle restât seule. Bien avant l'adolescence, Gisèle pensait à adopter : l'idée lui en serait venue alors qu'elle s'éveillait au monde. Elle prépare aussi sa fille à cette « aventure intéressante » en lui expliquant « les différentes sortes de maman, le ventre possible d'une autre maman ». L'embarras de cette mère à parler du rôle de l'homme dans la procréation élimine les différentes sortes de papa. Il se pourrait que cela complique les théories sexuelles infantiles de sa petite fille. Que peut représenter à son âge « le ventre possible d'une autre maman » ? Elle va se demander comment « tourner » en mère, pour reprendre l'expression freudienne, sans porter l'enfant. Les détours de la maternité deviennent extrêmement sinueux, que le petit frère soit conçu en éprouvette ou qu'il arrive « tout fait » par avion. Le « vif désir » de sa femme a convaincu Antonio. Ils accompliraient par ce « geste humanitaire », à leur échelle, quelque chose d'important. Autour d'eux, c'est la surprise : « C'est parce que vous ne pouvez pas avoir un autre enfant ? » Ou bien : « Pourquoi compliquez-vous les choses ? » Pourtant, les neuf mois d'une « grossesse de rêve » laissèrent un très bon souvenir à chacun, les motifs évoqués plus haut n'entrent pas du tout ici en ligne de compte. Cet enfant ne sera pas un « bébé de naissance », mais le couple souhaite un nourrisson que la mère ait eu le courage d'abandonner tôt pour lui assurer une vie meilleure que celle qu'elle lui aurait offerte. Gisèle ne cherche-t-elle pas à vivre une nouvelle expérience qui lui permettrait de comparer deux formes de maternité ? Elle semble mettre en balance les deux filiations et se demander : « Dans laquelle est-on davantage parent ? »

Rachel et Hugo, après trois naissances en cinq ans, souhaitent « un quatrième enfant sans grossesse ». Leur étonnement vient de ce que, énoncé comme une évidence, ce vœu surprenne le « psy » de service ! Les trois premiers sont proches en âge, cela tient à la volonté délibérée du couple : ils seront grands ensemble. L'aspect chaleureux d'une famille nombreuse l'emporte sur celui d'« élevage ». Les grossesses ont été des moments très forts, sans aucun souci de santé, les accouchements émouvants. Rachel imagine un enfant dont l'« altérité » sera d'autant plus accentuée que la couleur de sa peau sera plus sombre. Hugo insiste sur sa curiosité native. Il se défend de faire de cette expérience « intéressante » un « essai ». Il suppose que, puisque « les enfants nous font pères », il vivra là une autre paternité. Enfin leurs questions mettent en mouvement, maintiennent une dynamique. Mais il s'interroge : « En fait, qui peut dire pourquoi on fait des enfants ? » Comme pour les aînés, le moment s'impose, l'impatience se fait jour : « Qu'il vienne. » Le désir d'enfant, distinct de celui d'enfanter, est encore très fort chez Rachel, elle regretterait de ne pas agrandir sa famille d'une manière « appropriée à son rêve » ancien d'engagement humanitaire. Découvrir, aller voir ailleurs, investir son énergie, ne pas maîtriser tous les facteurs, autant de paramètres qui fondent pour eux la représentation de « quelque chose d'enthousiasmant, qui apporte un plus ».

La position est parfois plus orientée vers les manques de l'enfant et l'intensité des soins et attentions dont il aurait, *a priori*, besoin. Géraldine ne considère pas comme « indispensable » l'expérience physique de la maternité pour se sentir mère. José ne considère pas comme « essentielle » la transmission de la vie biologique pour être père. L'important, c'est d'« accompagner des enfants à grandir », c'est-à-dire de les aider dans leur découverte de la vie. L'accent porte sur la fonction éducative des parents. L'insistance à ne pas se reproduire tient plus, ici, au mari : les liens du sang ne sont pas importants. Il ne supporte pas la souffrance de ces « malheureux gamins » qui n'ont pas demandé à naître, sont « livrés à eux-mêmes » et doivent se débrouiller seuls. Il se doit donc de secourir un ou des orphelins. Dans la filiation adoptive, ne serait-ce que le prénom que l'enfant porte déjà prouve qu'il n'appartient pas à ceux qui l'élèvent. Enfin, ne rien savoir, ou presque, de ce qu'il aura vécu auparavant ajoute une difficulté supplémentaire qui valorise davantage, aux yeux du couple, cet élan de partage. Les manques de l'infortuné, toutes les carences dont il souffre le rendent plus qu'un autre aimable. On est sûr de ne l'en aimer que davantage, tant il a manqué d'amour. Le fondement de ce projet intellectuel autant que généreux incite à une certaine prudence. La présence d'un enfant en chair et en os ne risque-t-elle pas de mettre à rude épreuve cette construction ? Pourquoi ne pas jouer un rôle éducatif auprès d'enfants confiés en accueil ? En quoi l'adoption est-elle, ici, indispensable ?

Jacques et Deborah vivent ensemble depuis quinze ans et sont parents de trois garçons et filles de dix à quatre ans. Deborah est à l'origine du choix de l'adoption. Les grossesses l'ont normalement fatiguée, elle ne s'en plaint pas. Les naissances à terme, avec péridurale, furent tout à fait supportables. Les nuits très écourtées ? C'est le lot des premiers mois. Une quatrième naissance ? Elle n'y voit pas d'inconvénient, si ce n'est que, dès le premier-né, elle essayait de trouver un enfant adoptable. C'est presque par défaut que naquirent les suivants. Jacques se serait contenté d'une famille de deux enfants. Dans le fond, il craint ou espère (?) que rien ne marche et serait visiblement soulagé que le projet n'aboutisse pas. À propos des enfants à venir, il observe : « Ce sont toujours les femmes qui décident. » De ce fait, le projet prend la valeur d'un compromis entre eux : pas une grossesse de plus mais un enfant de plus, « négocié ». Deborah aurait voulu faire des études, devenir éducatrice tant elle aime la compagnie des tout-petits ; mais, d'origine modeste, elle dut gagner sa vie dès seize ans. En garder en tant qu'assistante maternelle à plein temps, à son domicile ? Elle ne supporterait pas le déchirement de leur départ, même pour un retour auprès de leurs parents. Jacques espère qu'un enfant de plus « la calmera ». Mais calmer quoi ? Calmer une sorte de fringale, assouvir une propension à « un toujours plus », insatiable désir qui prend pour objet les enfants.

Il est frappant de constater aussi clairement que l'aspiration reste entière malgré l'âge et indépendamment du nombre des enfants présents au foyer. On aura remarqué que certaines familles sont déjà nombreuses. *A priori* le désir d'enfant devrait être comblé. Quelque chose pourtant d'une insatisfaction demeure puisque certaines femmes en veulent encore un et autrement. L'adoption ouvre à la mise en acte d'une quête que rien ne semble devoir saturer, à moins de se fixer un nombre idéal à atteindre.

À plusieurs reprises, nous avons signalé au passage les attitudes plutôt réticentes des conjoints. Dans 99 % des cas, la démarche relève de l'initiative de la femme. Le mari s'y ralliera avec plus ou moins d'empressement. Il ne cache pas son admiration envers cette générosité maternelle, et se montre fier de la belle âme de celle qui l'invite à la suivre dans cette voie.

Si, aujourd'hui, les demandes de ce type se multiplient, il y a plus de cinquante ans, la psychanalyste Hélène

Deutsch parlait des mères qui ont une passion pour les grossesses et pour les bébés. Elle notait une passion équivalente, sinon à un plus haut degré, chez les mères adoptives : « Même chez les femmes qui jouissent de la possibilité d'avoir une progéniture, le désir inapaisé d'un enfant peut les pousser à en rechercher sans cesse un nouveau et, dès qu'elles l'ont, à en vouloir un autre [1]. » Elle donnait une indication à leur propos : « Pour la satisfaction de l'amour maternel, pour l'expression de tendres sentiments envers un être humain qui en a besoin et également pour l'exercice du consentement masochiste-féminin au sacrifice, l'adoption d'un enfant représente une occasion parfaite [2]. » Sans chercher à glorifier la maternité, elle remarquait seulement l'engouement dont cette maternité pouvait être l'objet. Selon elle, les différents moments de la maternité relèvent autant de la « masculinité » que de la « féminité », et si une femme accepte d'accoucher, c'est qu'elle doit en retirer une satisfaction. Rappelons qu'elle parlait à propos de l'accouchement d'« acmé du plaisir sexuel » et d'« orgie de plaisir masochiste ». Pourtant, dans la délivrance, la femme fait l'expérience de la souffrance, de la peur de mourir, de la perte. En même temps qu'elle devient mère, elle consent à perdre. Hélène Deutsch conçoit un désir masochiste, au-delà du plaisir. Elle distingue chez la femme une bipolarité triple : d'un côté l'activité / agressivité / virilité ; de l'autre la passivité / masochisme / féminité. Ce masochisme « érotogène », c'est-à-dire l'association du plaisir à la souffrance, est à distinguer du masochisme moral. Le masochisme moral, conséquence d'une culpabilité inconsciente, satisfait des tendances autopunitives et non les tendances érotiques. Comme le souligne la psychanalyste Marie-Christine Hamon, « le modèle de la position maso-

1. H. Deutsch, *op. cit*, p. 363.
2. H. Deutsch , *op. cit*, p. 339.

chiste-passive censée définir la féminité est, pour elle, celui de la maternité », ce qu'elle nomme le « consentement masochiste-féminin [1] ».

Il paraît absurde de rechercher la douleur et la souffrance, d'autant qu'aujourd'hui les méthodes modernes d'anesthésie ont fait leurs preuves. Le renoncement à enfanter n'en est que plus surprenant au premier abord. Il serait moins paradoxal qu'il n'y paraît si l'on faisait l'hypothèse que, la médecine ayant quasiment éradiqué la majorité des causes de douleur, le masochisme n'y trouve plus son compte. Certes, « tu n'enfanteras plus dans la douleur » mais si tu adoptes, alors « tu adopteras dans la douleur »... du fameux parcours du combattant. Il faudrait toujours souffrir pour être mère. Là, hommes et femmes partagent les mêmes tourments. Le refus de la douleur est tout à fait conscient, l'aspiration à la souffrance est inconsciente. On comprend que, dans ce contexte, l'adoption s'offre comme une « occasion parfaite » pour le masochisme puisque le plaisir en serait exclu. La maternité, conçue comme le plaisir érotique dans la souffrance, satisfait les composants du masochisme dans le sacrifice de soi. Comme cela suppose, selon Hélène Deutsch, la faute sexuelle, la dégradation du moi, la déception apportée par son propre enfant, cela explique que certaines femmes se tournent vers des réalisations sociales ou vers l'adoption.

Actuellement, la maîtrise de la fécondité facilite ces options. Les femmes citées ont évoqué clairement ces points : ne pas en passer par la médiation du corps, éviter l'ambivalence vis-à-vis de l'enfant pendant la grossesse, ne pas se confronter à la souffrance physique, à la peur de la mort, finalement à l'angoisse. Car la crainte de mettre au monde un enfant un tant soit peu anormal paraît plus pré-

1. M.-C. Hamon, *Pourquoi les femmes aiment-elles les hommes?*, Paris, Seuil, 1992, p. 116.

sente que jamais. Quant aux médecins, ils manifestent leurs propres inquiétudes en recourant plus que de raison à la césarienne. Le refus d'être enceinte par commodité ne ferait-il pas écho à l'état d'esprit sécuritaire ambiant qui peut faire considérer la grossesse et l'accouchement comme des « conduites à risques » à éviter ? Ces risques-là écartés, certaines femmes recherchent cette « occasion parfaite » d'être une mère de l'amour, de sacrifier la femme à la mère, d'idéaliser l'amour maternel. Elles signalent moins le renoncement aux joies déjà éprouvées de la grossesse que son évitement pour des raisons de dégoût physique ou de commodité pratique. Ce renoncement au désir narcissique du prolongement du moi serait compensé par la « fierté narcissique » d'avoir pu établir grâce à la tendresse de ses soins « une relation avec l'enfant d'une autre femme [1] ». Ces mobiles figurent parmi ceux évoqués lors des entretiens, de même que « le fait de manquer relativement d'enfant [2] ». L'« esprit maternel » serait parfois inassouvi. Il se présente comme une caractérologie imprégnant toute la personnalité de la femme. Il s'accompagne de phénomènes émotifs suscités par la faiblesse et la dépendance de l'enfant, « c'est un mélange spécial de narcissisme et d'amour objectif [3] ». Avec l'adoption, la dimension altruiste prend plus d'importance. Si ces hypothèses trouvent confirmation dans les propos cités, il nous semble, et Hélène Deutsch le signalait, que « le masque de l'esprit maternel peut cacher entièrement des aspects non maternels, l'esprit maternel peut être utilisé pour des buts indirects [4] ».

1. H. Deutsch, *op. cit.*, p. 339.
2. *Ibid.*, p. 362.
3. *Ibid.*, p. 277.
4. *Ibid.*, p. 287-288.

5. Un défi, un rêve, un exploit ?

Les motifs avancés contiennent toujours deux facettes : une offre et une demande. Du côté de l'adopté : ouvrir son foyer à un enfant en souffrance. Du côté des adoptants : constituer une famille avec une répartition garçons/filles correspondant à celle souhaitée ; vivre une expérience inhabituelle ; s'éprouver encore plus parent ; aller au-devant de l'inattendu. La planification dans tous les domaines rend les vies monotones et l'irruption d'un étranger à la famille bouscule, fort à propos, un ordre jugé trop établi.

Avant de se connaître, ils avaient pensé, chacun de leur côté, à l'adoption au cours de missions humanitaires dans des pays en voie de développement. Puis la naissance de leur fille, Ernestine, les a confortés dans leurs capacités parentales. Viviane s'étonne de parvenir à organiser une vie familiale au quotidien. Son attachement à sa fille lui laisse penser qu'elle éprouverait aussi des sentiments maternels envers un autre enfant : la sienne lui était au départ si étrangère ! Élever en même temps celui venu d'ailleurs a une valeur particulière dans l'esprit de son mari : « C'est un défi de faire une famille, d'intégrer cet enfant, qu'il soit mon enfant. » Serait-ce un défi à l'intégration ? L'idée de partager l'éducation d'Ernestine avec un étranger leur paraît pleine de promesses, d'échanges. Ils décrivent leur état psychologique un peu comme une « grossesse d'adoption », avant une autre naturelle, car ils souhaitent en élever quatre. La rapidité de la démarche – leur fille n'a que six mois – donne l'impression qu'à l'inverse des couples qui en espèrent le déclenchement d'une grossesse, l'adoption résulte de la présence de ce bébé. Pourquoi si vite, pourquoi maintenant, alors que la fécondabilité est attestée, pourquoi cette alternance ? L'étonnement de l'interlocuteur devant cet « enfant intercalé » les surprend. En cas de refus d'agrément, ils n'insisteraient pas et mettraient en route le second, craignant d'être plus tard, avec deux ou trois bambins, moins disponibles pour cette démarche. La planification des adoptions répond-elle en miroir à la planification des naissances ? Dans ce cas-là, manifestement.

Diane et Michaël souhaitent « donner une famille à un enfant malheureux, c'est-à-dire sans famille ». Après deux fillettes de dix et trois ans, ils font ce choix qui ne tient pas à une impossibilité de concevoir le troisième. Ils s'y obligent, tandis que Michael envisage déjà la naissance du suivant. Ils souligneront les empêchements liés à une grossesse : plus de tennis, de ski ni d'alpinisme. Mais adopter prend un caractère d'engagement à leur mesure qu'ils jugent modeste : soulager la détresse d'un enfant, par solidarité. Il a été important pour Diane d'avoir, par deux fois, éprouvé la joie d'être enceinte, d'être allée à la maternité : « D'être adulte en plein, de voir comment ça faisait d'accoucher, d'allaiter. » Mais « pourquoi faudrait-il toujours le faire soi-même ? » se demande-t-elle, ne construit-on pas autre chose en adoptant ? C'est un projet enthousiasmant, en train de passer du rêve à la réalité. Une sorte d'aventure qui suppose du sérieux, qui donne du piquant à la vie, du fait des imprévus. Ils y voient tous deux une manière de « redynamiser » leur couple en découvrant une expérience parentale autre. Est-elle effectivement si différente de celle qu'ils connaissent ?

On voit combien l'altruisme, le souci de partager ses richesses participe d'une telle décision à laquelle la culpabilité n'est pas étrangère. On pressent aussi les buts indirects : contourner les restrictions – concernant les activités sportives, entre autres – recommandées à la femme enceinte ; et ne plus être la servante de la reproduction de l'espèce. Les données conscientes et inconscientes qui amènent chez une femme cette position sont l'objet du travail lors des entretiens. Ne pourrait-on considérer ce rêve d'une maternité sans sexualité, sans la germination de la graine, sans le poids de l'organisme gravide, comme une résurgence des constructions infantiles : les enfants naissent tout faits, dans les choux. L'adoption réaliserait ce fantasme.

Ingrid et Jean-Baptiste, assurés d'une stabilité professionnelle et financière, ont décidé de réaliser leur projet, mûri depuis des années : « Ouvrir le cercle de la famille à un gamin qui puisse en bénéficier. » Certes, ils pourraient « faire plein d'autres petits », mais Ingrid n'en a plus envie. Chez elle perce une pointe de déception, elle a expérimenté l'écart entre l'enfant espéré et la réalité de celui mis au monde. La valeur indexée à l'adopté tiendrait à son passé, sa présence apporterait « un liant qui manquait » à la famille. Par son origine, tous deux supposent qu'il apportera « quelque chose, un plus, quelque chose de fort ». De quelle nature serait ce plus, cette intensité, et pour qui ? Au contraire d'une conception, le projet est vécu par la famille au sens large. Quand ils en parlent, beaucoup songent à les imiter, l'enthousiasme est communicatif : « Cela relève du fantasme. » En effet ! Au contraire des couples sans enfant, qui attendent des années, ils ne risquent pas de l'« étouffer » d'une protection excessive. Ils ne chercheront pas dans les « vices cachés des géniteurs » des explications à ce qui n'irait pas. Ils le considéreront comme « un invité qui s'installe » : « Il va se greffer là. » En quoi serait-ce mieux qu'une arrivée naturelle ? Chacun parlera de l'intense bonheur des deux naissances, des émotions très fortes, personnelles de ce moment-là. Ils avaient eu l'impression de connaître le nouveau-né depuis très, très, longtemps. S'y était ajouté le sentiment que sa présence leur insufflait une force jamais ressentie. Ils voudraient maintenant éprouver quelque chose d'équivalent, et de peut-être plus riche.

Effectivement, si le contexte est très différent, l'intensité du moment de la rencontre bouleverse les sujets dont les témoignages rejoignent alors ceux qui l'ont vécue lors d'une naissance.

Mais à ce stade cela n'est pas comparable. L'arrivée de cet enfant leur ouvre des horizons. Elle n'est pas seulement le geste d'amour d'un couple mais une entreprise familiale. Elle exige beaucoup d'énergie, beaucoup de partenaires et d'éléments de la réalité à prendre en compte. Il ne faudrait pas en rester au rêve de ce projet. Ingrid se dit « comblée » autant par les grossesses que par sa relation maternelle et amoureuse. Elle voudrait aider un enfant, sans le « fabriquer ». Le motif invoqué n'est pas humanitaire mais sa sensibilité à l'enfance abandonnée est « viscérale ». Elle et son mari ne prétendent pas « jouer les bons samaritains », mais juste apporter quelque chose à un petit déjà là. Sa présence enrichirait les échanges familiaux en ne laissant pas leurs deux enfants « se refermer sur leurs privilèges ». Cette formule, à leurs yeux moins égoïste qu'une conception, accentuerait chez chacun le sens de l'entraide, de l'autonomie, de la débrouillardise, observé dans les familles nombreuses. confrontés à une autre culture, tous apprendraient la tolérance et le décloisonnement, l'assimilation à un groupe. À quel âge l'accueillir ? Un nourrisson est si lié à sa mère qu'Ingrid préférerait qu'il en soit déjà détaché, qu'il ait fait le pas. Elle exprime ici une gêne à l'idée que « sorti à peine du ventre maternel », elle lui imposerait une séparation trop précoce. Elle en éprouverait de la culpabilité et de la peine pour lui, c'est pourquoi elle ne l'imagine qu'âgé d'au moins trois ans. Il ne serait pas une « pièce rapportée », car de leur part l'engagement serait total. Sans doute faudra-t-il déployer beaucoup d'amour et d'attentions sans pour autant présumer de l'avenir : « Un enfant c'est toujours un risque. » Là, cette part de risque est majorée car « on ne sait pas sur qui on va tomber », mais cet effet de surprise les attire.

Là encore les attentes sont considérables : l'adopté jouera un rôle éducatif et moral. Par sa présence il devrait développer les qualités humaines de chacun, au sens des vertus : charité, tolérance, justice, patience, humilité. N'est-ce pas trop lui demander ?

Helga et Simon élèvent cinq garçons et filles, dont les âges s'échelonnent de huit à deux ans. Pour eux aussi, la découverte est à la base même de leur décision. Ils ne pensent pas à un nourrisson : « On connaît. » Ils penchent pour un enfant, le situant dans « une fourchette de trois à six ans », capable de s'exprimer. Le nombre de ceux déjà au foyer n'entre pas en ligne de compte car l'expérience sera radicalement nouvelle, « riche de promesses » par sa nature même. Ils raisonnent : les liens du sang n'ont, en tant que tels, aucune valeur, ils vont de soi, tandis celui-là ne repose sur aucune donnée de la réalité et pour cela n'en est que plus précieux. Pour tous les deux, l'instauration, de toutes pièces, d'un lien de parenté se présente comme un enjeu de taille. Non que les naissances n'aient été souhaitées et vécues dans la joie, mais l'enthousiasme d'aujourd'hui est d'un ordre différent, il est formidable d'accueillir « parmi les siens un enfant défavorisé » à transformer en « un enfant favorisé ». Ici l'exaltation accompagne cette quête d'une relation présumée exceptionnelle et pourrait faire craindre que ce dernier ne devienne le « préféré », au détriment des autres jugés, disons, « ordinaires ». Cette générosité et cette volonté s'additionnent dans une sorte de défi à relever, vis-à-vis d'eux-mêmes et de leurs proches. Les grands-parents, mis au courant, se seraient écriés : « Vous n'êtes pas fous de vouloir tant d'enfants ! »

Le choix de l'adoption, sans stérilité, repose sur un désir dont le ressort est chaque fois particulier. Beaucoup se diront heureux, comblés, sans difficultés financières, éducatives ou affectives. Et pourtant ils jugent leur univers étriqué. Ils laissent entendre un trop-plein de satisfaction et paradoxalement se plaignent : il manque quelque chose à leur vie. En ce sens il est fondé de se demander de quoi adopter consolerait-il ? Peut-être de la présence d'un excès de biens, de bonheur, d'équilibre, mais peut-être aussi d'un manque qui prend la forme d'une quête d'idéal. Le point commun se trouve dans une recherche d'autre chose, une parenté différente, une attirance pour l'exception. S'y ajoute souvent la notion de « mettre la barre un peu haut », autant de déclinaisons d'un risque pris comme on se lance sur un « Chiche ! ». La dimension de défi peut jouer sur plusieurs plans et ceux-ci s'additionner. Défi sur le plan biologique : être parents, c'est-à-dire géniteurs, mais parents sans enfanter ni engendrer. Défi sur le plan de l'amour : comment aimer cet enfant comme les autres ? On craint de l'aimer moins, on essaiera de l'aimer davantage. On redoute son ingratitude et on suppose sa reconnaissance.

Présente dans les rêveries adolescentes, l'adoption implique l'espoir de plus d'égalité, un engagement familial humanitaire défiant le malheur. Plus tard, l'idée d'accueillir et de faire sien son prochain, sous les traits d'un enfant abandonné, prend tournure. Le geste est socialement valorisé et valorisant. Il est sans doute à comprendre comme « geste » au sens des chansons du même nom qui glorifiaient les hauts faits des plus vaillants guerriers du Moyen Âge. De nos jours, les médias se font l'écho de ces « parcours du combattant » à travers des témoignages de plus en plus nombreux. Bien que les combattants eux-mêmes parlent d'« une goutte d'eau dans la mer », l'acte est apprécié à la mesure de la détermination nécessaire à sa réalisation. Celle-ci est souvent assimilée à une « aventure », aventure familiale [1] bien entendu et non extraconjugale. Les étapes, présentées comme autant d'obstacles à franchir, accréditent la dimension d'exploit. Il faudra, pour aboutir, savoir à qui s'adresser, improviser dans un contexte inconnu, faire preuve de sang-froid et de vigilance. En ce sens, on peut parler de parcours quasi initiatique, les valeureux adoptants n'hésitant pas à partir au bout du monde chercher l'enfant. L'idéalisation accentue le caractère spectaculaire, édifiant, sensationnel attaché, dès les préliminaires, bien avant la rencontre de l'enfant lui-même, à cette périlleuse entreprise.

L'attente n'est pas du même ordre quand la stérilité est en jeu : on désire « simplement » un enfant parce que la vie, la nature ne vous en a pas donné. Ailleurs, des parents « traditionnels » aspirent à un petit quelque chose d'extraordinaire. Au point qu'une femme le formulait explicitement ainsi : « Je n'aimerais pas du tout adopter de façon anodine en allant chercher un enfant dans une pouponnière française. » Nul doute que l'adoption d'antan ne finisse par faire pâle figure, dans tous les sens du terme, pour celui ou celle dont la démarche prend relief du fait de son éloignement et de son caractère d'exception.

Tous découvrent que trouver un enfant est compliqué, incertain, aléatoire ; or cela n'est pas pour décourager, au contraire. Les représentations actuelles des lenteurs, embûches et autres chicanes auxquelles ils vont se heurter, loin de les dissuader, provoquent souvent l'effet inverse. La difficulté attire, cette course d'obstacles stimule les velléitaires, réveille

1. B. Camdessus (sous la dir. de), *L'Adoption, une aventure familiale*, ESF, 1995.

la combativité des audacieux, donne un second souffle aux couples dont les ardeurs s'éteignaient, soude dans un même élan les liens distendus entre les générations. Magnifiée par le sauvetage de l'enfant démuni, la démarche se teinte, dans ce contexte, d'une dimension quasi héroïque.

Ne consolant plus seulement d'une impossibilité de procréer, l'adoption consolerait-elle de toutes les autres formes d'insatisfaction ?

Chapitre III

L'adoption en solitaire

Depuis 1966 l'adoption plénière par un célibataire est possible [1]. Jusqu'à cette date une personne seule n'obtenait que l'adoption simple, la légitimation adoptive devant être le fait de conjoints. Le législateur, en ouvrant l'adoption plénière aux célibataires, visait à donner les mêmes droits aux enfants naturels qu'aux enfants légitimes. Cet élargissement deviendra une réponse au désir d'enfant pour ceux qui n'ont pu ou voulu créer un foyer. Ce faisant, les célibataires sont supposés avoir des relations sexuelles, fécondes ou pas, et, quoi qu'il en soit, l'instauration d'un lien filial ne leur est plus déniée. Il devient légalement possible, sans partenaire, d'être père ou mère, quand bien même il ne s'agirait pas de son propre enfant naturel. Cette possibilité offerte, sous le contrôle de la justice, d'instituer un rapport de parenté légitime, sans procréation, sans mariage, relève d'une nouvelle conception de la famille. Bien qu'elle soit incomplète dès le départ, la famille ainsi créée n'est plus considérée comme une anomalie.

1. P. Salvage-Gerest, *L'Adoption*, Paris, Dalloz, 1992, p. 15.

1. Unis mais pas conjoints

L'augmentation du nombre de couples vivant en union libre (12 % du total des couples [1]), le partage, maintenant automatique, de l'autorité parentale lors de naissances naturelles (plus d'une sur trois) marquent l'évolution des mœurs. En effet, depuis la loi du 8 janvier 1993, l'autorité parentale sur un enfant naturel est attribuée conjointement aux couples vivant en union libre. Le vocabulaire change : les « bâtards » et les « filles-mères » font place aux mères célibataires et aux enfants naturels, reconnus deux fois sur trois par leur père dès la naissance. Le lien du mariage ne garantissant aucune pérennité, pourquoi donc se marier ? Être marié ou pas ne change rien à l'amour, à la vie quotidienne, aux actes de propriété, à l'engagement moral d'élever à deux l'enfant, comme ceux vivant déjà éventuellement au foyer, dit-on. Aussi, le fait qu'un seul concubin puisse, selon le code Civil, juridiquement adopter provoqua surprise et incompréhension. Les conditions prévues précisent que l'adoption est possible si les deux époux ne sont pas séparés de corps. Cet état de fait, ressenti comme une invitation à « régulariser la situation pour une bonne cause », incite la plupart à passer devant monsieur le maire.

François et Jeanne avaient pensé chacun que l'autre adopterait, cela prenait la valeur d'une marque réciproque d'amour. Mais ils ne voulaient pas d'un « mariage d'opportunité », il leur semblait plus exigeant, plus honnête de rester avec quelqu'un sans l'« étiquette de mariés ». Mais, à la réflexion, l'aspect sécurisant pour l'enfant qui héritera ainsi des deux côtés balaiera leurs réticences. Ils font toujours les choses à deux, à plus forte raison celle-là, concluront-ils.

1. INSEE, *La Société française*, 1993, p. 24.

Leur attitude est celle des couples qui font un projet d'adoption pour des raisons de stérilité et avaient prévu le mariage en cas de naissance.

Quelques mois s'écoulent parfois entre la demande d'agrément et la publication des bans. D'un commun accord Lucienne et Paulo avaient choisi l'union libre, il ne leur déplaisait pas de continuer à vivre ainsi, bien que le mariage rende l'adoption plus facile. Dans cette logique ils avaient prévu de tirer à la courte paille celui qui donnerait son nom. Si le sort désignait Paulo, l'enfant porterait le nom de son père ; étant donné l'usage, il passerait socialement plus inaperçu que dans le cas inverse. Finalement, quelques mois plus tard, ils se mariaient devant deux témoins, « à la sauvette », afin que la situation soit claire : « Pour les enfants, que ne ferait-on pas ! » Et puis ils évitaient ainsi que l'un d'eux ne soit « rien » pour l'enfant. En effet, l'autre n'est pas rien affectivement et psychologiquement pour l'enfant, mais l'enfant, légalement, ne lui est rien.

Georges et Thérèse ont chacun un enfant d'un premier lit. Ils désirent fonder à nouveau une famille mais ne supportent pas d'être contraints au mariage. Ils envisagent un agrément pour chacun car ils ne parviennent pas à se départager et énumèrent autant de raisons en faveur de l'un que de l'autre ! Pour Georges, la logique impose que ce soit Thérèse qui adopte, puisque « une femme a besoin d'avoir un enfant » et il ajoute : « Tu seras fille-mère. » Thérèse pense que l'on confie plus volontiers un enfant à une femme, aussi la demande d'agrément a-t-elle été faite à son nom. Néanmoins Georges se dit gêné de cette mise à l'écart : elle ne correspond pas aux obligations qu'ils vont partager dans une filiation de fait. Si un enfant leur était né, il aurait reconnu l'enfant et lui aurait transmis son nom. Il conclura : « Les choses sont déjà compliquées pour ce gamin, il faut qu'il arrive dans un truc clair. » Finalement, en se mariant à cette occasion, ils ne se définiront plus comme « couple marital », mais comme couple légal, chacun « parent légal », à égalité de droits et de devoirs.

Les irréductibles de l'union libre découvrent là que le choix du non-mariage aura des conséquences sur leurs rôles et responsabilités vis-à-vis de l'enfant. Ils soutiennent que, dans leur esprit, celui qui n'adoptera pas occupera dans la vie de ce dernier la même place que celui avec lequel la filiation sera établie. En cas de litige, les tribunaux se devront de reconnaître la « coéducation ». La confiance mutuelle dépasse la valeur accordée à un engagement dont l'acte de mariage porterait trace.

S'ils étaient forcés de régulariser leur situation, Georgette et Marcel le feraient pour répondre à l'exigence de normalité que suppose le mariage : le « formalisme administratif ». Mais Georgette se sent tellement « mariée dans sa tête » que cela ne lui est pas personnellement utile. Elle renoncera à ce que l'enfant porte son nom alors que, ne l'ayant pas porté, elle aurait aimé qu'il hérite de quelque chose d'elle. Tous deux croyaient que le jugement d'adoption serait à leurs deux noms. Une signature ne modifiera en rien leur engagement mutuel, ils l'estiment donc inutile. Puisqu'il faut absolument trancher, Marcel adoptera le premier, Georgette le second, ainsi chacun le sien ! Ils ne prennent absolument pas en compte la situation d'enfant naturel dans laquelle se trouvera l'adopté et ils excluent l'éventualité de conflits entre eux. Ont-ils suffisamment mesuré les effets de la filiation adoptive à long terme ?

Claudine estime que faire des promesses que l'on ne tiendra pas relève de l'hypocrisie. Elle n'éprouve ni le besoin de changer d'état ni le besoin d'un lien officiel, seul un mariage religieux aurait quelque valeur à ses yeux si elle était encore croyante. Quant à son ami Jean-Jacques, il se révolte contre le conformisme social, les calculs fiscaux. Pragmatique, il admet être engagé vis-à-vis de sa compagne. Leur fille porte son nom, comment faire au mieux pour l'adopté, pour que les deux enfants soient à égalité ? Ils estiment les lois bien en retard sur les mœurs.

Améliorerait-on des procédures archaïques en rendant légale l'adoption pour deux personnes vivant en concubinage ? Est-il incohérent, étant donné la possibilité offerte à un célibataire d'adopter, de faire du mariage de concubins une condition à l'adoption ? Les débats parlementaires autour de la loi du 5 juillet 1996 témoignent de l'actualité de la question [1]. Est-ce privilégier les couples mariés au nom d'un ordre moral ambiant que de refuser ce droit à des couples non mariés ? La plus grande stabilité des mariages est devenue un argument contestable étant donné la durée moyenne des unions légitimes. contrairement aux idées reçues, les textes ne se fondent pas sur une différence qualitative entre couples mariés et couples non mariés ! La question n'est pas là.

La volonté d'adopter conjointement ne signifie-t-elle pas l'intention de poursuivre une vie commune qui date parfois de nombreuses années ? Celles exigées d'un couple marié sont de deux ans. Faudrait-il respecter le droit de ne pas se marier et dépasser les notions d'enfants légitimes et d'enfants naturels dits illégitimes ? Au nom d'une égalité de droits et d'un respect de la liberté individuelle des couples à choisir ce mode de vie ?

Les protestations les plus véhémentes viennent de concubins, parents d'enfants naturels, qui voudraient donner à l'enfant légitimement adopté un statut, finalement, d'enfant naturel légitime ! Certains estiment que les unions libres, attestées par des « certificats de concubinage », ne

1. *JO*, A.N., séance du 16 janvier 1996.

sont pas officialisées par un contrat, leur situation est juridiquement très ambiguë : la séparation, les droits de visite, le paiement des pensions alimentaires à organiser, dans l'intérêt de l'enfant qui prévaut toujours. Ce serait pour le député rapporteur du dernier projet de loi, Jean-François Mattei, « réinventer le mariage [1] ». Il évoquait aussi un aspect plus psychologique : « Comment un homme et une femme qui n'ont pas jugé bon de contracter entre eux des liens solides le feraient-ils par l'intermédiaire d'un enfant ? » S'unir par les liens du mariage accentue, du fait de l'engagement devant témoins, le caractère solennel de la décision et des obligations qui en découlent. Il s'agit d'un acte symbolique. Une parole et une signature ne changent apparemment rien mais ont des effets sur tous les plans. Sinon pourquoi, à l'exemple de cette jeune mère, s'y opposer si farouchement ?

Garder son nom de jeune fille, ne pas en passer par les lois de la parenté, établir avec ses enfants une filiation quasi matrilinéaire afin de leur transmettre le seul patronyme de leur grand-père maternel, telle avait été jusqu'ici le choix de Florence. Elle refuse énergiquement de se marier depuis sa rencontre avec Alain, qui remonte à plus de quinze ans. Elle ne veut pas perdre son indépendance. Son ami a reconnu leurs enfants, accepté qu'ils ne portent pas son nom, partagé avec elle l'autorité parentale. Ce serait donc elle qui adopterait en dotant l'enfant d'une filiation unilinéaire afin qu'il soit comme ses frères et sœurs. Là encore, rien n'oblige cette femme à se marier. Mais, accueilli dans ce contexte, comment l'enfant percevra-t-il la place de cet homme pour sa mère ; comprendra-t-il que délibérément elle le prive de père légal et qu'il accepte ? Ce « papa » ne pourra se prévaloir que de sa présence quotidienne auprès

1. *JO*, A.N., 1re séance du 17 janvier 1996.

de l'enfant en cas de conflit, de séparation, de décès. Il devra faire valoir, en cas de litige avec l'adoptante ou la famille de celle-ci, son attache affective, son rôle éducatif auprès de celui qui ne porte pas son nom.

Il est fréquent que ceux qui refusent la loi au nom d'une liberté idéale s'insurgent contre celle dont ils ont besoin quand elle les oblige à réexaminer leur position s'ils veulent être tous deux parents adoptifs.

Rendre l'adoption possible par deux personnes vivant en couple suppose, comme pour les procréations médicalement assistées, de préciser les choses. Parle-t-on d'un homme et d'une femme, de deux femmes, de deux hommes ? Autrement dit, faut-il être hétérosexuel pour adopter ? Les homosexuels, hommes ou femmes, vivant seuls ou pas, adopteraient-ils afin d'élever des enfants, comme tout le monde ? Il serait tentant de mesurer le niveau de tolérance ou d'intolérance de la société envers les homosexuels au taux d'acceptation ou de refus d'agrément. Dans l'affirmative, l'opinion générale verrait là un signe de l'évolution des mentalités, une acceptation d'une minorité victime d'une discrimination à dépasser. Dans la négative, il faudrait se réjouir du maintien d'un certain ordre moral au nom des valeurs familiales traditionnelles. Sans polémiquer on peut s'interroger : comment admettre que les enfants de l'adoption n'aient pas des conditions de vie familiale comparables à celles des enfants de la science ? Pourquoi prévoir deux poids et deux mesures ?

Récemment des magistrats new-yorkais ont décidé qu'« un couple, quelle que soit son orientation sexuelle, ne doit pas nécessairement être marié pour adopter [1] ». S'agit-il d'« un revers pour la civilisation occidentale, d'une

1. *Le Monde*, 5 juin 1995.

attaque contre les valeurs familiales traditionnelles » ? Les magistrats arguaient du nombre d'enfants élevés dans des foyers de deux personnes non mariées pour justifier leur position. En France la proportion de naissances hors mariage atteignait 40 % en 1993 et la légitimation semble de moins en moins recherchée [1]. L'utilité de cette nouvelle disposition américaine se fonderait sur l'intérêt de l'enfant : avoir deux parents… comme si le mariage n'existait pas pour cette raison même !

Sur le plan juridique les partenaires homosexuels réclament un statut, envisagent un contrat, lequel définirait, en matière sociale, les secours, obligations réciproques d'assistance et vocation successorale. Il ritualiserait cette forme d'union sexuelle, au même titre que l'autre. Afin que les homosexuels ne soient l'objet d'aucune discrimination administrative ou sociale, une reconnaissance légale, un statut juridique devrait, selon certains, être institué [2]. C'est tout le débat actuel autour du « contrat d'union civil » ou « contrat d'union sociale ». Il ne peut s'agir de mariage à proprement parler, puisque le fondement du mariage, en droit, n'est pas le couple mais la présomption de paternité. L'élément naturel, biologique est donc premier ; vient ensuite l'élément psychologique. Dans le Code civil « il est sous-entendu que les deux époux doivent être de sexes différents (arg. a. 144), faute de quoi il y aurait *inexistence* du mariage ; il n'y a aucune base dans la loi pour un prétendu mariage d'homosexuels, rappelle le doyen Carbonnier [3]. En revanche, la question d'une reconnaissance de cette communauté de vie est à l'ordre du jour. Pourquoi la

---

1. INSEE, *La Société française, op. cit.*

2. Proposition de loi présentée par J.-Y. Autexier et J.-P. Michel. Appel des 234, *Nouvel Observateur*, 9-15 mai 1996, n° 1641. *Le Monde*, 1er mars 1996.

3. J. Carbonnier, *Droit civil*, t. II, Paris, PUF, 1993, p. 58.

sexualité priverait-elle de droits sociaux et administratifs ? En ce qui concerne l'agrément administratif, tout citoyen est en droit de le demander, quelle que soit dans l'abstrait la configuration familiale. La liberté individuelle de la vie privée, le choix de l'objet amoureux ne regardent personne. Mais ils ne sont pas sans effet sur le mode de vie et le contexte psychologique proposés à l'enfant, ils seront donc à apprécier dans ce cadre, cas par cas.

Dans l'homosexualité féminine Hélène Deutsch envisage le besoin de relations sublimées entre deux femmes, besoin de triangulation comme pour tout autre couple. La répartition des rôles du père et de la mère, selon elle, reste floue, chacune des partenaires pouvant alternativement occuper les deux rôles. Cela contenterait l'« esprit maternel » dans une forme de réalisation maternelle de la femme qui se passe du père et de l'homme.

Les contingences de la vie amènent parfois le destin à bifurquer sans que le fait de tomber amoureuse, par exemple, d'une femme et non d'un homme soit un choix à proprement parler. Ce serait plutôt un choix forcé inconscient, imposé par le destin et presque à regret, parce que, sur bien des plans, plus difficile à assumer que l'hétérosexualité. Mais quand on aime, s'agit-il toujours de sexe ? Car il y a le sexe anatomique et il y a l'identité sexuée, lesquels ne se confondent pas forcément. Le fait que l'objet aimé soit de même sexe ne dit pas la position homme ou femme tenue dans la relation à l'autre. Quant au choix de l'objet aimé, il peut être masculin ou féminin.

La relation homosexuelle est un état qui rend stérile, au sens de la reproduction de l'espèce. La conséquence d'une relation homosexuelle, c'est l'absence de progéniture. Cette réalité est une vraie souffrance, nous avons vu combien le besoin de se perpétuer est ancré en chacun. Renoncer à fonder une famille ne va pas de soi. Mais est-ce comparable à la situation d'un couple stérile ? Sur le plan psychologique, les deux situations sont-elles assimilables ? Le terme de couple désigne une relation homme/femme, il est inadéquat pour désigner l'union de deux personnes du même sexe. L'assimilation ne saurait être totale car il y a là un point du réel des sexes anatomiques qui demeure irréductible. Ce point d'impossible existe indépendamment des contingences sociales, morales ou culturelles. Même si, comme en Hollande ou en Californie, le mariage était admis, la même impasse, du fait de la non-génération, se rencontrerait quant à la concrétisation du désir d'enfant.

L'artifice de la filiation adoptive prend ici tout son relief, la nature n'est plus imitée, cette référence sert de moins en moins de point de repère. Adopter, en contournant ce point, selon un raisonnement du style « Je sais bien mais quand même », laisserait entière la question du sens que prendrait alors la filiation pour l'adulte homosexuel et pour l'enfant. La présence de ce dernier voilerait ce point d'impossible ; le rendrait-il pour autant plus supportable ?

Dans la réalité quotidienne des échanges langagiers et affectifs, on pourrait imaginer qu'un enfant soit élevé par un foyer homosexuel sans être adopté. Dans quelle situation se trouverait-il ? Dans une configuration marginalisée socialement et délicate psychologiquement, ne serait-ce que sur le plan de l'identification sexuée. C'est parfois le cas quand une relation hétérosexuelle féconde a précédé la relation homosexuelle. La filiation prend alors un sens pour chacun des adultes aussi bien que pour l'enfant du fait de la rencontre homme/femme qui les a rendus père et mère. Au cas où les relations sont homme/homme ou femme/femme, sur le plan du sens ne risque-t-on pas de buter sur une impasse ? Que l'un adopte et pas l'autre ou que, simultanément, chacun adopte, en célibataire.

Exemples et contre-exemples ne manquent pas et opposer aux réticences un « Mieux vaut pour parents des homosexuels équilibrés qu'un couple qui se déchire ou une vieille fille » ne semble pas de bonne guerre. Un couple hétérosexuel n'est pas une garantie de santé ni de bonheur, certes, mais un couple homosexuel non plus. Les données symboliques et imaginaires proposées risquent de compliquer les choses pour l'enfant, et les interrogations ne sont pas superflues. Elles doivent chaque fois porter sur la place faite à l'enfant, qui ne saurait servir la cause militante de quiconque ni être, s'il était obtenu du fait des revendications, brandi comme le trophée du vainqueur.

Il ne s'agit pas de prendre une position de principe mais de signaler que, pour quiconque, le droit à l'adoption c'est-à-dire à l'enfant, n'existe pas en tant que tel.

2. Mère par l'opération du Saint-Esprit

La situation de la femme célibataire et mère adoptive, même si elle semble un peu étrange, est socialement mieux acceptée que celle de la fille-mère ou de la mère célibataire tout court, tant le versant amour maternel occupe le devant de la scène.

La démarche peut répondre à un fantasme de parthénogenèse : ne pas avoir besoin d'un homme pour devenir mère.

Sophie est une célibataire de trente-cinq ans. Du fait de son âge, elle manifeste une certaine hâte. D'emblée elle voudrait accueillir deux enfants car il manquerait à un enfant unique le partage quotidien des jeux qu'elle connut avec ses nombreux frères et sœurs. Petite fille sage, élève appliquée, étudiante sérieuse, institutrice dévouée, elle rêva longtemps de l'âme sœur. La vie lui a offert peu d'occasions de rencontre, pas d'homme libre, sérieux, qui lui plaise sur son chemin. Elle n'a pas voulu s'« amouracher de n'importe qui ». Le hasard voulut donc qu'elle ne fondât pas une famille. Si cette solitude parfois lui pèse, ce *statu quo* lui convient. Elle ne voit pas comment elle pourrait être la cause du désir d'un homme : avec « n'importe qui », elle se rabaisserait elle-même à être n'importe qui. Elle se console en faisant le compte des couples désunis, elle est témoin de trop de divorces, le mariage n'est pas si enviable. Un enfant ? Ce serait un but en tant que tel, légitime « puisque toute femme a envie d'un enfant ». Elle n'a pourtant pas, jusqu'à ce jour, consenti à être femme pour un homme dont elle orienterait le désir, pas plus sur le plan de la rencontre sexuelle que sur le plan imaginaire. Elle illustre particulièrement la cessation de toute vie sexuelle dont parlait Freud à propos du tabou de la virginité [1]. Approcher un homme est tabou pour elle et elle occupe activement une position de refus qui la met à l'abri de toute sollicitation, jusqu'à se faire elle-même tabou. Cette position est tout à fait respectable. Mais pourquoi chercher à établir une filiation adoptive ? C'est-à-dire se retrouver dans une situation de mère, par l'opération du Saint-Esprit, en quelque sorte ?

Autre exemple. Solange, engagée depuis l'adolescence dans diverses associations caritatives et tiers-mondistes, milite infatigablement. Elle place ce projet dans la lignée de ses choix. Célibataire, elle se dit très heureuse ainsi. En effet, sa vision idéaliste de ce que doit être une relation avec un homme explique l'absence de toute relation sentimentale et sexuelle. L'importance accordée au lien du mariage, la peur d'un engagement radicalement définitif du fait de ses convictions religieuses ont inhibé les inclinations naissantes. Cette jeune femme n'exprime aucune déception ou amertume. Elle « revendique d'être célibataire » tant qu'elle n'aura pas trouvé « le papa », sous-entendu le papa parfait,

1. S. Freud, *La Vie sexuelle*, *op. cit*, p. 66-80.

le papa de ses rêves. Cet enfant qu'elle n'aura pas porté ne s'offrira pas en « produit de remplacement », à la place d'un autre. L'absence de père ne devrait pas « handicaper » l'enfant. Elle veillera à faire participer des tiers à son éducation, à défaut de quoi elle craindrait une relation mère/enfant trop exclusive. Et comme beaucoup, préoccupée par la place excessive qu'il risque de prendre – « il me rendra heureuse » –, elle songe déjà à une seconde adoption. Ses parents s'inquiètent : elle est jeune, elle a le temps, elle peut encore rencontrer quelqu'un…

De telles positions excluent, *a priori* délibérément, l'établissement de liens familiaux bilatéraux, le lien de paternité. Que penser de ces demandes ? Sont-elles comparables à celles faites aux équipes médicales ? À cette nuance près que l'enfant adoptable est déjà né. Les dispositions établies par les CECOS (Centres d'études et de conservation du sperme) furent reprises par la loi du 29 juillet 1994 sur la bioéthique. L'assistance médicale à la procréation doit suppléer l'infertilité d'un couple ou éviter la transmission de maladies très graves : « L'homme et la femme formant le couple doivent être vivants, en âge de procréer, mariés ou en mesure d'apporter la preuve d'une vie commune d'au moins deux ans. » Les demandes de femmes vivant seules, plus en âge de procréer, vierges, ou vivant une relation homosexuelle sont refusées. Lors des débats, il était souligné que, « au-delà des controverses suscitées par quelques faits divers, les parlementaires ont ainsi entendu répondre à une position majoritaire en France, visant essentiellement à garantir l'intérêt de l'enfant à naître, son équilibre affectif futur assuré par la présence d'un père et d'une mère, indépendamment de la nature juridique des liens les unissant [1].

1. Rapport Bioulac, A.N., n° 2871, t. II, p. 69.

L'accueil d'embryons par un couple est subordonné à une décision de l'autorité judiciaire. Le juge fera procéder à toutes les investigations utiles afin d'apprécier les conditions d'accueil offertes à l'enfant à naître sur le plan familial, éducatif et psychologique. Cette appréciation du contexte proposé est en tous points comparable aux dispositions de l'agrément en vue d'adoption. Moins précis, les textes concernant l'agrément laissent toute latitude quant aux interrogations liées à l'âge, la virginité, l'homosexualité. Si l'on se place du point de vue de l'enfant, le consensus ne devrait-il pas être le même ?

3. Femme et mère seule

Bien entendu la diversité des parcours impose de ne pas assimiler toutes les femmes célibataires à ces cas de figure. Elles se retrouvent seules parfois après des années de vie commune, après un divorce, un veuvage, ou bien leur amant ne veut pas d'enfant.

Sylvie est veuve, ses deux enfants sont adolescents et, avant la quarantaine, un « besoin de pouponner » l'envahit. Son ami, marié non divorcé, refuse une paternité mais accepte son projet. Elle n'a pu se résoudre, sans son consentement, à « lui voler un enfant ». Elle le respecte trop, ne le forcera pas à être père, ne lui fera pas, comme on dit vulgairement, « un enfant dans le dos ». Après bien des hésitations, elle se décide à adopter, seule. Ses parents ne sont pas au courant et son père la traiterait de « folle ». Néanmoins, elle tient à « vivre toutes les émotions » d'une mère adoptive : « Une nouvelle aventure puisque l'adoption existe. » La société devrait lui procurer l'enfant que son amant lui refuse. Sylvie fait partie des femmes qui éprouvent une recrudescence de l'esprit maternel avant qu'il ne soit plus temps d'envisager une grossesse. Il y a une urgence : « Maintenant ou jamais ! » Le partenaire admet cette envie d'enfant mais refuse de s'engager. En adoptant, Sylvie passe outre.

Jacqueline n'a pas rencontré « le père », mais plutôt des hommes qui lui proposèrent de fonder une famille. Elle avait refusé à plusieurs reprises pour préserver son indépendance. Elle ne se sentait pas mûre, pas assez sûre de la poursuite de sa relation amoureuse pour garantir « un vrai foyer, la présence d'un père ». À quarante-cinq ans, elle se prend à regretter ses atermoiements sentimentaux. Elle espérait « toujours mieux » de ses liaisons durables mais chaotiques. Elle dira mépriser celles qui font « un enfant pour garder un homme ». L'adopter, dans la mesure où il existe déjà, et répondre à sa demande d'amour lui semble moins égoïste. Elle sait que, comme tout un chacun, il aurait besoin d'un père et d'une mère mais, même si elle ne lui offre pas un cadre familial complet, il bénéficiera d'une famille élargie et chaleureuse. La tendresse envers lui ne se substitue en rien à l'amour pour un homme. Il est clair pour elle, intellectuellement, que l'apport de l'un et de l'autre diffère. D'aucuns lui brossent un sombre tableau des difficultés de tous ordres auxquelles elle risque de se heurter, notamment à l'adolescence. Elle espère d'ici là partager sa vie avec un compagnon et éviter le « risque fusionnel ». Elle aurait pu, comme d'autres qui « abusent », ne pas signaler l'arrêt de la contraception, puis la naissance, à un homme réduit de la sorte à sa fonction reproductrice. Cela n'aurait pas de sens à ses yeux, et comment en rendre compte à l'enfant ? Si l'agrément lui était refusé, elle devra se marier pour aboutir à ses fins. Mais « là, ce serait le mari qui serait perdant », il passerait au second plan. Elle avoue ici une confusion entre la place qu'elle accorde à un homme et celle de l'enfant. C'est l'un ou l'autre, il y aura un perdant. Elle raisonne avec l'idée d'une rivalité imaginaire entre eux. consciemment elle voudrait être femme et mère, mais elle bute, semble-t-il, malgré elle, sur l'alternative : femme ou mère.

Catherine s'est séparée puis a divorcé quelques mois plus tard du père de sa fille Sandra quand celle-ci avait quatre ans. Depuis des années ce projet, agrandir la famille, lui tient à cœur. Elle n'a pu le concrétiser avec les hommes rencontrés. Elle ne se résout pas à le concevoir avec quelqu'un qu'elle ne reconnaîtrait pas comme père, elle fausserait la donne, elle préfère donc adopter. Au contraire d'un couple qui s'entendrait mal, ferait bonne figure lors des entretiens et se séparerait ensuite, elle estime proposer une situation claire. Elle assure une « sécurité affective », met ainsi d'avance l'enfant et elle-même à l'abri des effets d'une dislocation familiale. Le mariage ne garantit pas la présence de deux parents, se dit-elle.

Ce raisonnement s'entend de plus en plus fréquemment. Il se résume ainsi : « Être mariés ne garantit aucune stabilité, évitons pour l'enfant et pour nous-mêmes ce risque, d'autant qu'abandonné il a déjà suffisamment souffert comme ça. » On touche ici du doigt la précarité sociale des unions, légitimes ou non. La perspective de la séparation du couple pas encore ou à peine constitué est si prégnante qu'à l'extrême rester seul est une façon de s'en préserver. On ne saurait mieux dire la recherche d'un lien qui perdure dans la filiation plutôt que dans l'alliance. Cet investissement massif de la relation adoptive parent/enfant ne serait-il pas une conséquence de l'harmonie introuvable entre un homme et une femme ?

Clotilde veut « faire comme tout le monde, à sa façon », elle a « envie d'avoir un enfant, pas un homme ». Elle ne le demandera pas à un partenaire car il lui imposerait en échange de donner quelque chose et elle ne veut rien perdre. Entourée d'un réseau amical qui apprécie son goût pour la musique et le chant choral, elle ne souffre pas d'isolement. Elle écarte l'idée d'« utiliser un homme » et surtout d'avoir à « partager l'enfant ». Elle renonce à une grossesse mais non pas à fonder une famille. Elle préfère ce type de cellule familiale à d'autres dont les déséquilibres sont moins apparents. Par son choix de vie elle prouve (à qui ?) « qu'on peut vivre autre chose que le mariage, que la vie en couple ». Pourquoi pas, en effet ? Du fait de ses amitiés masculines, l'enfant aura un éventail d'identifications paternelles à sa disposition. L'arrivée de deux enfants d'emblée réduirait le « risque d'un tête à tête ». Elle intellectualise, idéalise leur sauvetage. Elle videra sa vie très remplie pour leur laisser de la place. Elle ne comble pas une solitude, ou alors il lui faudrait admettre qu'il est des solitudes très remplies. Les effets de la filiation adoptive sont très secondaires. Elle demeure, à ses yeux, la seule issue pour élever un enfant, lui apporter tendresse et amour. Doit-on voir dans cette position un glissement, un dérapage : le couple parent unique/enfant à défaut du rapport homme/femme dans lequel elle n'est pas sûre de retrouver sa mise ? Faire comme tout le monde ce serait se marier, mettre au monde des enfants. Elle rejette ce schéma tout en gardant en tête celui de la famille. En adoptant, elle ne serait pas une mère de famille tout à fait comme les autres, mais à sa façon. Du fait de son refus de relation avec un homme, elle se passerait du père en se satisfaisant de l'enfant.

« Mieux vaut un célibat riche qu'un mauvais couple », proclame Louise dans une nouvelle formulation de l'adage selon lequel « Mieux vaut être seule que mal accompagnée ». Elle hésite à accueillir un enfant « dans une situation de monoparentalité, de déséquilibre » dont ses exigences excessives, au dire de ses amis, sont responsables. Elle ne supporterait pas que son partenaire ne s'engage pas dans une vie de couple, de famille. Elle idéalise l'homme qui serait un compagnon, moins qu'à vingt ans mais encore trop, reconnaît-elle. Elle a vécu quelques années avec un étudiant étranger qu'elle n'a pas voulu suivre dans son pays. Elle expliquera à l'enfant adopté son arrivée alors qu'elle n'aurait pas imaginé dire à son propre enfant qu'elle connaissait à peine le père, rencontré un soir. Elle se sent d'attaque pour faire face aux contraintes et aux réactions de l'adolescence. Il maintiendra par son origine lointaine un lien imaginaire avec celui qui fut son premier amour. Enfin, cette relation maternelle influera, pense-t-elle, sur sa manière d'aborder les hommes. Elle n'aura plus à espérer d'eux l'enfant qu'elle regrette de ne pas avoir eu avec son ami.

Alors que, traditionnellement, une femme attend de l'homme un enfant, dans la logique de Louise, la présence de l'enfant faciliterait la rencontre. D'une certaine manière, c'est de l'enfant qu'elle attend un homme. Une mère séduirait autrement qu'une femme. Ou plutôt l'état de mère, en lui-même, participerait de la séduction. Ce raisonnement s'entend aussi chez des hommes célibataires. Une femme seule avec un enfant peut effectivement faire partie des conditions qui déterminent l'amour. Épouser la mère célibataire et légitimer l'enfant adopté deviendrait la version contemporaine du « protéger la veuve et l'orphelin ». Louise n'entreprend pas d'adopter avec ce but avoué mais voit là une ouverture. Elle assumera la situation ordinaire des familles monoparentales dont les enfants ne sont pas plus malheureux que les autres, affirme-t-elle.

Que dire, en effet, de tous ceux élevés par un seul parent dont les exemples se multiplient ? Les causes et les effets sont-ils comparables ? Au niveau de la réalité de la vie quotidienne, sans doute. La relative banalisation des familles réduites à un adulte avec un ou plusieurs enfants sert de référence à nombre de demandes. Ces familles sont de moins en moins marginalisées socialement et, pour un peu, passeraient pour exemplaires. Or elles sont rarement choisies en tant que telles. Soyons réalistes, à part quelques décisions délibérées de vivre ainsi dès le départ, elles résultent des échecs de la rencontre homme/femme et de la vie commune. Les unions, légitimes ou non, désormais fondées sur l'amour, « enfant de bohème », ne résistent plus guère à l'usure, aux déceptions. Beaucoup de femmes élèvent seules leurs enfants. Les familles mère-enfant(s) représentaient, en 1990, 11 % de l'ensemble des familles avec enfant(s) de moins de vingt-cinq ans [1]. Faut-il pour autant les brandir comme preuve de la tolérance sociale, comme modèle à reproduire ? Chacun s'accordera à reconnaître, indépendamment de toute considération morale ou conformiste, qu'élever seul un ou plusieurs enfants n'est pas si aisé. La charge pèse lourd pour l'adulte et pour l'enfant concerné, quels que soient les aides matérielles apportées par la société et le soutien familial et amical indispensable.

4. Sans femme, une progéniture

Sans femme, adopter, c'est le choix d'hommes qui n'ont pas rencontré « la personne idéale pour fonder une famille ».

Gilbert précisera d'emblée qu'il est « très bien dans sa peau, très bien dans sa tête, pas homosexuel ». Il a partagé plus de dix ans la vie d'une femme qu'il aimait. La perspective d'être père le réjouissait ; mais la crainte, en cas de mésentente, d'une séparation d'avec l'enfant pour l'un d'eux les fit renoncer à envisager une grossesse. Vivant seul actuellement, plutôt qu'épouser et rendre mère « n'importe qui », il a pensé adopter. Son intention n'est pas de faire le père et la mère, sa relation sera paternelle, il assurera le quo-

1. INSEE, *Les Femmes. contours et caractères*, 1995, p. 54.

tidien. Il se décrit en pédagogue exigeant. Pour un enfant il ne serait pas un père exemplaire ni irréprochable mais solide, stable, sécurisant. Enfin, étant donné l'importance qu'il attache à la solidarité humaine, il est persuadé que même vivant en couple il aurait souhaité adopter.

Son histoire sentimentale, ce qu'il voudra bien dire de ses relations avec les femmes, laisse penser qu'entre l'idéalisation et le rabaissement à « n'importe qui », aucune ne trouve pour l'instant grâce à ses yeux. Il ne manifeste pas, au contraire de certains dans la même configuration, l'envie de materner. Néanmoins, il n'a pas voulu rendre mère son amie tant l'idée d'un impossible partage de l'enfant l'angoissait. Le pouvoir dévolu aux femmes dans les gardes lui semble exorbitant et il préfère d'avance y échapper. Il prendrait les devants avec l'adoption qui le protégerait, en quelque sorte, de la toute-puissance de la femme-mère. Il raisonne comme si la présence d'un enfant mettait forcément en péril la relation de couple ; être à la fois amant et père s'avérerait risqué, quasiment inconciliable. Il n'exclut pas la rencontre d'une nouvelle compagne mais tient à ne pas être un vieux père, aussi souhaite-t-il, sans attendre cette « femme idéale », fonder une famille. Pour l'instant il n'a pas rencontré de femme suffisamment équilibrée et, en adoptant, il pourrait « comme tout le monde » satisfaire son désir de paternité, transmettre son expérience. À défaut d'une relation de couple harmonieuse, et plutôt qu'un compromis insatisfaisant, il envisage de vivre sans femme mais non sans progéniture.

Les « circonstances » ne l'ayant pas amené à avoir des enfants avec les femmes rencontrées, Arnaud recourt au « biais » de l'adoption. Sa liaison avec une amie déjà mère, mais qui ne souhaite pas une nouvelle maternité, assurera une « image maternelle ». Ses nombreux frères et sœurs sont installés dans la vie avec femmes et enfants, ce n'est pas son cas. Il papillonne, peine à se fixer professionnellement, se plaint de cette instabilité liée à une perpétuelle insatisfaction. Avec les enfants dont il a eu l'occasion de s'occuper dans des centres aérés ou de vacances, de même qu'avec ses neveux et nièces, il se substitue aussi bien au père qu'à la mère, soucieux de l'hygiène et distribuant les marques d'affection nécessaires aux petits dont il a la « passion ». Il aime le « contact physique » avec les plus jeunes et se dit sensible à la beauté de ceux qui sont d'origine étrangère. Enfin sa démarche prouve la force de son désir, son « envie d'enfant » puisqu'il est si facile d'en avoir un naturellement, et qu'adopter « c'est vraiment le désirer ». Il n'est justement pas si simple pour un homme de faire un enfant sans partenaire ! Arnaud ne s'exprime-t-il pas comme une femme en disant ainsi son sentiment profond ?

Un homme est aussi capable qu'une femme d'élever seul un enfant. Il se réjouit de cette heureuse évolution sociologique. Elle lui garantit que jamais aucune femme ne pourra lui disputer cet enfant adopté. La féminité est loin d'être authentifiable par l'anatomie ou par les tâches maternelles qui peuvent tout autant être assurées par un homme. Certes, mais les formulations employées par Arnaud s'apparentent plus au langage du discours amoureux, voire érotique, qu'à celui d'un père dont la sexualité se vivrait avec ceux de sa génération. Il témoigne de ce que celle de l'enfant n'est pas sans effet sur l'adulte ; qu'en serait-il pour lui dans une proximité quotidienne ? Le paradoxe de ses relations affectives permet de parler d'inversion, mais ne peut sans doute s'y réduire. Cet homme ne risque-t-il pas de glisser du langage de la tendresse à celui de la passion [1] ?

Dans *Un souvenir d'enfance de Léonard de Vinci*, Freud expliquait que « tout le monde, même l'être le plus normal,

---

1. S. Ferenczi, con*fusion de langue entre les adultes et l'enfant*, in *Œuvres complètes*, *Psychanalyse IV*, Paris, Payot, 1990, p. 125-135.

est capable du choix homosexuel de l'objet, l'a accompli à un moment donné de sa vie, puis, ou bien s'y tient encore dans son inconscient, ou bien s'en défend par une énergique attitude contraire [1] ». Léonard de Vinci va aimer les garçons à la façon dont sa mère l'aima dans sa prime enfance. Du fait du refoulement, il sera fidèle à son amour pour elle, il fuira la compagnie des femmes qui auraient pu le rendre infidèle. Freud décrit son attitude chaste vis-à-vis de ses élèves choisis pour leur « beauté frappante ». « Il était bon et indulgent envers eux, s'occupait d'eux, les soignait lui-même, quand ils tombaient malades, comme une mère soigne ses enfants et comme sa mère dut le choyer lui-même [2]. » Selon Lacan, Léonard de Vinci donne l'impression d'« une paternité de rêve. Il a protégé, patronné quelques jeunes gens qui sont passés dans sa vie, plusieurs, sans pourtant qu'aucun attachement majeur n'ait vraiment marqué son style [3]. »

À plusieurs reprises les hommes qui demandent à adopter ont signalé des liens de cet ordre avec des enfants livrés à eux-mêmes ; ils font penser à une relation de grand à petit frère, de tuteur à protégé, de répétiteur à élève, d'oncle à neveu ou nièce. Pourquoi ne pas rester dans ces registres, est-il nécessaire de recourir à la filiation qui renvoie à une paternité sans désir pour une femme ?

Il semble que ces quelques hommes rêvent d'une paternité idéale qui viendrait parer à la conséquence d'une orientation de leur désir vers une femme parfaite, irréelle. Ils veulent une progéniture sans aucun lien avec une femme rendue mère. Adopter dans le contexte actuel est une

---

1. S. Freud, *Un souvenir d'enfance de Léonard de Vinci*, Paris, Gallimard, Idées, 1977, p. 92.

2. *Ibid.*, p. 83.

3. J. Lacan, *Le Séminaire*, livre IV, *La Relation d'objet*, Paris, Seuil, 1993, p. 432.

manière de parade, de protestation qui passe souvent par une identification maternelle. Guillaume Apollinaire, en 1903, dans sa pièce *Les Mamelles de Tirésias*, traitait de l'idée, alors nouvelle au théâtre, d'un repeuplement par des filles-pères puisque les femmes ne voulaient plus faire d'enfants. En France, à cette époque, on ne faisait, selon lui, pas assez l'amour ! Doit-on assimiler l'adoption par des hommes célibataires à une version revue et corrigée de ce drame surréaliste ?

4. Adoption et démariage

La vie amoureuse et sexuelle fait partie des événements intimes. Les incertitudes du lien conjugal tiennent à l'évolution des mœurs. La filiation des enfants passe par un acte judiciaire quand elle est adoptive. La jonction des choix de la vie privée et des règles de l'alliance et de la filiation devient cruciale, ainsi que nous venons de le voir. L'articulation de l'officieux et de l'officiel, de l'individuel et du collectif s'accentue à propos de l'enfant. La représentation de la famille se modifie au point que le mariage ou l'union libre devient secondaire. Les liens du couple se privatisent et l'impossibilité d'adopter sans être conjoints par le mariage heurte : « Vous voulez nous obliger à nous marier ! »

L'historien Georges Duby a étudié la mise en place de l'institution matrimoniale dans l'Europe christianisée il y a bientôt dix siècles. « C'est par l'institution matrimoniale, par les règles qui président aux alliances, par la manière dont sont appliquées ces règles, que les sociétés humaines, celles mêmes qui se veulent le plus libres et qui se donnent l'illusion de l'être, gouvernent leur avenir, tentent de se perpétuer dans le maintien de leurs structures, en fonction d'un système symbolique, de l'image que les sociétés se font de leur propre perfection. Les rites du mariage sont institués pour assurer dans l'ordre la répartition des femmes entre les hommes, pour discipliner autour d'elles la compétition masculine, pour officialiser, pour socialiser la procréation. Désignant qui sont les pères, ils ajoutent une autre filiation à la filiation maternelle seule évidente. Ils distinguent des autres les unions licites, ils attribuent aux enfants qui en naissent le statut d'héritiers, c'est-à-dire des ancêtres, un nom, des droits. Le mariage fonde les relations de parenté, il fonde la société tout entière. Il forme la clé de voûte de l'édifice social [1] », écrit-il . L'ébranlement se ressent de ce que la filiation n'est plus démontrée par le mariage. En tant qu'institution, le mariage a cessé de prévaloir et se distingue d'autant plus de l'institution familiale.

Il y a déjà un siècle, en 1892, Durkheim décrivait « un type familial nouveau [2] », différent de la famille patriarcale et de la famille paternelle. « Puisque les seuls éléments permanents en sont le mari et la femme, puisque tous les enfants quittent tôt ou tard la maison [paternelle] », il proposait de l'appeler la « famille conjugale ». Elle « résulte d'une contraction de la famille paternelle ». Le couple conjugal est plus éphémère que la famille, « la société conjugale se dissout par la mort à chaque génération » et par le divorce.

Aujourd'hui, famille et filiation sont dissociées, dissociables. La famille se désorganise et n'est pas la condition unique de la parenté. Instituée ou pas, séparée, recomposée, monoparentale, elle ne suppose pas forcément le couple d'un homme et d'une femme. Famille et filiation ne se recouvrent pas systématiquement, la preuve nous en est fournie dans ces demandes de filiation unilinéaire adoptive,

1. G. Duby, *Le Chevalier, la femme et le prêtre*, Paris, Hachette 1981, p. 23.

2. E. Durkheim, *Textes 3. Fonctions sociales et institutions*, Paris, Éditions de Minuit, 1975, p. 35-49.

« parenté artificielle » par excellence, pour reprendre l'expression de Durkheim. Le ressort singulier pour chacun sera à approfondir et à replacer dans le contexte d'un remaniement du rapport entre famille, mariage et organisation sociale.

« Le mariage n'est plus consubstantiel à l'univers humain de nos sociétés, il est devenu une expérience subjective ; le choisir ou le rompre relève de la conscience individuelle [1]. » Ce mouvement de privatisation du lien de couple, la sociologue du droit qu'est Irène Théry le nomme « démariage ». Avec une adoption unilinéaire la relation maternelle ou paternelle se négocie au sein d'un couple, au gré des amours de celui qui a la responsabilité légale de l'enfant. Ce couple, disons « marital », dont l'un serait parent par la loi et l'autre uniquement par le cœur, illustre un effet du démariage. Au sein d'une famille naturelle, une place symbolique, non instituée par la parenté, est offerte à la convenance du parent qui adopte seul. L'enfant sera inscrit, au nom d'une liberté personnelle, dans une suite de générations, décomplétée dès le départ d'une lignée. Dans une telle configuration le lien de filiation est sacrifié « au nouvel idéal de conjugalité ». Comme le souligne Irène Théry, il y a là « une responsabilité qui est une responsabilité sociale, qui concerne le droit et la façon dont nous le pensons, et plus généralement notre univers de références normatif consistant à voir que les relations les plus intimes, les plus privées, s'inscrivent dans un horizon de sens [2] ». Quel sens donner à ce type de démarche ?

En 1966, le législateur ne souhaitait pas spécialement augmenter le nombre de familles dites « monoparentales ».

1. I. Théry, *Le Démariage*, Paris, Odile Jacob, 1993, p. 14.

2. I. Théry, « Le démariage et la perte du symbolique », in *La Famille entre choix et destin*, Supplément au n° 16 de con*fluents*, publication de l'ACF-IDF, juin 1995, p. 44-52.

A priori, il ne considérait pas non plus une telle famille comme « mieux que rien ».

L'augmentation des demandes indique une tendance à disjoindre les liens entre l'amour, les relations sexuelles et l'enfant. Que signifie être père ou mère sans nécessairement se confronter à la rencontre avec l'autre, aux incertitudes de l'amour, aux concessions inévitables, aux aléas du désir, aux éventuelles ruptures ? La disjonction entre femme/mère et entre homme/père s'accentue : on peut devenir père, mère « en solitaire », « parents au singulier [1] ». L'importance attachée à la filiation, aux alliances inscrites selon les lois de la parenté décline. Dans ce sens il s'agit de la manifestation d'un symptôme moderne.

Les aspirations de ces célibataires et de beaucoup d'autres montrent à l'évidence que les fonctions décrites par Georges Duby ne se condensent plus dans le mariage. Elles s'éparpillent, se redistribuent dans l'espoir d'une pérennité que le « couple conjugal » ne garantit plus. Réduites à leur plus simple expression, à leur forme la plus contractée, dont le chef est le plus souvent une femme, les familles se constituent en solo. Remarquons avec le linguiste Émile Benveniste que « les termes de parenté se rapportent à l'homme ; ceux qui intéressent la femme sont peu nombreux, incertains et de forme souvent flottante [2] ». Pourquoi cette pauvreté du vocabulaire pour la parenté de la femme dans les langues indo-européennes ? Les fonctions masculines prédomineraient dans la famille. Mais surtout, la femme quitte son père et sa mère et entre dans le clan de sa belle-famille : « Il s'institue dès lors entre elle et la famille de son mari des relations qui demandent une

1. *Autrement*, n° 134, *Parents au singulier, monoparentalités : échec ou défi ?*, 1993.

2. E. Benveniste, *Le Vocabulaire des institutions indo-européennes*, Paris, Éditions de Minuit, 1993, t. I, p. 205.

expression » (beau-père/belle-mère). Elle « contracte des relations distinctes avec le père, la mère, les frères, les femmes des frères [1] », de son mari. Celui-ci n'emploiera pas de terme spécifique pour désigner les parents de sa femme, avec lesquels il ne cohabitera pas : « Il se contente, pour les caractériser, du terme général "apparenté", "allié", qui leur convient indistinctement [2]. » Enfin, à propos du statut de la mère et de la filiation matrilinéaire, le linguiste cite « un indice du rôle juridique effacé de la mère dans la société indo-européenne [...], l'absence d'un *matrius* en face de *patrius* [3] ». *Patrius* dérive de *pater*, or pour *mater* le corrélatif n'existe pas, *maternus* n'est pas symétrique. En droit romain le père et la mère n'occupaient pas des positions égales. Faudrait-il un nouveau vocable pour désigner le statut unilinéaire du parent adoptant seul ?

En 1938, le psychanalyste Jacques Lacan citait, parmi les formes familiales les plus diverses, les « formes les plus décadentes du ménage instable [4] » dont la famille monoparentale est un effet. Il soutenait qu'à l'intérieur de la famille les relations de parenté, si complexes soient-elles, ont un sens et que la famille s'accomplit dans le mariage. Les demandes d'adoption en solitaire émanent de sujets qui n'ont pu consentir à l'alliance que scelle le mariage. Par choix ou à défaut ils lui préfèrent une parenté sans alliance. L'adoption permet à ceux et celles dont l'idéal de couple conjugal n'a pas trouvé à se satisfaire d'établir une parenté, d'où l'engouement dont elle est l'objet.

Socialement le désir d'enfant prend de nouvelles voies. La tendance indique un mouvement vers la mère seule ou

1. *Ibid.*, E. Benveniste, *op. cit*, p.208
2. *Ibid.*
3. *Ibid.*, p. 217.
4. J. Lacan, *Les Complexes familiaux*, Paris, Navarin, 1984, p. 73.

le père seul. L'adoptant fait l'hypothèse que le parent absent sera imaginé à partir des « images » proposées. Malgré son absence physique l'autre parent a une présence fantasmatique, il est fortement idéalisé. Le refuge, le réconfort d'un tandem parent/enfant s'accompagne d'une satisfaction à vouloir tout faire et tout seul. D'autant que la loi ne l'interdit pas : « Je ne vois pas ce qui m'empêcherait d'en profiter. » Cette possibilité légale vient donner consistance et légitimité au rêve d'une parenté, d'une famille due à soi seul. Pourtant, les recours fréquents et rapides à une deuxième adoption tiennent au risque pressenti d'une relation exclusive et dévorante. Une constante demeure : il faut se mettre à l'abri des contingences de l'amour et ne pas consentir à former un couple, c'est-à-dire rejeter la sexualité pour ne pas être un objet de jouissance pour l'autre. L'enfant reste un enfant du fantasme d'un seul adulte. Un autre parent imparfait mais réel ne viendra pas compléter ce groupe familial, à moins d'une rencontre et d'un changement de la position du parent qui a adopté. De ce fait, sur le plan juridique, la sécurité d'une double filiation n'est plus assurée à l'adopté.

L'insémination artificielle est récusée par éthique. Secondairement, les raisons liées aux explications à donner entrent en ligne de compte : « Je ne me vois pas lui expliquant cette histoire de spermatozoïde… un enfant ne peut être que le fruit d'une relation d'amour, sinon cela n'a pas de sens, ni pour lui ni pour moi. »

Comme le remarque la psychanalyste Geneviève Morel, « il serait tentant de réduire ce phénomène à un refus individuel, hystérique, de l'homme et de la loi paternelle ». Cette dimension ne doit pas être exclue mais peut aussi se déchiffrer comme un phénomène de société. À la thèse sociologique du « démariage », nous ajoutons avec Geneviève Morel celle, psychanalytique, d'une « désunion en ses composants de ce que rassemblait autour du père l'Œdipe freudien : l'enfant, la jouissance sexuelle, l'amour [1] ». Rappelons l'hypothèse générale déduite des cures. La petite fille, déçue de n'avoir pas reçu un enfant du père, pour tourner en femme aimait un homme, substitut de ce père, afin d'obtenir de lui un enfant qui vienne combler son envie de pénis. Elle attendait de sa relation amoureuse et sexuelle des effets sur son désir et sa jouissance. C'était pour Freud, avec la virginité et la masculinité, un des destins de la féminité.

Aujourd'hui l'enfant est au rang des objets à disposition, à acquérir pour satisfaire tous les désirs. Il occupe dans la série des biens désirables une place de choix. Les résultats de la recherche génétique confortent l'idée que des vœux concernant son sexe, sa santé peuvent devenir des exigences. Avec l'insémination artificielle la femme obtient, dans certains pays, un enfant sans s'adresser à un homme. Dans l'adoption aussi ; la fameuse administration reste un passage obligé mais l'enjeu n'est pas de même nature ! Quels sont les effets sur l'adulte et sur l'enfant de la dissociation de l'amour et de la jouissance sexuelle ? Ce dernier n'est plus l'« enfant de l'amour », mais l'enfant de la volonté adoptive, derrière laquelle risque de disparaître le désir. Les insatisfactions, serait-ce à l'adopté, par sa présence en chair et en os, de les combler ? Les impasses de la relation avec un ou une partenaire sont éludées par un tour de passe-passe. L'adoption se présente comme une issue à la complétude introuvable avec l'autre sexe. Ce qui manque serait-il résorbé dans l'avoir de l'enfant ?

De la consolation des couples stériles à celle des femmes et hommes seuls en passant par celle des couples fertiles,

---

1. G. Morel, « Disjonction de l'Œdipe féminin », *La Cause freudienne*, n° 31, *Le Dire du sexe*, octobre 1995, p. 45.

l'institution adoptive évolue à travers les textes qui la définissent et l'autorisent. Les modifications varient en fonction du point de vue qui prime : l'accent porte soit sur les préoccupations des adultes, soit sur l'intérêt de l'enfant. Elles sont à resituer dans leur contexte historique et leur cadre juridique. Cette forme de filiation s'est adaptée aux aspirations de chaque époque. Son étude est pleine d'enseignements pour le psychanalyste comme pour le sociologue, ainsi que le soulignait Durkheim : « À un moment donné et chez un peuple déterminé, [elle] est ainsi un bon moyen de déterminer quelles sont, à ce moment et dans cette société, les fonctions essentielles de la parenté [1]. »

1. E. Durkheim, *op.cit.*, p. 60.

Deuxième partie

La filiation adoptive au fil du temps

Plusieurs choses gouvernent les hommes, le climat, la religion, les lois, les maximes du gouvernement, les exemples des choses passées, les mœurs, les manières, d'où il se forme un esprit général qui en résulte.

À mesure que, dans chaque nation, une de ces causes agit avec plus de force, les autres lui cèdent d'autant.

Montesquieu,

L'Esprit des lois.

Les dates marquantes des modifications législatives signalent l'évolution des finalités de l'adoption et l'accent mis sur les solutions apportées aux couples sans descendance, puis aux enfants sans famille. Un survol du passé montrera combien l'adoption moderne contient, comme en raccourci, les éléments culturels de la structure de la famille. En chemin se dégageront les données du contexte actuel et des ébauches de réponses aux interrogations qu'il suscite.

Aspirer à fonder une famille, rien de plus ancré chez la plupart de nos semblables. Pourquoi faut-il patienter des mois, des années avant de se voir confier un enfant en vue d'adoption ? Comment admettre que des orphelins, des enfants délaissés vivent dans des internats, des établissements à caractère social, alors que tant de foyers leur offriraient protection et tendresse au sein d'une famille ? Nos institutions sont-elles si mal adaptées, inadéquates ? Ne devrait-on pas encourager les bonnes volontés, faciliter les démarches en diminuant les « tracasseries » administratives et judiciaires ? Ces interrogations témoignent de la méconnaissance des rouages complexes régissant les différentes modalités d'intervention sociale. Ainsi aurait-on tendance à penser que le parent qui ne maintient que des liens ténus avec un enfant, élevé par d'autres, perd de ce fait toute autorité sur lui, ne le compte plus dans sa descendance. Il n'en est rien, à moins que la situation soit assimilable à un abandon de fait. En ce cas un jugement sera nécessaire pour qu'une filiation autre puisse être établie.

Chapitre I

Évolution des finalités de l'adoption

I. La parenté

La parenté n'existe que pour les êtres humains, vivant en société, afin qu'ils se perpétuent à travers l'enfant. Le système de parenté définit des termes qui correspondent aux différents liens familiaux. L'adoption est une des modalités de la filiation légitime. Il nous faut donc considérer cette institution comme une particularité juridique du cas général. Elle relève du droit qualifié « improprement », selon Durkheim, de « privé et qui, en réalité, règle les rapports des fonctions sociales diffuses ou, autrement dit, la vie viscérale de l'organisme social [1] ».

Les lignées se tissent au fil des naissances, des alliances et des décès. La loi primordiale de l'interdit de l'inceste, à partir de la famille biologique, maintient l'ordre, la succession des générations. Elle règle les alliances et donne ainsi à la parenté un caractère de lien social. Comme l'a mis en évidence l'anthropologue Claude Lévi-Strauss, une structure de parenté n'existe que si trois types de relations de la

1. E. Durkheim, *De la division du travail social*, Paris, PUF, 1973, p. 184.

société humaine se trouvent réunis : une relation de consanguinité, une relation d'alliance, une relation de filiation. Cette structure est un langage, dans la mesure où s'y nouent l'ensemble des opérations qui assurent le lien entre le groupe et l'individu. Rappelons avec l'anthropologue qu'une « structure de parenté vraiment élémentaire – un atome de parenté, si l'on peut dire – consiste en un mari, une femme, un enfant et un représentant du groupe dont le premier a reçu la seconde [1] ». Le lien de parenté unit deux lignées. La nomination du lien les unissant, c'est-à-dire le fait de transmettre un nom propre, est une symbolisation. Elle est la condition nécessaire pour qu'un enfant trouve une place dans l'institution humaine qu'est la famille. En ce sens, ainsi que le soulignait le psychanalyste Éric Laurent, « les institutions qui viennent en place de la famille peuvent elles aussi avoir des structures extrêmement variées et toutes, chacune à leur façon, venir à faire suppléance à un aspect des fonctions de la famille. Car il n'y a pas d'enfant sans institution [2] ». Remarquons avec Lévi-Strauss : « Un système de parenté ne consiste pas dans les liens objectifs de filiation ou de consanguinité donnés entre les individus ; il n'existe que dans la conscience des hommes, il est un système arbitraire de représentations, non le développement spontané d'une situation de fait [3]. » L'absence de descendance entraînerait un arrêt de la lignée, l'adoption en rétablit la continuité sans engendrement.

Des liens fictifs peuvent se substituer aux liens du sang. Au départ ils sont institués légalement et artificiellement, ce qui n'exclut pas ensuite l'affection filiale. D'une manière

---

1. Cl. Lévi-Strauss, *Anthropologie structurale*, Paris, Plon, 1985, p. 88.
2. É. Laurent, « Institution du fantasme, fantasmes de l'institution », *Les Feuillets du Courtil*, n° 5, 1992, p. 11.
3. Cl. Lévi-Strauss, *op. cit.*, p. 68.

exemplaire, ils mettent en évidence la prédominance de la culture sur la nature : l'adoption est un phénomène culturel par excellence. Or, paradoxalement, il apparaît à beaucoup qu'« il n'y a rien de plus naturel » qu'adopter. Rien de plus naturel ? Autant dire que la définition de la nature est affaire de culture. Dans cette affirmation la suite, sous-entendue, serait sans doute : « Rien de plus naturel que de rendre heureux un enfant malheureux en l'accueillant à notre foyer. » La confusion règne entre l'accueil sans changement de filiation et le placement en vue d'adoption. Précisons : avant d'être l'éducation d'un enfant par une famille, ce qui serait aussi bien le fait des familles dites d'accueil, l'adoption établit un lien qui s'inscrit dans une généalogie. L'adopté, par cet artifice, prendra place dans une nouvelle parenté, dans l'ordre des générations d'une famille donnée par le hasard.

Secondairement cela implique d'en assumer la responsabilité jusqu'à la majorité. Filiation et éducation ne sont pas du même registre même si, le plus souvent, elles se superposent lorsque la personne qui lui donne son nom élève aussi l'enfant. Il est fondamental de les distinguer et de ne pas gommer leur différence. L'ambiguïté, ou plutôt l'amalgame, vient de ce que plusieurs registres sont enchevêtrés. Les lois de la transmission dans notre société, aussi bien que les relations affectives et psychologiques entre adultes et enfants, sont complexes. Elles ne se recouvrent pas nécessairement.

2. De l'Antiquité à la Révolution française

Dès l'Antiquité, par un acte de nomination, sans avoir donc engendré, un homme pouvait être père, soit pour combler une place vide, soit pour marquer une préférence. Dans les cas de stérilité il appartenait à l'adopté de rétablir la chaîne des générations, mais il ne pouvait pas transmettre d'héritage, tant la lignée par le sang prédominait. À condition qu'il s'acquitte de sa dette en donnant un héritier, la famille adoptive l'intégrait.

À Rome le *pater familias*, tout-puissant, disposant d'un pouvoir arbitraire, décidait du lien parental en acceptant ou en refusant l'enfant de sa femme : était donc père celui qui consentait à l'être. Un récit messianique très renommé, datant de 1880, dont le cinéma rendit célèbre la figure populaire du héros, en donne une illustration [1].

À l'époque du Christ, à Jérusalem, le dernier descendant d'une famille juive, le prince Judas Ben Hur, affronte l'occupant romain. condamné aux galères, il en réchappe et sauve la vie du noble Quintus Arrius, vainqueur d'une bataille navale contre les pirates. Celui-ci, reconnaissant, l'adopte en ces termes : « Amis, voici mon fils et mon héritier ; et puisqu'il doit entrer dans tous mes biens, si les dieux consentent à ce que je laisse quelque chose, il portera désormais mon nom. Je vous demande d'avoir pour lui l'affection que vous avez pour moi [2]. » Il devient ainsi « fils d'Arrius » et à ce titre participe aux courses de chars. Cette filiation lui permettra de revenir à Jérusalem, de retrouver les siens et, en gagnant la course contre Messala, d'assouvir sa vengeance envers cet ami d'enfance, devenu un ennemi injuste.

L'adoption, fait de l'élite, remplissait plusieurs fonctions. Une fonction religieuse : elle assurait la continuité du culte sacré des ancêtres. Une fonction patrimoniale : elle assurait par le nom et l'héritage la continuité de la transmission. Enfin, une fonction sociale : elle assurait un citoyen à la cité. Aujourd'hui elle remplit encore ces fonctions : la continuité dans la transmission des valeurs et des biens, l'ouverture sociale à celui qui vient d'ailleurs.

1. *Ben Hur*, film américain de 1959 de William Wyler.
2. L. Wallace, *Ben Hur*, Paris, Presses Pocket, 1984, p. 156.

Du Moyen Âge à la Révolution on recourt peu à l'adoption qui ne constitue pas une institution organisée. Des pratiques d'affiliation rétablissent l'égalité entre enfants de différents mariages, des actes notariés « baillent » les enfants pauvres à des gens de bien, des tuteurs recueillent des orphelins, des maîtres des apprentis [1]. Les révolutionnaires la remirent à l'ordre du jour et la pensèrent comme un moyen de diviser les fortunes en proposant des héritiers supplémentaires, les enfants pauvres, à ceux qui en avaient de légitimes. Cette idée d'un partage des richesses, biens matériels, trouve un écho dans les motivations de ceux qui veulent qu'un enfant déshérité profite de leur niveau de vie et qu'ainsi les leurs apprennent, sous cette forme moderne de la bienfaisance, la générosité.

3. L'adoption dans le Code civil

Elle fut prévue par le Code civil de 1804 et considérée comme une filiation d'imitation, selon l'idée ancienne d'un acte qui imite la nature. Bonaparte joua de son influence : il voulait éviter un divorce et saisir l'opportunité de faire du fils de Joséphine de Beauharnais son héritier. Adoption plutôt d'intérêt, elle ne mettait pas en avant l'intérêt de l'adopté au sens actuel. D'autant moins qu'on ne pouvait adopter qu'un individu majeur, soigné et secouru durant au moins six années de son enfance. Celui-ci devait pouvoir décider lui-même de son avenir et signer un contrat. La filiation d'origine n'était pas rompue, c'est encore le cas dans notre actuelle adoption simple. Un lien établi depuis des années trouvait ainsi une reconnaissance sociale, une inscription. Aujourd'hui en France, vestige de cette condition, la durée de placement chez les futurs parents, avant le jugement qui consacre l'adoption, est de six mois.

1. J. Carbonnier, *op. cit.*, p. 555.

D'autres législations prévoient des délais d'un, deux ou trois mois, ce qui explique les séjours parfois prolongés à l'étranger. Remarquons surtout qu'à la place d'une véritable connaissance réciproque, prudent préalable à un tel engagement, l'exigence du rapide et du définitif désormais prévaut. Le recours systématique à l'adoption plénière, relativement récente, en est le signe.

Depuis toujours les sociétés se sont préoccupées de l'abandon et de ses conséquences, ainsi que des naissances illégitimes, c'est-à-dire hors mariage. C'est pourquoi on distingue la filiation naturelle de la filiation légitime dont fait partie celle qui nous intéresse ici. Dans l'adoption, le droit établit, entre une personne qui le demande et une autre qui l'accepte, un rapport de père ou de mère à enfant. Elle peut être celle d'un adulte par un adulte, c'est ce qu'elle fut exclusivement jusqu'en 1923. L'exigence de plusieurs années de soins et de vie sous le même toit disparaîtra du fait des solutions difficiles à trouver pour les pupilles de la nation après la guerre de 1914-1918 : un mineur pourra être adopté. L'élargissement de l'institution devait consoler la douleur des parents qui avaient perdu leur fils unique sur un champ de bataille et voulaient élever à leur foyer un orphelin de guerre. Elle devait présenter de « justes motifs » et des avantages en découler pour le bénéficiaire. Le placement des enfants en vue d'adoption et le transfert de la puissance paternelle sont donc relativement récents.

4. La loi de 1923 : l'adopté rajeunit

Grâce à la loi du 19 juillet 1923 l'adopté rajeunit, ses parents aussi, puisque de cinquante ans, leur âge minimum est abaissé à quarante. À cet âge, l'espoir d'avoir encore des enfants n'a pas disparu, même s'il est moins vif, et la maturité d'esprit nécessaire pour diriger l'éducation de l'adopté est estimée acquise, lit-on dans les débats parlementaires précédant le vote. La question de fond à laquelle chacun habituellement répond en mettant en avant le bonheur de l'enfant sera publiquement posée. Pourquoi rendre possible l'adoption des mineurs ? Pourquoi adopte-t-on un enfant ? Un parlementaire résumait ainsi très bien son rôle de bâton de vieillesse : « Ce que veulent les gens qui souffrent de leur isolement, c'est adopter un enfant jeune, qui sera leur propre enfant, qu'ils élèveront, doteront et qui consolera leur vieillesse [1]. » Rien d'étonnant à ce que les demandes actuelles se fassent l'écho de tels propos.

Mais la loi ne prévoyait pas et ne peut prévoir de limite supérieure puisqu'un adulte, quel que soit son âge, doit pouvoir adopter un adulte. Et, si elle impose une différence d'âge minimum, en France de quinze ans, elle n'en prévoit pas de maximum. Lors des débats préparatoires à la loi du 5 juillet 1996, il fut suggéré un écart d'âge maximum de quarante-cinq ou cinquante ans entre le parent le plus jeune et l'adopté. Ces limitations ne furent pas retenues, dans l'espoir que des personnes mûres ouvrent leurs foyers à des grands ou à des handicapés. Rien ne s'opposerait, théoriquement, à ce qu'un homme et une femme de quatre-vingts ans adoptent un nouveau-né. Jeu avec le temps : maternité hors temps, à contretemps, à tous les temps ? On voit là combien les questions soulevées rejoignent celles débattues par les comités d'éthique à propos des procréations médicalement assistées.

Tant que l'adopté était un majeur il engageait sa liberté individuelle en donnant son consentement en vue d'établir ce lien de filiation. Désormais, le choix du consentement concerne les géniteurs, s'ils existent, quand l'adopté est mineur. En 1923 il était donc très largement question de

1. E. Lévy, *Lois et décrets, Rapports et discussions législatives*, 8e cahier, IVe partie, 1923, p. 58.

l'indispensable préalable, à savoir le consentement à l'adoption donné par les parents biologiques.

À partir de ce moment-là, l'institution se modifie complètement : ce n'est plus un adulte, un héritier à trouver pour une famille, mais l'idée que les orphelins doivent trouver de nouveaux parents. On se place du point de vue de celui auquel manque un milieu familial où grandir. Depuis, la formule « une famille pour un enfant » est devenue le leitmotiv de toutes les œuvres et associations.

Par le décret-loi du 29 juillet 1939, ou Code de la famille, la légitimation adoptive, préfiguration de notre adoption plénière, sera instituée. Elle résultera d'un contrat homologué par le tribunal. En 1958, elle ne relèvera plus que du seul acte judiciaire. Irrévocable, elle consacrera la rupture de la première filiation qu'elle effacera complètement. On saisit, au fil des modifications législatives, les profonds remaniements qui conduisirent cette institution à sa forme actuelle : la reconnaissance de la prévalence des liens culturels sur les liens du sang et l'appellation « familles adoptives » pour les distinguer de celles dont le fondement est biologique.

5. L'affaire Novack

Dès l'après-guerre, les couples sont nombreux à attendre de se voir confier un enfant, tandis que le nombre de ceux proposés en adoption diminue. Dans l'opinion publique, un conflit entre parents et adoptants aura un profond retentissement : l'« affaire Novack », qui occupera longtemps la une des journaux et déchaînera les passions. Elle mettra en évidence le fait que l'adoption n'est possible que si l'enfant est orphelin, ou, lorsque ce n'est pas le cas, si les parents y consentent. Elle ne saurait être un but en elle-même. Il faut que des parents par le sang aient abandonné leurs prérogatives dans un acte qui les engage définitivement. Cette affaire illustre aussi combien, hors des liens du mariage, la place du père dépend de la volonté maternelle. Elle illustre enfin combien, comme dans le jugement de Salomon, rapporté dans l'Ancien Testament [1], l'amour maternel peut prendre différents visages.

La légende a retenu, parmi les jugements rendus par le roi Salomon, celui, fameux, concernant la revendication d'un enfant par deux femmes de mauvaise vie qui vivent sous le même toit. Le litige porte sur l'identité de l'enfant dont chacune prétend être la mère. Elles ont toutes deux mis au monde, à trois jours d'intervalle, un garçon. Une nuit, l'une se réveille et découvre le corps sans vie de son enfant couché à ses côtés. Elle l'aurait étouffé à son insu en dormant. En y regardant de plus près, elle s'aperçoit que ce n'est pas le sien mais le nourrisson de l'autre femme. Elle accuse alors celle-ci d'avoir subrepticement substitué son bébé mort au sien, bien vivant. Elles se disputent devant le roi l'enfant en vie. Comment découvrir la vérité ? Salomon possède un savoir transmis par Dieu, il ordonne : « Partagez l'enfant vivant en deux et donnez la moitié à l'une et la moitié à l'autre. » Comme le souligne le doyen Carbonnier, « ne pas réclamer l'enfant vivant était reconnaître pour sien l'enfant mort [2] », et s'avouer coupable d'une imprudence assimilable à l'infanticide puni de la peine de mort. L'appel à l'amour maternel fait renoncer l'une, « ses entrailles sont émues », et elle s'écrie : « Qu'on lui donne l'enfant, qu'on ne le tue pas ! » L'autre est piégée, elle ne consent pas à faire de l'enfant autre chose qu'un objet à posséder coûte que coûte : « Il ne sera ni à moi ni à toi, partagez ! » Salomon était sage et on loua fort son équité, c'est-à-dire son intelligence à faire tressaillir les entrailles de l'une d'elles. Le jugement en découle : « Donnez l'enfant à la première. C'est

1. I Rois, III, 5 et suiv. ; II Chron, I, 1.
2. J. Carbonnier, *Flexible droit*, Paris, LGSD, 1979, p. 361-372.

elle la mère. » Cet épisode demeure dans les mémoires à cause de l'intensité dramatique de la scène, mais aussi à cause d'une indication fondamentale. Le cas particulier éclaire quelque chose d'universel : est mère de l'enfant en vie celle qui aurait préféré le perdre plutôt que de le voir mourir ; est mère celle qui consent à ne pas considérer son enfant comme son objet.

Laquelle est la mère ? Qu'est-ce qu'une mère ? Les démêlés d'une famille adoptive avec la famille naturelle qui défrayèrent la chronique dans les années cinquante ravivèrent la question, témoignant de la passion suscitée non par une substitution d'enfant mais par une éventuelle restitution.

Quelques jours après sa naissance, en octobre 1954, un nouveau-né est abandonné par sa mère qui n'aurait pas donné son identité. Il devient pupille de l'État. Les époux Novack, auxquels il est confié, demandent en mai 1955 à l'adopter ; la légitimation adoptive est prononcée en octobre 1955, comme le veut la procédure. Mais le père naturel, M. Genilloud, ignorant la date de la naissance, avait, deux jours après celle-ci, fait une « reconnaissance de l'enfant ou des enfants à naître de Josette Simon ». Son amie l'avait quitté, il ne savait où elle se trouvait. Il apprend en décembre 1954 la naissance d'un petit Didier et son placement en vue d'adoption. Deux ans plus tard, il épouse la mère de Didier. En octobre 1956, à sa demande d'informations il est répondu que l'enfant a été adopté. En mars 1957 les époux Genilloud s'opposent au jugement qui avait prononcé la légitimation adoptive. Celle-ci est déclarée bien fondée en 1958, mal fondée en 1960 et il est décidé que l'enfant s'appellera Didier Genilloud. Finalement, en 1964, l'opposition du couple Genilloud au jugement de légitimation adoptive est considérée comme recevable, mais mal fondée. La remise de Didier Novack à la mère adoptive, entre-temps divorcée, est confirmée. Enfin, en 1966, le pourvoi en cassation des époux Genilloud est rejeté, l'affaire classée. Elle n'aura trouvé une conclusion qu'après plus de dix ans de procédure.

Notons tout d'abord que, si la mère n'avait pas fourni d'éléments identifiants, la filiation n'aurait pas dû pouvoir être prouvée ; sinon, comment la police aurait-elle retrouvé la trace du pupille en question ? D'une certaine manière cette possibilité pour la femme de soustraire l'enfant au géniteur est une des conséquences d'une réduction de la place laissée au père présumé. Ce qui est nouveau, ce n'est pas que seule la mère sache et dise (ou pas) qui est le père. Ce qui est nouveau c'est plutôt, comme le développe l'historienne Yvonne Knibiehler, « l'embarras de nos institutions patriarcales » devant le « père évincé [1] ». La volonté de femmes de plus en plus nombreuses à vouloir décider seules de la filiation est à signaler au passage. Comme l'illustre l'affaire Novack, si les délais légaux de rétractation, de reconnaissance, de placement en vue d'adoption sont dépassés, le jugement d'adoption plénière prononcé, les choses sont irrévocables.

Lors du pourvoi en cassation, les avocats déployèrent des arguments qui méritent réflexion. Celui de M. Genilloud faisait valoir que, malgré des hésitations en 1955, son client n'avait jamais voulu, au sens juridique du terme, abandonner l'enfant : il s'agissait d'un désintérêt provisoire. Il insistait sur « l'attitude émouvante de ce jeune étudiant qui a pris soudain conscience de ses responsabilités d'homme et de père ». Il estimait que l'adoption n'assurait pas là un foyer « puisque Mme Novack, divorcée, vit seule, repliée sur elle-même ». C'était considérer qu'un parent élevant seul son enfant ne lui propose pas le contexte

1. Y. Knibiehler, *Les pères aussi ont une histoire*, Paris, Hachette, 1987, p. 266.

le plus favorable. Il sous-entendait aussi qu'à un enfant abandonné il fallait, encore plus qu'à un autre, une vie familiale et sociale avec un couple parental. Il proposait que le couple Genilloud suive de loin l'évolution de Didier, s'engage à laisser l'ex-Mme Novack l'élever et se contente d'exercer un droit de visite.

L'avocat proposait un compromis correspondant à notre actuelle adoption simple, c'est-à-dire à l'adoption du Code napoléonien. Elle n'entraîne pas une coupure radicale avec la famille d'origine. Les liens avec celles-ci sont distendus mais la substitution d'une lignée à l'autre n'est pas totale. L'adopté peut porter les deux patronymes, hériter des deux côtés.

L'avocat défendant la mère adoptive plaida le caractère définitif de l'abandon par la mère et la certitude de l'adoption par des tiers. L'avocat général conclut au rejet : « M. Genilloud n'avait rien fait pendant près de deux ans. » Il admettait la cruauté de la décision : « Mais la solution inverse ne causerait-elle pas une douleur égale ? Elle est certainement conforme à l'intérêt de l'enfant. Peut-on changer celui-ci de vie et de milieu à douze ans pour le donner à des parents qu'il ne connaît même pas ? Nous reconnaissons que le véritable but de l'adoption n'est pas ici parfaitement atteint puisque Mme Le Floch a divorcé. Mais quelle serait la condition de cet enfant au foyer de ses parents par le sang ? L'attitude de la mère est incompréhensible. Elle semble avoir répudié son fils et n'être intervenue que contrainte et forcée, poussée par son mari. Cet enfant a été, à l'origine, la cause d'un grave dissentiment entre ses parents. Ne serait-il pas aujourd'hui un intrus chez eux ? Bref tout concourt à mettre un point final à cette douloureuse affaire. Souhaitons que les époux Genilloud le comprennent. D'autre part cette solution correspond à l'intérêt de la société que je représente. Car les familles adoptantes ont besoin d'être assurées qu'elles n'auront pas à regretter leur geste [1]. » La réglementation de la légitimation adoptive comportait des imprécisions à l'origine du litige. Les répercussions de ces conflits et des débats se feront immédiatement sentir, influençant le vote des lois suivantes qui tendront à éviter des contentieux dramatisés entre parents et adoptants. Elles insisteront sur l'aspect irrévocable, la substitution totale de la seconde filiation à la première, pour éviter toute contestation. C'est tout particulièrement le cas de la loi du 11 juillet 1966.

6. Les effets de la nouvelle législation

De nouvelles mesures seront prises afin de simplifier les procédures, d'éviter les conflits : la légitimation adoptive prend le nom d'adoption plénière (irrévocable), l'adoption traditionnelle celle de simple (révocable). C'est en 1966 que la condition d'âge est abaissée pour les couples à trente ans et/ou cinq ans de mariage. La loi garantit le droit des familles d'origine et celui des familles adoptantes. L'adoption plénière par un célibataire de plus de trente-cinq ans est admise.

Selon l'article 346 du Code civil : « Nul ne peut être adopté par plusieurs, si ce n'est par deux époux. » Or en 1923 le principe de l'adoption unique avait été discuté : « Plusieurs membres de la Société d'études législatives auraient voulu permettre au père et à la mère d'un enfant naturel qui ne peuvent se marier d'adopter l'un et l'autre cet enfant [2]. » La proposition fut rejetée. On fit valoir « le caractère choquant d'une situation où l'enfant naturel

1. *Le Monde*, 11-12-13 juin 1966.

2. E. Lévy, *Lois et décrets, Rapports et discussions législatives, op. cit.*, p. 257-262.

serait ainsi assimilé à un enfant légitime à la fois vis-à-vis de son père et de sa mère, sans que ceux-ci soient mariés ».

Rappelons que la « filiation sanguine » peut être naturelle ou légitime. Lorsque, au moment de la conception ou de la naissance, les parents sont mariés, l'enfant est légitime, sinon il est dit naturel ou illégitime parce que né hors mariage. La filiation naturelle peut être simple, adultérine ou incestueuse [1]. L'assimilation des filiations qui choquait les mentalités des années vingt demeure non pas seulement réprouvée par une morale petite-bourgeoise mais inassimilable du fait que manque « le mariage des parents, l'acte public à quoi accrocher immédiatement une présomption de paternité [2] ». Cependant, au fil des modifications législatives, l'inégalité juridique entre enfants naturels et enfants légitimes a été supprimée afin de leur donner les mêmes droits. Depuis la loi de 1972, à part les enfants incestueux qui ne peuvent être reconnus que par un seul parent, tous les autres bénéficient des mêmes prérogatives que les enfants légitimes. L'enfant naturel est désormais assimilé à l'enfant légitime. Les effets de la filiation portent sur l'autorité parentale, la tutelle, la succession. L'enfant naturel vit souvent avec le couple non marié de ses parents et pas forcément dans une famille monoparentale.

L'« apparition d'un concubinage réfléchi [3] » a succédé à un concubinage forcé pour des raisons financières ou d'impossibilité de mariage quand un divorce n'est pas prononcé, par exemple. L'augmentation en un demi-siècle des naissances hors mariage, longtemps de 6 %, puis de 10 % en 1975, de 30 % depuis 1990, puis de 40 % du total des naissances en 1995, « s'explique par le déclin de la nuptia-

---

1. J. Hauser et D. Huet-Weiller, *Traité de droit civil*, Paris, LGDI, 1993, p. 450-451.
2. J. Carbonnier, *Droit civil*, *op. cit.*, p. 371.
3. J. Hauser et D. Huet-Weiller, *op. cit.*, p. 182.

lité au profit du concubinage [...], l'enfant naturel est à présent un enfant dont la naissance a été non seulement voulue » mais « voulue illégitime [1] ».

Cette évolution des mœurs fut prise en compte dans la proposition de la loi de 1966. L'intention du législateur s'affirme alors : « mettre le droit de l'adoption davantage en harmonie avec l'amélioration nécessaire de la condition humaine de l'enfance malheureuse ou abandonnée et la crainte des enfants adultérins au sein de la famille légitime [2] ». Le droit ne doit pas être en retard sur la vie « et l'intérêt de l'enfance abandonnée doit être élevé au-dessus de certains tabous dans le même temps où la nouvelle législation introduit une véritable filiation légitime hors mariage grâce à l'extension de l'adoption plénière désormais susceptible d'être demandée par un seul adoptant [...], la nouvelle loi constituera un texte moderne qui s'inscrit dans l'évolution de notre civilisation ». L'enfant légitime peut être l'enfant d'un seul parent. Autrement dit, jusqu'en 1966 un célibataire n'obtenait qu'une adoption simple, puisque « la légitimation adoptive était obligatoirement le fait de deux époux agissant conjointement [3] ». Le problème posé par la filiation naturelle trouvait là une nouvelle solution. La loi de 1972 rendit ensuite cette disposition caduque, mais il ne fut jamais question de revenir sur l'ouverture de l'adoption plénière aux célibataires. Avec elle la porte s'ouvrait à bien d'autres demandes que celle de l'adoption d'un enfant né hors mariage par son parent naturel, ainsi que nous l'avons fait valoir.

La question de l'« adoption unique » a été à l'ordre du jour pour les couples de célibataires unis, mais non

---

1. Hanser et D. Huet-Weiller, *op. cit*, p. 182.
2. *JO*, A.N., 2e séance du 14 juin 1966.
3. P. Salvage-Gerest, *op. cit.*, p. 86.

conjoints. Car le « Nul ne peut être adopté par plusieurs si ce n'est par deux époux [1] » est toujours valable. Quand cette donnée se heurte à un refus d'en passer par le lien social et symbolique que représente le mariage, chacun est renvoyé à une confiance aveugle en la parole de l'autre lui promettant qu'il sera bien le « papa » ou la « maman » de cœur puisque « l'important c'est l'amour ». L'enfant et celui qui n'adopte pas sont soumis à cette loi du cœur. Et finalement à l'arbitraire du cœur ; alors que, contrairement aux apparences, la loi protège de l'arbitraire, c'est-à-dire des abus de pouvoir, en organisant les droits et devoirs de chacun.

Peu à peu, la notion d'intérêt de l'enfant a commandé la création du lien de filiation, sa qualité, ses effets, l'intensité de la puissance paternelle. C'est avec la loi du 4 juin 1970 que la puissance paternelle devient autorité parentale, peu importe celui qui, du père ou de la mère, en exercera la fonction de protection [2]. Ils interviennent à égalité.

La réforme du droit de la filiation en 1972 instaurera l'égalité des droits entre la filiation légitime et la filiation naturelle. La paternité légitime relève donc de la volonté, mais peut échapper au géniteur si la mère, comme ce fut le cas pour Didier Novack, reconnaît l'enfant avant lui et si elle demande que son identité demeure secrète. L'enfant lui-même peut contester la paternité en cas de choix entre deux maris successifs de la mère. D'une certaine manière, à la puissance paternelle succède la puissance maternelle. La paternité peut rester le secret de la mère. Seule la certitude scientifique désigne le géniteur, confirmant ou infirmant

1. Article 341, alinéa 1 du Code civil.

2. Article 371-2 du Code civil : « L'autorité parentale appartient aux père et mère pour protéger l'enfant dans sa sécurité, sa santé, et sa moralité. Ils ont à son égard droit et devoir de garde, de surveillance et d'éducation. »

l'exactitude des propos de la femme : mais qui voudrait d'un spermatozoïde pour père ?

La loi du 22 décembre 1976 élargira l'adoption en supprimant la condition d'absence de postérité. Elle facilitera la possibilité judiciaire de déclarer un enfant abandonné. Signe des temps, elle reconnaîtra un droit à l'affection pour tout enfant. L'intention du législateur était, à cette époque, de permettre à ceux qui n'étaient plus des nourrissons, ou présentaient des difficultés particulières, d'être adoptés par des couples ayant une expérience parentale. Ces familles, déjà constituées, seraient plus à même de faire face aux réactions, aux exigences éducatives nécessaires. Ils devaient répondre aux situations, souvent très délicates, d'enfants dits « à particularités », terme contestable car il stigmatise aussi bien du fait simplement de l'âge, de la présence de frères et sœurs que du fait d'un handicap objectivable.

Cette modification n'atteint que très partiellement son but. Elle a plutôt accentué l'aspect choix dont nous avons déjà traité et contribué à l'engouement pour l'adoption d'enfants étrangers.

Depuis et jusqu'à la loi du 5 juillet 1996, il n'y eut plus de changements dans la législation mais un certain nombre d'effets. Chaque département doit engager rapidement un placement en vue d'adoption pour les pupilles de l'État. L'agrément administratif en vue d'adoption a été institué en 1984, réglementé en 1985. Un décret de 1989 a accentué le contrôle des œuvres d'adoption. Ce sont des intermédiaires : elles se voient confier des enfants en vue de leur adoption, au même titre que le service de l'aide sociale à l'enfance, ou bien sont en rapport avec des associations à l'étranger. constituées par des bénévoles, souvent parents adoptifs eux-mêmes, elles croulent sous les sollicitations et sélectionnent les demandes. Sur le plan international, la convention de New York relative aux droits de l'enfant, dans son article 21, recommande aux États de « s'assurer que l'intérêt supérieur de l'enfant est la considération primordiale en la matière [1] ». Enfin, la conférence de droit international privé de La Haye du 29 mai 1993 a réparti, pour l'adoption internationale, les responsabilités entre les pays d'origine et les pays d'adoption. Elle a proposé une convention qui concerne la coopération et la protection de l'enfant en matière d'adoption d'un État à l'autre. Elle met l'accent sur la nécessité d'établir des garanties afin que les droits fondamentaux qui lui sont reconnus en droit international soient respectés, ainsi que son intérêt supérieur.

7. La loi du 5 juillet 1996

Fruit d'une réflexion menée par le professeur et député Jean-François Mattei, cette loi n'a pas modifié les fondements de notre législation sur l'adoption. Il ne faut pas en attendre une augmentation significative du nombre d'enfants adoptables nés en France, ni un allégement des délais et procédures de l'adoption à l'étranger. Elle a introduit nombre de dispositions innovantes ayant pour objectif de favoriser la conclusion de l'adoption, de renforcer dans l'intérêt de l'adopté les précautions et de faciliter pour les adoptants la réalisation de leur projet. Elle accélère l'accès de l'enfant à l'adoption et en élargit la possibilité. Notamment, même adopté plénièrement, il peut pour des motifs graves faire l'objet d'une adoption ultérieure simple. L'idée étant que les parents aient la faculté, comme tous les parents, de signer un consentement à l'adoption afin que l'enfant trouve une autre famille si l'adoption s'avérait être un échec. L'adoption plénière demeure irrévocable.

On ne saurait « désadopter » totalement, rompre cette filiation selon son bon vouloir. L'expression « échec de

1. P. Salvage-Gerest, *op. cit.*, p. 7.

l'adoption » n'a, prise au pied de la lettre, pas de sens. Que serait un échec de la filiation ? Il arrive que les difficultés de part ou d'autres soient telles que vivre sous le même toit devienne pour tous intolérable, comme avec n'importe quel enfant. Le relais sera pris par d'autres si l'échec porte sur l'absence d'affection, ou sur des difficultés éducatives et relationnelles insurmontables. Mais il n'y a pas d'adoption à l'essai ni d'acte qui efface le jugement d'adoption : ce dernier est constitutif. Aussi, étant donné l'importance de l'enjeu psychologique pour les adoptants et les enfants adoptés, on peut se demander avec la juriste Jacqueline Rubellin-Devichi « s'il ne serait pas opportun, tout en maintenant la distinction adoption simple/adoption plénière, dont chacune a sa finalité, d'éviter que l'enfant soit immédiatement coupé de ses racines par l'adoption plénière ». En laissant subsister des liens avec la famille si elle existe, en même temps que s'installeraient les relations avec la famille à laquelle l'enfant serait confié par une adoption simple. Au bout de trois ans celle-ci serait convertie, à la demande, en adoption plénière : « en trois ans l'adoption aurait fait ses preuves [1] ». Ne serait-il pas prudent pour tous d'envisager une telle évolution avant que ne se multiplient, entérinés par les juges, des rejets inexplicables et de fait injustifiables ? Ni plus ni moins que l'attachement.

La loi renforce le contrôle de l'autorité judiciaire en introduisant l'obligation de l'agrément dans le Code civil. Elle organise un accompagnement et, là encore, un contrôle plus strict dans l'adoption internationale. Elle renforce le respect des droits des pupilles. Elle assouplit les conditions légales d'accès à l'adoption et réaménage la procédure d'agrément. Sa validité géographique est désormais

1. J. Rubellin-Devichi, « Réflexions au lendemain d'une convention internationale et à la veille d'une réforme », in *Vérité scientifique, vérité psychique et droit de la filiation*, Toulouse, ErÈs, 1995, p. 182.

nationale. Cette loi favorise l'action des organismes autorisés pour l'adoption et développe les droits sociaux des adoptants. Sans doute peu spectaculaire, la réforme est importante autant par les mesures préconisées que par l'orientation qui la sous-tend : « L'enfant mérite plus que jamais toute notre attention, tous nos efforts. Il ne peut être d'une manière ou d'une autre assimilé à un bien qu'on acquiert conformément à son désir. Il ne connaît pas de frontière et il est sans doute une chance extraordinaire pour éclairer le questionnement de cette fin de siècle sur les valeurs qui nous habitent et nous font vivre [1]. »

Plus que jamais, l'intérêt de celui qui n'a pas de foyer passe au premier plan. L'esprit des textes actuels et leurs nobles intentions se condensent dans le slogan « Une famille pour un enfant ». Admise par tous comme une évidence au nom du « bien », cette déclaration de principe ne recouvre guère la réalité du fait du décalage entre le nombre de demandes d'adoption et le nombre d'adoptions réalisables. « Des dizaines de familles pour un seul malheureux enfant » sonnerait plus juste. Quant à l'expression du but, « donner une famille à un enfant », il devient au travers des réalités « se battre pour un enfant », généreuse proposition malgré une connotation pour le moins ambiguë, puis « se donner un enfant ». Le glissement vers « se trouver un enfant », « s'offrir un enfant », « se payer un enfant » est sous-entendu dans le verbe réfléchi. Du côté des futurs parents la préoccupation devient « trouver un enfant trouvé », avec des caractéristiques, en option, correspondant à certaines exigences. Mais qu'exige la société des futurs adoptants ?

1. J.-F. Mattei, *op. cit.*, p. 14.

Chapitre II

Un laissez-adopter : l'agrément

L'adoption est un mode juridique de lien, le Code civil a donc prévu des conditions à remplir pour y prétendre. Elle peut désormais être demandée après deux ans de mariage par deux époux non séparés de corps [1] et par toute personne âgée de plus de vingt-huit ans [2]. Moyen parmi d'autres de protection de l'enfance, elle est soumise au contrôle de l'administration départementale et au contrôle judiciaire. Ce n'est que depuis le début des années quatre-vingt que le législateur a ajouté une clause supplémentaire, une procédure administrative préalable. Les futurs parents doivent d'abord solliciter auprès du président du conseil général de leur département l'agrément en vue de l'adoption d'un enfant, puis se faire confier un enfant (par le tuteur assisté du conseil de famille, par une œuvre ou des professionnels de maternités et d'orphelinats à l'étranger) et enfin remplir les conditions légales au moment du jugement. Il y a donc trois étapes à franchir avant l'arrivée de l'enfant : les services administratifs, les institutions responsables des enfants adoptables, la justice. Ces trois étapes se

1. Article 343.
2. Article 343-1.

confondent dans les esprits, sinon dans leur succession, en tout cas dans leur durée. Le délai, relativement court, de neuf mois de la procédure administrative surprend, d'autant plus qu'il correspond à la durée d'une gestation, temps d'une « grossesse administrative ». Ensuite il faudra trouver soi-même l'enfant, ou bien attendre durant des mois ou des années son tour auprès des autorités. Enfin le prononcé du jugement mettra un terme à une période dont l'échéance est difficilement prévisible. On comprend qu'à première vue le parcours impressionne : « C'est flou, c'est compliqué, je n'ai pas le courage de lire tous ces papiers » ; « Je plane, je ne sais pas ce qui nous attend ».

Avant 1984 il existait une réglementation datant d'un décret du 12 janvier 1967 qui prévoyait un contexte minimal, social, matériel, médical et psychiatrique, mais les demandes étaient examinées par le service de l'aide sociale à l'enfance en fonction des situations des enfants adoptables. L'administration disposait de tous pouvoirs en la matière : elle gardait sous le coude les demandes, choisissant de façon arbitraire et sans appel les futurs parents des pupilles. En 1984 une loi [1] institua un régime d'agrément des personnes souhaitant adopter un pupille de l'État ; l'année suivante, cette exigence fut étendue aux personnes souhaitant adopter un enfant étranger [2].

Réglementée depuis, cette procédure est limitée dans le temps : deux mois pour la communication d'informations et neuf mois d'instruction. Elle vise à s'assurer que les futurs adoptants, quel que soit l'enfant, offrent les conditions de vie nécessaires à l'établissement d'un lien adoptif. « Le responsable du service de l'aide sociale à l'enfance fait procéder à toutes les investigations permet-

1. Loi n° 84-422 du 6 juin 1984.

2. Article 100-3 du Code de la famille et de l'aide sociale, loi n° 85-772.

tant d'apprécier les conditions d'accueil que le demandeur est susceptible d'offrir à des enfants sur les plan familial, éducatif et psychologique. » Ces investigations sont administratives (extrait d'acte de naissance, fiche d'état civil), financières (attestation de revenus), judiciaires (extrait de casier judiciaire), médicales (certificats de non-contre-indications), sociales et psychologiques. L'agrément est obligatoire pour se voir confier un pupille de l'État français ou obtenir un visa d'entrée en France pour un enfant étranger, ainsi que pour le prononcé du jugement d'adoption par le tribunal de grande instance.

I. Légitime agrément ?

La société s'arroge ainsi un droit de regard sur la teneur du projet des adoptants potentiels, dans un souci de prévention. Le sort commun de l'adopté et des adoptants sera bon, médiocre ou catastrophique selon le contexte matériel mais surtout affectif des uns et des autres. Devrait-on, comme cet homme excédé par ces contraintes qu'il jugeait intolérables, compter cette procédure au nombre des « nuisanccs administratives » ? D'autres seront moins virulents : « Ce qui est difficile c'est la formulation administrative. » Ils prêtent des intentions à cette entité abstraite : « L'administration nous décourage. » Elle testerait la volonté, la détermination de l'un et de l'autre, du couple. La légitimité de ce passage obligé pour devenir parents a pu être l'objet de débats chez les juristes, les psychologues et les psychiatres [1].

1. J. Rubellin-Devichi, « Réflexions pour d'indispensables réformes en matière d'adoption », *Cahiers de Vaucresson*, n° 33, 1991/1992, p. 75-107; B. Trillat, *L'Adoption, essai sur les institutions*, Lyon, PUL, 1995; Cl. Launay *et alii*, « Rôle du médecin dans l'adoption sans frontiËres », *Bulletin de l'ordre des médecins*, n° 11, décembre 1987; J. Bricout, « L'adoption, les difficultés de l'examen médico-psychologique des candidats », *Cahiers de médecine légale*, n° 5, *Droit médical*, 1987.

Adopter un enfant pour le rendre heureux semble aller de soi. Dès les années soixante le docteur Clément Launay soulignait : « Encore faut-il qu'on y ait pensé, qu'on se soit soi-même interrogé sur ses intentions, qu'on en ait parlé pour bien comprendre ce que l'on pense. Les vues strictement personnelles (crainte de vieillir seul, besoin mystique de protéger, de guider, de réaliser dans l'enfant ses propres désirs, etc.) s'imbriquent parfois si étroitement avec les mobiles généreux proclamés, elles se dissimulent si facilement derrière eux, aux yeux mêmes de la personne qui est en jeu, qu'il apparaît nécessaire de solliciter des adoptants éventuels un travail de réflexion préalable [1]. »

Comment les intéressés réagissent-ils à cette exigence ? Ils l'estiment à la fois abusive et justifiée. Quand un couple décide de se doter d'une descendance, personne n'est sollicité, personne ne « fouille » dans l'histoire familiale et sentimentale, personne ne donne son avis. Il semble donc excessif de devoir se justifier d'un légitime et universel désir. Une nouvelle épreuve s'ajoute à la souffrance de ne pas parvenir à procréer : celle de s'en remettre à des soi-disant spécialistes pour qu'ils consentent à donner l'estampille « parents adoptables ». Dans le même mouvement les candidats s'accordent à reconnaître qu'on ne saurait confier un enfant à n'importe qui : « L'administration a peur qu'on fasse un enfant malheureux. » S'ils obtiennent l'agrément, ils ne seront pas assimilés à n'importe qui, ils offrent des garanties. Mais de quel ordre ? Garanties de ressources, garanties de « bonne moralité », garanties de santé physique et mentale. Dans ce contexte, le pouvoir, jugé exorbitant, des professionnels – « vous pouvez briser une vie » –, met les uns et les autres en porte à faux. Ce contrôle

1. Cl. Launay, *L'Adoption*, Paris, Éditions sociales françaises, 1961, p. 7.

est-il aussi abusif, discrétionnaire, absolu qu'on voudrait le faire croire ?

Les termes employés, « candidats » et « postulants », renvoient à l'idée d'un noviciat, d'une initiation, d'un examen des compétences, d'une sélection des meilleurs, d'une évaluation d'une capacité parentale spécifique mesurable : « Est-ce qu'on va nous juger capables de remplir cette mission ? » Aux spécialistes d'apprécier, du haut de leur savoir pseudo-scientifique sur le bien de l'enfant, dans l'intérêt de ce dernier, le contexte proposé. Remarquons que les textes sont très prudents, ils ne définissent pas de critères d'acceptation ou de rejet. C'est pourquoi un homme commentait en ces termes son impression : « Elle ne me plaît pas beaucoup cette démarche administrative, c'est pas très clair, qu'est-ce qu'ils veulent savoir exactement ? »

« Ils » veulent savoir si, après avoir reçu les informations, la demande est confirmée. « Ils » veulent savoir quel sera le cadre de vie de l'enfant et les étapes du cheminement vers la décision d'adopter. « Ils » donnent aux futurs parents l'occasion d'expliciter leurs possibilités, leurs limites et leurs préférences concernant l'enfant : âge, continent d'origine, nombre, état de santé. Des entretiens, avec des professionnels qualifiés « ès adoption » pourrait-on dire, leur seront imposés à cette fin.

Au-delà de la constitution du dossier les effets de l'instruction de la demande joueront à deux niveaux. Les documents constitueront des pièces indispensables car requises par les autorités étrangères, en particulier l'enquête sociale. La durée maximum de neuf mois de cette procédure offre un délai de réflexion et d'approfondissement des motivations de nature à rendre plus concret le projet.

2. L'appréciation sociale

Il est frappant de constater le peu de littérature sur le rapport social [1] en général et celui en vue d'adoption en particulier, malgré son importance à toutes les étapes du dossier.

Les termes employés, « enquête », « rapport » ou « investigations », renvoient à un état des lieux qui concerne aussi bien l'habitation, les ressources, l'activité professionnelle que le réseau familial, social, les loisirs, en bref, le mode de vie. Une partie de l'ambiguïté de son contenu vient de ce que le contexte éducatif est exploré en même temps ou plutôt se déduit des éléments précédents. Selon les organisations départementales, une assistante sociale dite « polyvalente de secteur » ou une assistante sociale « spécialisée » effectuera cette tâche. Chargée de la protection maternelle et infantile (PMI), elle sera, selon les pratiques locales, secondée par une puéricultrice ou une collègue. Le nombre des visites à domicile et/ou à son bureau est variable. Les proches, les voisins et employeurs ne sont pas entendus, il ne s'agit pas d'une enquête de voisinage ni de moralité à proprement parler. Fruit de l'évolution de la pratique sociale, elle ne se fonde que sur ce qui aura été observé et évoqué avec les intéressés.

L'image de l'assistante sociale demeure celle d'une femme dévouée et infatigable, au service des plus démunis dont elle remplit les papiers, fait valoir les droits sociaux, défend les intérêts. Cette représentation, encore très forte, inquiète les futurs parents qui réagissent : attention à ne pas les assimiler, sous prétexte de stérilité, à des « cas sociaux » ! Certains ne ressentent apparemment aucune appréhension

---

1. *L'Enquête sociale en protection de l'enfance*, CTNERHI, 1982, n° 4.

et estiment qu'il lui suffira de visiter la maison en compagnie de leur femme de ménage !

La visite à domicile est un moment attendu et craint à la fois. À cause du stéréotype de bonne ménagère qu'il faudrait donner, du fait aussi de l'investissement dont ce lieu, le « chez-soi », est l'objet. À cause de l'image de soi que renvoie un « intérieur », au propre comme au figuré.

Le terme de « visite » dit bien l'importance du regard et fait craindre l'inspection : que doit-on montrer, cacher, faire valoir ? La description des objets, du décor, des habitudes de vie et coutumes, des animaux domestiques, de l'environnement formera le cadre matériel dans lequel évoluera l'enfant. Il est tributaire du milieu socioprofessionnel, des ressources, de l'insertion sociale à travers les loisirs et les activités associatives politiques, religieuses, sportives, caritatives. Il n'y a pas de critères de mètres carrés pour le logement ni de plancher de ressources. Les futurs parents auront à cœur de montrer qu'ils seront en mesure d'assurer, comme tous parents, l'éducation, la santé, la sécurité et la moralité de l'enfant. Mais que prouve ce qui est donné à voir ? Comme le remarquait une femme : « Cette enquête, je ne vois pas ce qu'elle apporte, voir quoi ? D'accord pour qu'on sache à qui on le donne. » Il s'agit d'une part du milieu de vie quotidien et de l'entourage. C'est pourquoi les familles de chacun seront évoquées à travers leur composition et leur proximité géographique et affective. La décision d'adopter n'engage que la responsabilité de celui qui la prend, mais la famille élargie est très directement impliquée : une généalogie va s'établir avec l'enfant sans parenté. Les grands-parents devront se préparer à cet accueil.

Visite n'est pas invitation, l'assistante sociale est une étrangère, pour ne pas dire une intruse, et certains n'hésiteront pas à parler d'« inquisition ». La défiance cède en général lorsque, rassurés sur le fait que leur honorabilité n'est pas mise en cause, ils acceptent que l'entretien devienne un échange. Les impressions qui en restent sont mitigées. Pourquoi faut-il parler de ce qui, une fois décidé, tient de l'évidence : « Ce n'est pas très simple ni très agréable d'être sondé, jugé sur une démarche qui est volontaire » ; d'autant que ce sont « des rendez-vous très fréquents avec l'assistante sociale pour une idée qu'on a l'impression d'avoir depuis toujours ». Quelles que soient les questions posées, les éventualités envisagées, il y aura un impact : « On a eu l'impression qu'elle voulait nous décourager » ; « Elle noircissait le tableau, ne parlait que des difficultés » ; ou bien : « Elle nous a fait réfléchir à des détails, en fait importants, auxquels nous n'avions jamais pensé. » Ce champ d'investigation contient ses propres limites en ce qui concerne le domaine éducatif, dans la mesure où les effets de la rencontre avec l'enfant sont imprévisibles. Ni plus ni moins que lorsque l'enfant est conçu par le couple. Il est donc « difficile de réfléchir sur l'éducation dans le vide, tout dépend de celui qu'on aura en face de soi ». C'est vrai, mais y réfléchir ne signifie pas décider d'avance de la conduite à tenir.

Le rapport social rendra compte aussi fidèlement que possible de la manière dont les postulants ont les moyens et l'intention de remplir leur fonction. Ils prennent connaissance de cet écrit avant la décision administrative et peuvent, s'ils estiment ne pas avoir été entendus, demander qu'il soit procédé à de nouvelles investigations. Notons au passage qu'il en est de même dans le domaine psychologique. Ils peuvent contester, avant même la décision, les conclusions des professionnels. Leurs appréhensions concernent les risques de subjectivité, d'abus de pouvoir et de moralisation. Pour éviter ce danger, les décrets d'application de la loi de 1996 devront prévoir de donner aux appréciations une dimension contradictoire. C'est une manière de prévenir les avis arbitraires, qui se référeraient à un idéal normatif par trop personnel, et les abus au cas où le travailleur social outrepasserait ses fonctions.

Il n'existe pas de corpus de connaissances théoriques auquel se reporter en la matière. L'évaluation s'appuie implicitement sur la norme sociale en vigueur, sur ce qui est tolérable et toléré afin que l'atmosphère soit propice à l'intégration sociale de l'enfant. Dit aussi « bilan psychosocial », l'écrit ne donne pas seulement des éléments conjoncturels, il s'efforce d'exprimer avec nuance les conditions de la vie familiale passées et présentes afin que le projet s'y ajuste au mieux. La description concrète et détaillée constitue une sorte de monographie familiale empirique qui présente avec pragmatisme les diverses données. Les renseignements obtenus n'ont d'autre fin que d'éclairer la décision administrative. Théoriquement, car dans la pratique cet écrit informera les organismes et les pays qui sélectionneront les dossiers. La rédaction doit tenir compte de ce double emploi, elle n'en est donc que plus délicate. Il est clair que la transmission qui en est faite doit respecter le secret professionnel défini par la loi et l'intimité familiale, en même temps qu'en sera brossé un tableau. C'est bien toute l'ambiguïté de cette procédure administrative par laquelle le public s'immisce dans le privé.

En effet, quoi de plus universel et en même temps de plus singulier que le désir d'être père ou mère ?

3. L'appréciation psychologique

L'introduction de l'appréciation psychologique dans la procédure doit se comprendre comme un effet du développement de cette discipline des sciences humaines. Les connaissances universitaires, complétées par l'expérience professionnelle, sont supposées conférer un savoir sur les éléments favorables ou défavorables à l'établissement d'un lien filial. C'est donc dans l'intention d'éviter désillusions et bouleversements psychologiques déstabilisants qu'il est fait appel à cette dimension. Il s'agit de réduire les risques aussi bien pour les adoptants éventuels que pour les enfants. De fait, quels que soient les compétences, le savoir-faire du « psy », sa mission tient quasiment de l'impossible, tant la part des aléas est vaste en la matière.

La tâche serait moins délicate si l'on possédait une réponse préalable à l'interrogation essentielle : y a-t-il un bon désir d'enfant adopté ? Faudrait-il, lors des entretiens, mettre à l'épreuve les qualités qui définiraient le bon adoptant ? L'universalité du roman familial est là pour nous inspirer la plus grande modestie. Qui n'a rêvé d'autres parents que ceux donnés par le destin ? N'est-ce pas seulement après coup que chaque sujet pourra dire ce qu'il en a été pour lui, enfant, du père et de la mère ?

Les parents potentiels, pressentant cette dimension indéfinissable, s'inquiètent. Le « psy » reste la « bête noire », beaucoup plus que l'assistante sociale dont la spécialité est objectivable, en tout cas pour une part. Les inquiétudes s'expriment d'emblée : « Quels sont les critères ? » ; « Y a-t-il des choses à dire, à taire ? » ; « Que puis-je vous raconter pour vous convaincre ? .>> L'interlocuteur sert de miroir à celui qui croit devoir se faire l'avocat de son projet dans une démonstration destinée à emporter l'adhésion. « Nous n'avons pas changé d'avis après le premier entretien », affirment certains, fiers d'avoir consolidé leur décision à partir de l'intention dissuasive prêtée à celui qui les écoute. Face à ces tentatives de justification, un déplacement s'impose, car il y aurait souvent autant de raisons d'adopter que de ne pas adopter.

Personne ne saurait prédire l'avenir. C'est donc en parlant de son histoire personnelle et familiale que se dégageront pour chacun ses modes de réaction, son style, sa façon d'être dans la vie. Comme le soulignait une femme : « C'est difficile de parler comme ça : on ne sait pas trop ce qu'on dit, comment c'est entendu, il y a un côté impudique. » L'intérêt et la difficulté étant en effet de découvrir des aspects jusque-là négligés ou rarement formulés qui orienteront l'approche des questions spécifiques, aussi bien que la conduite à tenir pour concrétiser et mener à bien le projet. N'importe quel enfant, de n'importe quel âge, de n'importe quel pays puisque « un enfant c'est un enfant », entendons-nous souvent. Il sera nécessaire d'aller au-delà de ces considérations générales pour aborder la particularité des formulations et des options à prendre.

Beaucoup sont obnubilés par l'obtention de l'agrément, la « sentence », et ignorent ou sous-estiment les aléas liés à la démarche même. Il faut s'attendre, une fois l'accueil réalisé, à des réactions parfois déconcertantes de part et d'autre ; outre les « tracasseries administratives » et les péripéties précédant la rencontre, le retentissement sur le couple, les aînés, les proches n'est qu'en partie prévisible. Les entretiens permettent d'en mesurer l'enjeu.

Des soucis sentimentaux, professionnels, financiers, de santé, des deuils ont pu mobiliser les énergies : une fois cette période révolue, l'envie naît d'entreprendre ensemble quelque chose de nouveau. L'arrivée d'un enfant et la remise en question qui l'accompagne consolideront-elles la dynamique familiale ou viendront-elles la fragiliser à nouveau ? « Quand une famille s'agrandit chacun doit refaire ses marques », n'est-ce pas ? La prudence inciterait à ne pas présumer de ses forces ni de sa capacité à voir bousculer des relations de couple par la présence d'un tiers après plus de vingt ans de vie commune, par exemple.

Les réflexions déterminent des options importantes à préciser. Elles portent sur l'âge : « Nous voudrions un bébé pour lui faire découvrir toutes les étapes de la vie » ; sur le nombre d'enfants : « Un d'abord, ce sera déjà beaucoup » ; ou bien : « Deux en même temps, ce serait plus facile pour eux » ; sur l'état de santé physique ou mental : « Nous voudrions accueillir un trisomique. » Les restrictions concerneront certains continents ou pays en raison des liens ou représentations associés à tel ou tel. Le libellé de l'agrément peut préciser le nombre et l'âge des enfants.

Du côté des futurs parents, la question devrait davantage se poser en termes d'offre. Que lui proposent-ils tout d'abord ? Cela s'appréciera à partir de leur conception de l'éducation liée à celle qu'ils ont reçue : quelles performances espèrent-ils ? Sur le plan affectif et psychologique, quels traits devra-t-il présenter ? Sont-ils en mesure d'accepter l'enfant tel qu'il sera avec eux ? S'ils étaient déçus dans un de ces domaines, comment feraient-ils face ? Ne seraient-ils pas si désarçonnés, amers, en désaccord avec eux-mêmes ou leur partenaire, que tout l'équilibre de leur existence s'en trouverait ébranlé ?

Encore une fois l'agrément n'est pas sélectif. L'appréciation ne consiste pas en une recherche d'éléments avant de porter un jugement arbitraire décrétant que ceux-ci sont, seront « des bons », alors que ceux-ci seraient « moins aptes ». Les entretiens sont l'occasion, pour qui joue le jeu, d'évaluer soi-même sa capacité à faire face, à assumer sa place de parent quasiment quoi qu'il arrive. concernant les limites de cette offre, il est essentiel d'essayer d'en cerner les contours, sinon, faute d'un repérage sérieux, l'accueil pourrait tourner au cauchemar aussi bien pour les adultes que pour l'enfant qui regrettera, à juste titre, d'avoir quitté son univers, si précaire qu'il fût.

Quant au psychologue il va de soi, mais il n'est peut-être pas inutile de le préciser, qu'il ne se réfère pas à un guide méthodologique, à une grille de critères en fonction de laquelle l'entretien se déroulerait. La conduite et le contenu, la direction prise au fil de la réflexion sont chaque fois singuliers. Le rôle du « psy » dans cette pratique sociale est particulier car il est double. D'une part le projet d'adopter est soumis à la question : quelle inscription est proposée à l'enfant, quelle place lui est offerte dont les coordonnées résultent du rapport de chacun à ses propres parents, à l'autre sexe ? D'autre part, il est appelé à se prononcer en toute indépendance et doit éclairer la décision d'un avis technique argumenté : il sera favorable, réservé ou défavorable. Il le transmet oralement aux intéressés puis par écrit à la commission d'agrément s'il n'en fait pas partie. Celle-ci requiert dorénavant un consensus des participants : les professionnels du service des adoptions (cadre administratif, conseiller socio-éducatif, psychologue, et/ou psychiatre), auxquels se joignent deux représentants du conseil de famille des pupilles de l'État. Pour tous la confidentialité est de rigueur. À l'issue de la procédure, l'original de l'agrément et les documents utiles aux démarches ultérieures sont envoyés aux intéressés.

La discrétion attachée à la clinique et la nécessité d'en dire quelque chose dans le cadre d'un service public obligent à une vigilance éthique de tous les instants. En particulier à propos du compte rendu d'entretiens psychologiques car, déontologiquement, un écrit ne doit être transmis qu'aux intéressés, à un collègue ou à un médecin psychiatre. Or, dans un souci, par ailleurs louable, de prévenir les ratés, de toutes parts des comptes rendus détaillés et systématiques sont réclamés. Certains pays proposent même une schéma type qui se réfère aux concepts de la théorie systémique de la communication. Dans d'autres ce sont les tribunaux qui l'exigent avant de se prononcer, lui donnant implicitement valeur d'expertise. Il y a aussi les préoccupations des organismes agréés. Ils sélectionnent les demandes à partir des éléments transmis et leurs équipes ne comptent pas toujours des psychologues. Enfin, l'anxiété compréhensible des postulants les incite à accumuler le maximum de témoignages en leur faveur. L'avis psychologique pouvait être réservé ou défavorable et l'agrément délivré ; jusqu'à la loi de juillet 1996, c'était la règle du jeu. En tout état de cause, ce document fera partie du fameux dossier légalisé puis traduit et passera de main en main. L'ensemble sert globalement de label, de caution, mais pourquoi une attestation de non-contre-indication psychologique ne suffirait-elle pas ? Sinon, en référence à un profil normatif, une série d'items sélectifs risque de voir le jour dans un souci d'harmoniser les procédures d'évaluation. Ceci nous paraît éminemment dangereux et accréditerait l'idée de « qualités » objectivables dont le futur adoptant devrait faire la preuve. Ne serait-il pas plus profitable pour tous, à court et à long terme, que le temps dont dispose le psychologue soit consacré à l'approfondissement de la réflexion dans un colloque singulier. Les effets ne manqueraient de s'en faire sentir. D'autant plus que le compte rendu est ici un écrit de circonstance dont le style ne peut être technique sans être taxé de jargon !

4. L'agrément manqué

L'obtention de l'agrément équivaut, dans les esprits, à attestation de l'équilibre de la personnalité et à la reconnaissance par la société du bien-fondé de la décision d'adopter : « Je suis en attente d'un bout de papier, je m'estime sain de corps et d'esprit. » L'examen de passage réussi, le diplôme en poche, l'« agrégation », ainsi que le disait une femme dans un lapsus, attesterait d'une capacité en droit – ici, en droit d'adopter. Il ne s'agit pourtant pas d'un label de qualité ou de compétences. Mais de quoi « ce petit bout de quelque chose, cette autorisation » garantit-elle ? Elle dit simplement que, sauf erreur, il n'a pas été mis en évidence au moment des investigations de contre-indications majeures. Les avis des personnes consultées sont parfois partagés, nuancés, voire réservés, mais n'entraîneront pas toujours une décision de rejet.

Quels sont les motifs de refus ? Pierre Verdier, membre du conseil supérieur de l'adoption, a donné les résultats d'une enquête auprès de tous les départements. Il a répertorié les facteurs suivants : contre-indications psychologiques ou psychiatriques ; projets insuffisamment élaborés ou demandes peu matures (couples n'ayant pas fait le deuil de l'enfant biologique ou poursuivant parallèlement des traitements médicaux) ; projet qui est seulement celui de l'épouse ; situation de famille monoparentale avec perception négative du père ou divorce trop récent avec recherche de l'enfant-consolation ; âge non adapté au projet ; événements douloureux de l'histoire personnelle ; rigidité des attitudes éducatives ; situation matérielle ; motivations uniquement humanitaires, sans désir d'être parents [1]. Dans les entretiens qui auront mis ces caractéristiques en évidence on s'attachera à la réflexion que suscitent les interrogations soulevées. Ce qui compte c'est, d'une part, l'éventuel cumul des motifs de refus pour une même demande, et, d'autre part, leur reconnaissance par les intéressés dont le projet serait difficile à réaliser du fait du contexte qu'ils proposent.

L'expérience incite à penser que les contre-indications majeures se situent du côté des fragilités et des troubles que

1. P. Verdier, *L'Adoption aujourd'hui*, Paris, Bayard, 1994, p. 52-53.

le fait d'être en place de père ou de mère risquerait de majorer ou de déclencher, au détriment de l'équilibre acquis, parfois précaire mais supportable.

La marge de manœuvre de l'administration est très réduite. Non pas que les réserves ou contre-indications invoquées ne puissent être entendues – car les personnes concernées savent mieux que quiconque de quoi il est question, même s'il est pénible de s'entendre dire tout haut ce qu'on ne parvient pas à s'avouer à soi-même – mais parce que les motifs psychologiques, si pertinents soient-ils, seront toujours sujet à caution. Et les avocats, en cas de recours auprès du tribunal administratif, auront beau jeu de fustiger les réserves du psychologue ou du psychiatre en les traitant de « vieilles lunes » ! Enfin, ici comme dans d'autres circonstances, ce n'est pas forcément parce qu'on demande quelque chose qu'on souhaite l'obtenir. Certains pourront, paradoxalement, être soulagés d'essuyer un refus tandis que d'autres seront déçus d'obtenir un acquiescement qui les renvoie à leurs responsabilités. Il est plus à redouter des reproches – « vous auriez dû nous empêcher, nous dire », etc. – qu'un recours – « vous m'avez mal compris, je suis aussi partant que ma femme », par exemple.

Les abus de pouvoir, les erreurs d'appréciation manifestes sont sans doute à craindre mais, de fait, la barrière administrative se franchit aisément : 10 % essuieront un refus. Celui-ci résulte des investigations et ne peut reposer uniquement sur la situation familiale ou l'âge du demandeur. La décision doit être motivée et peut faire l'objet des modalités classiques de recours : gracieux, hiérarchique, contentieux. Un refus prive de la liberté d'adopter, en ce sens, « le refus fait grief [1] ». Il ne peut qu'invoquer l'intérêt de l'enfant, que les raisons de refus explicitées viendraient

1. P. Hubert, AJDA, 20 janvier 1992.

a priori léser. L'agrément est donné « en blanc », pour un enfant abstrait, soulignait ce commissaire du gouvernement en signalant qu'en la matière, « les risques de dictature d'une coterie de spécialistes sont élevés ». Il recommandait au passage d'éviter le dogmatisme et le « freudisme administratif » (*sic*), autrement dit la ravageante psychologisation du contrôle social dans ce domaine. Enfin, il était rappelé que « l'administration doit exiger des qualités spécifiques afin de tenir compte du caractère traumatisant de la transplantation opérée, ainsi que des difficultés que les parents adoptifs rencontreront ultérieurement, telles que l'aveu de la paternité adoptive, l'acceptation d'enfants présentant une apparence physique très différente de la leur ». Il est donc admis comme une évidence qu'il s'agit d'une fonction parentale, d'un rôle éducatif, plus délicat à exercer que dans le cas d'une filiation par le sang. On ne peut qu'adhérer à ces propos qui délimitent un contexte minimum en référence à un savoir généralisé par l'expérience.

Sur le fond, comme le rappelait la juriste Brigitte Trillat, « si la question essentielle [...] est celle de l'étendue du contrôle du juge administratif, le problème central reste celui de la norme de référence ». La norme de référence, au regard des textes réglementaires, est l'« accueil de l'enfant ». Elle poursuivait : « Le conseil d'État a retenu le contrôle complet pour une norme de référence dite "moyenne". Trois normes de référence sont envisageables : sélectionner les meilleurs adoptants potentiels, éliminer les demandeurs manifestement incapables, agréer ceux qui présentent des qualités appropriées à l'adoption [1]. » Sur le plan juridique les recommandations du commissaire déjà cité sont claires : « Il importe qu'un refus ne soit pas justifié par un "profil"

1. B. Trillat, *L'Adoption, essai sur les institutions*, *op. cit.*, p. 308.

particulier, qu'il s'agisse de psychologie ou de mode de vie : tout citoyen a le droit, en principe et sauf empiétement sur la liberté d'autrui, de choisir son mode d'existence ou d'assumer ses complexes ou ses contradictions sans craindre d'être sanctionné par l'autorité administrative. [...] L'agrément doit être refusé s'il y a danger pour l'enfant, il ne doit pas l'être si le risque est simplement de le voir soumis à un milieu éducatif s'éloignant du modèle dominant [1]. »

5. Qui décide et quoi ?

Les caractéristiques dégagées doivent donc être compatibles avec l'accueil d'un enfant transplanté. Ce qui est une situation particulière. En cas de refus il ne faudrait pas en conclure que les enfants déjà là sont « mal élevés » ou en danger ; avec chaque nouvel enfant tout est à réinventer, sa place est à créer dans tous les domaines. Chaque projet est particulier, il est étudié sans référence à un modèle quelconque, sans référence à un idéal d'éducation ou une norme psychologique. Aucun événement de l'enfance, aucun trait de caractère ne sont en eux-mêmes de bons ou de mauvais points.

Néanmoins, ainsi que le notait Clément Launay, les adoptants éventuels qui présentent des troubles graves de santé mental ou de comportement (psychose ou névrose sévère) ne devraient pas adopter. Il rappelait que dans l'adoption « l'enfant court aussi un risque, *et il faut agir comme si l'on choisissait en son nom* ». Il déplorait les « *décisions hasardées* parce qu'on a craint de peiner, de froisser ou de heurter tels adultes dont la bonne volonté et la sincérité paraissaient évidentes [2] ! ». Tout le monde sera d'accord

1. P. Hubert, *op. cit.*, p. 65.
2. Cl. Launay, *L'Adoption, ses données médicales et psychosociales*, ESF, 1961, p. 68.

sur ces positions fermes et nuancées à la fois. Il ne saurait être question d'effectuer une sélection des hommes et femmes supposés savoir adopter. Ni le social, ni le droit, ni la médecine, pas plus l'administratif que le freudisme ne disent ce qu'il faut pour être père ou mère. Pourraient-ils cerner ce qu'il ne faudrait pas ? Les spécialistes de ces différentes disciplines s'y emploient avec plus ou moins de conviction et de succès, ils se « coltinent » à cette tâche. À cette étape administrative, l'intervention n'est pas assimilable à une expertise, l'enfant est encore une entité trop vague et lointaine. Et, surtout, il ne saurait être question d'expertiser le désir, fût-il d'enfant. Par définition il est énigmatique, injustifiable, irrationnel et finalement innommable.

Dans ce cadre, ce temps d'élaboration est une « période de flottement, d'incertitude sur la décision, les conclusions administratives ». Il est ressenti comme une mise à l'épreuve à laquelle il faut résister : « Cela ne met pas en question ma volonté. » Le combat commence avec les papiers. Le temps nécessaire à la procédure laisse dans « une situation d'attente, de vide, de suspens, un peu comme l'épée de Damoclès au-dessus de nous ». L'affirmation de la détermination serait une façon de ne pas se laisser déposséder de sa décision : « Ce n'est pas nous qui décidons, nous sommes tributaires d'une décision administrative » ; « Nous attendons le feu vert pour nous lancer à corps perdu dans la recherche ». L'attente de ce document, « l'agrément, déjà un petit bout de quelque chose », incontournable, se présente comme « un chemin de bataille », parfois même « un chemin de croix » ou simplement « une formalité », mais « l'enjeu en vaut la chandelle ». Une fois prise la décision d'adopter, l'urgence rend le délai des neuf mois insupportable : « Comprenez-moi, je suis pressée d'attendre ! »

Or, entre la délivrance de ce « laissez-adopter » (valable cinq ans et utilisable pour un seul projet) et son utilisation, des mois sinon des années s'écouleront. Une chose est de disposer de cet indispensable document, une autre est de se voir confier un enfant. L'agrément ne donne aucune assurance quant à son arrivée effective. Il ne correspond pas à un projet particulier mais demeure flou, « vague », indéterminé, en général. Ensuite, tout un travail de préparation reste à faire. Cet approfondissement en fonction des enfants adoptables appartient aux instances responsables. Au stade où nous nous situons, l'imprécision entretient l'appréhension : « Qu'est-ce qu'ils veulent savoir exactement ? » Ils veulent savoir s'ils peuvent, en l'occurrence, si le président du conseil général peut donner un accord de principe.

Une valeur objective s'attache donc à ce document : sans lui les organismes agréés n'acceptent pas de retenir le dossier, sans lui le consulat ne délivre pas le visa nécessaire à l'entrée de l'enfant en France. Une valeur éminemment subjective lui est accordée : ce « il vous est permis d'adopter » répond à une demande d'autorisation. Posséder le permis de conduire n'oblige pas à prendre le volant. En fait, et la largesse de l'administration le prouve, dans la majorité des cas, la vraie décision appartient à ceux qui font cette démarche. L'élaboration au cours des mois d'instruction s'avérera plus instructive pour eux que pour quiconque. Ils en sont parfois étonnés, éclairés – c'est là son intérêt. Finalement, ils s'autoriseront à poursuivre, l'utiliseront ou bien se contenteront de savoir que c'est possible. Ou bien, encore, ils se désoleront en silence d'être agréés alors qu'ils s'attendaient à un refus qui les aurait dédouanés vis-à-vis d'eux-mêmes ou de leur partenaire auquel ils ne parvenaient pas à dire non. De la sorte, chacun est renvoyé à son propre désir.

Mère d'une fille unique de dix ans, Bernadette a réussi à convaincre son mari : du fait de ses quarante ans, une grossesse présente des risques ; elle ne voit pas de différence entre adopter et procréer, si ce n'est qu'homme et femme seront à égalité ; enfin, leur fille s'ennuie toute seule. John dira s'être rendu à ses arguments mais ajoutera incidemment « qu'il y a des chances pour que ça ne puisse pas se faire ». Il réalisera que sa formulation laisse entendre que ce serait une chance, de son point de vue. Sa femme admettra difficilement de revenir sur son premier acquiescement mais conviendra qu'un accueil à contrecœur serait préjudiciable à tous. On voit ici se dégager une détermination inverse de celle affichée au départ à l'issue des divers entretiens. D'autres fois, le désir se précisera et la volonté s'affirmera davantage de mener à bien le projet. La prise de conscience d'une nouvelle position est un effet non pas des suggestions de l'administration mais un effet de parole : chacun reprenant la parole en son nom propre se sentira davantage en cohérence avec son désir profond.

Un argument contestable est parfois brandi face aux hésitations, réticences et interrogations fondées des professionnels. Étant donné la malnutrition, les carences affectives, les risques de délinquance et de prostitution encourus, un enfant étranger serait toujours mieux, à l'abri de ces malheurs, dans nos pays. Les conditions lamentables de vie, en collectivité ou dans les rues, dont témoignent beaucoup de reportages feraient pencher dans ce sens. À la limite, pourquoi des investigations ? Mieux vaudrait des grands-parents que pas de parent du tout, mieux vaudrait la présence d'une mère célibataire que la débilisation ou l'hospitalisme, etc. Quand les conditions matérielles minimales d'humanité font défaut, est-il légitime d'ergoter, de couper les cheveux en quatre à propos des motivations et du contexte psychologique ? Il est important d'éclaircir, autant que faire se peut, le ressort du projet. Le niveau de vie, les déclarations de générosité, de volonté, d'amour ne suffisent pas, quand bien même ce serait des ingrédients nécessaires. La sensibilité dont les personnes ou le couple font preuve, l'excellente estime dont ils peuvent jouir dans leur entourage sont des facteurs favorables. Au-delà des qualités manifestées dans leur vie actuelle, il convient d'apprécier la place que l'enfant espéré trouvera et pourra se faire auprès de ses nouveaux parents ainsi que l'espace accordé à sa singularité. Les répercussions possibles de son arrivée sur l'équilibre des membres du foyer sont également à prendre en compte. Les conditions de vie proposées doivent être compatibles avec son intégration sur tous les plans.

5. Adopter : un droit objectif ou un droit subjectif ?

Il y a un droit à demander l'agrément. Faudrait-il en déduire un droit à l'adoption et, au-delà, un droit à la maternité, un droit à la paternité, un droit à l'amour ? Dans l'affirmative, il faudrait considérer qu'il appartient à la société de procurer, en toute justice, un enfant à ceux qui en expriment le vœu. Cette volonté nécessite une assistance sociale que nous proposons de nommer la « procréation socialement assistée », PSA. Les demandes se multiplient, sous des configurations infinies dans leur diversité. Comment interpréter l'ampleur et l'impact dans l'opinion de ce phénomène ?

Il est le signe d'une position nouvelle, repérable dans d'autres domaines : l'ingérence croissante de l'État, comme si les intéressés la recherchaient. Car le désir d'être père ou mère est propre à chacun, strictement intime. L'exigence de parler à cœur ouvert d'un projet aussi personnel à des inconnus provoque des réactions liées à la délicate articulation entre la sphère privée et la sphère publique. L'intrusion dans l'intimité familiale n'évoque-t-elle pas l'image botanique d'une ouverture spontanée, la « déhiscence du groupe familial au sein de la société [1] » ? La réduction du groupe familial à une forme conjugale puis monoparentale lui donne un rôle formateur de plus en plus exclusif, une complète emprise sur l'enfant. Cet impact de la famille « dans les premières identifications comme dans l'apprentissage des premières disciplines » est corrélatif « du déclin de sa puissance sociale [2] ». Il s'ensuit une tendance de la société à s'entourer de précautions, à s'assurer d'un minimum d'exigences vis-à-vis des adoptants potentiels.

Sauf dans les cas de stérilité, pourquoi, lorsque les rencontres de la vie n'ont pas concrétisé le désir d'enfant, la société devrait-elle y remédier ? Sur le plan administratif, tout citoyen est en droit de voir instruite sa demande d'agrément, dans les conditions prévues par la loi : information préalable, demande officielle par écrit, instruction de la demande, décision, motivation des refus et recours. Il s'agit d'un droit objectif. Le refus d'agrément prive de la liberté d'adopter. Mais il n'existe pas d'administration ni de justice du désir. L'agrément acquis ne signifie pas que ce désir est juste, justifié, justifiable. Même s'il apparaît comme un désir légalisé, certifié conforme selon les normes psychosociales en vogue. C'est uniquement le contexte proposé qui est présumé conforme.

Demander l'agrément est donc un droit objectif. Mais c'est un droit facultatif, personne n'y oblige quiconque. L'individu use des droits et libertés qu'offre la loi comme bon lui semble. Les nouvelles possibilités embarrassent, elles obligent à des choix et donc à plus de responsabilités. Le droit de faire des enfants est un droit éminemment sub-

1. J. Lacan, *Écrits*, Paris, Seuil, 1966, p. 132.
2. *Ibid.*, p. 133.

jectif. Parler d'un droit d'adopter a-t-il un sens ? On a le droit, objectif, d'adopter si les conditions administratives et légales sont remplies au moment du jugement. De même que celui qui a obtenu son permis de conduire peut circuler sur quatre roues. Mais personne n'oblige personne à apprendre le code de la route, à prendre des leçons de conduite, etc. Le Droit objectif, avec un grand « D », est celui de la communauté humaine, de la société elle-même dont l'exigence de justice établit un ordre légal. Les modifications des législations visent « à trouver un équilibre approprié, donc de nature à assurer le bonheur de tous [1] ». Les lois maintiennent un équilibre entre les revendications individuelles et les impératifs culturels de la collectivité. Une décision administrative ou de justice peut-elle garantir la réussite de l'adoption, le bonheur des futurs parents et de l'enfant ? Le croire, voire l'affirmer, signifierait que le droit aurait réponse à tout et que le bonheur serait le même pour tous. Il est déjà suffisamment problématique de délivrer un agrément dans l'intérêt de l'enfant pour avoir la prétention de le faire au nom de son bonheur. Disons, pour être encore plus clair, que l'agrément ne donne pas le bonheur, même si ceux qui l'obtiennent lui attribuent la valeur d'une promesse de bonheur. Une définition des besoins à combler pour que chacun des protagonistes soit heureux resterait à trouver. Un slogan comme « L'adoption pour tous » renvoie à un discours égalitaire, un rêve d'harmonie, une négation de la différence.

Le droit fixe les bornes du permis et du défendu, du possible et de l'impossible. Il ne se prononce pas sur le bien et le mal. Le droit subjectif, c'est « le petit droit », celui de l'individu. On y trouve « l'idée d'un pouvoir immédiat et indépendant, d'une prérogative qui pour s'exercer n'a pas

1. S. Freud, *Malaise dans la civilisation*, PUF, Paris, 1983, p. 44-45.

besoin à chaque instant du bon vouloir de l'État [1] ». Cette notion de droit subjectif date du XVIIe siècle, avec l'école du droit naturel. Les droits de l'homme insistent sur le fait qu'aucun homme ne peut être la propriété d'un autre homme. Dans l'optique philosophique, ainsi que le souligne Lacan, les droits de l'homme « se ramènent à la liberté de désirer en vain [2] ». Il poursuit : « C'est la liberté de désirer qui est un facteur nouveau [3] », l'élément nouveau c'est la liberté reconnue de désirer. Ainsi en est-il du droit de rêver, de désirer un enfant, de le concevoir, droit subjectif par excellence. Rêver d'adopter un enfant relève de cette liberté de désirer, mais ce droit subjectif devra en passer par le droit objectif (demander l'agrément) pour que le rêve (droit subjectif) devienne réalité. Alors les sujets modernes revendiquent, exigent ce qui leur apparaît fait pour leur bonheur et celui de l'enfant : devenir parents adoptifs. Il semble que cette liberté augmente le nombre des démarches puisque les droits sociaux, dont celui de demander l'agrément, rendent réalisables les fantasmes. Le jugement d'adoption lui-même est à considérer comme un énoncé qui crée du droit, qui établit une situation légale de filiation.

« J'ai le droit d'être mère, vous n'avez pas le droit de vous y opposer », écrivait une femme blessée par un refus. Elle recherchait comme tout un chacun à être heureuse, être mère se présentant comme une modalité du bonheur pour une femme. Il s'agissait d'un désir, d'un droit subjectif qui rencontrait un obstacle dans le droit objectif. Elle réclamait droit à une satisfaction au nom de sa vie privée. Le désir légitime d'être père ou mère se transforme dans les esprits en droit objectif et aboutit à une impasse : l'enfant

1. J. Carbonnier, *Flexible droit*, *op. cit.*, p.173.
2. J. Lacan, *Écrits*, *op. cit.*, p. 783.
3. *Ibid.*, p. 785.

n'est pas un dû, on ne saurait avoir droit *à* quelqu'un, seulement à quelque chose. La dérive se fait entendre qui réduit l'enfant à un objet à obtenir de la société afin que tous puissent devenir pareils, père et mère, dans un souci d'égalité et, comme l'écrivait Freud, de « bonheur pour tous ». Le malaise tient à ce qu'il faudrait reconnaître le désir qui trouverait là à se satisfaire. « Il n'y a pas de droit universel à l'enfant, pas plus qu'il n'y a de droit universel à l'amour », rappelle le psychanalyste Éric Laurent à propos des discours tenus sur les procréations médicalement assistées [1]. Nous compléterons en ajoutant qu'il n'y a pas de droit universel à l'adoption d'un enfant.

Faute de justifications juridiques au droit à l'enfant, donnerait-on au droit un fondement plus solide en invoquant le « besoin d'enfant » ? Ainsi s'interroge le doyen Carbonnier à propos de la théorie juridique de la filiation charnelle. La transposition dans les mêmes termes pour la filiation adoptive correspondrait au « besoin d'un enfant adopté ». Il poursuit : « Seulement, qu'est-ce que le besoin d'enfant ? À court terme le besoin de jouer à la poupée, ou d'exercer sur nos créatures une autorité (ça ne durera pas) qui nous revanchera de celle qui s'exerce sur nous – plus noblement, un besoin affectif. À plus long terme le bâton de vieillesse (mais la Sécurité sociale n'y suffit-elle pas aujourd'hui ?). À terme très, très long, indéfini, et peut-être touchons-nous ici au ressort le plus profond, c'est le droit à une postérité… le droit d'Abraham [2]. »

1. E. Laurent, « État, société, psychanalyse », *La Cause freudienne*, *op. cit.*, p. 92-100.

2. J. Carbonnier, *Droit civil*, *op. cit.*, p. 376.

Troisième partie

De l'enfant trouvé à l'enfant INTROUVABLE

C'est que toute administration qui n'a pas d'entrailles n'a pas de vrai génie administratif ; c'est qu'enfin dans tout ce qui touche à l'homme, à sa naissance, à son berceau, à sa vie, à son éducation, à sa famille, à sa moralité, les calculs étroits doivent disparaître ; et qu'il n'y a pas de meilleure économie en cette matière que la largeur de la main et la prodigalité de cœur.

A. de Lamartine

Rapport au conseil général de Saône et Loire sur la question des enfants trouvés

Serait-ce excessif de qualifier cette quête d'enfants adoptables de course ou, pour reprendre l'expression de Jacques Prévert, de « chasse à l'enfant », dans une version revue et corrigée, du côté non plus de la haine mais de l'amour. « Nous voulons rendre heureux un enfant malheureux. » Qui peut dire où vivent ces malheureux pupilles ? « N'y a-t-il pas assez d'enfants mal-aimés en France ? » Pour quelles raisons faudrait-il absolument aller adopter à l'étranger ? En décrivant ces recherches se déploieront des parcours au cours desquels ténacité et audace auront eu raison des difficultés.

Chapitre I

Le décalage entre l'offre et la demande

Pourquoi est-ce si difficile d'envisager une adoption nationale, interne ? contrairement aux idées reçues, cela ne tient pas à l'administration qui garderait les enfants et sélectionnerait sévèrement les candidats. Mais peu de couples ou de femmes consentent à confier leur nouveau-né en vue d'adoption. Cette réalité sociale se retrouve dans tous les pays européens. Devrait-on déplorer ce qui, du point de vue des postulants, s'apparenterait à une pénurie ? Ne devrait-on pas se féliciter que le système social assure des aides et des revenus suffisants à l'éducation des enfants par ceux dont ils sont nés ?

Dans le contexte actuel les préoccupations autour de cette question tiennent au décalage entre le petit nombre de pupilles adoptables, environ 2 700 en France, et les quelque 14 000 « candidats parents » en attente.

Depuis le début du siècle le nombre d'orphelins, d'enfants juridiquement adoptables, diminue. Malgré cet état de fait, le nombre des demandes d'adoption augmente tandis que des informations variées circulent sur la raréfaction des pupilles. En France, on dénombrait 150 000 pupilles de l'État en 1910, puis 100 000 en 1950, 64 000 en 1960, 46 000 en 1970, 20 000 en 1980, 5 500 en 1990 [1], et enfin plus précisément 3 911 en 1993 [2]. Actuellement, il y a environ 1 500 jugements d'adoption de pupilles par an, et plus de 3 000 arrivées d'enfants adoptés à l'étranger. Rapportée au nombre de naissances annuelles (plus de 700 000), la proportion est infime, mais comparé au nombre de familles dont l'agrément était en cours de validité fin 1992 (13 428), l'écart est considérable. Précisons que tous les ans, environ 6 000 agréments sont délivrés dans l'ensemble des départements [3]. Les demandes d'agrément ont, elles aussi, augmenté : un peu moins de 2 000 en 1985, 2 500 en 1990, plus de 3 000 en 1994 [4]. Comment comprendre cette situation ?

1. Vers une paternité sociale

Quels sont donc les droits et les devoirs des père et mère ? Ils sont tributaires des avatars de la puissance paternelle, devenue autorité paternelle puis autorité parentale.

Avec l'institutionnalisation du mariage, il sera postulé que le mari de la femme est le père de tous les enfants dont elle accouche. Après constantin, Justinien avait introduit la possibilité de légitimer un enfant naturel par le mariage. Il reconnaissait aux pères naturels leur puissance paternelle. Une hiérarchie des filiations en découla : l'enfant simplement naturel, l'enfant adultérin, l'enfant incestueux. On doit aussi à Justinien un premier partage de la puissance paternelle dans sa distinction : l'*adoptio plena* (pleine puissance paternelle) et l'*adoptio minus plena* (moins pleine puissance paternelle). Il est déjà question de l'intérêt de

1. P. Verdier, *op. cit.*, 94, p.173.
2. J.-F. Mattei, *op. cit.*, p. 239.
3. *Ibid.*, p. 250-251.
4. *Ibid.*, p. 257.

l'enfant. Puis apparaîtra l'idée de devoirs, d'obligation alimentaire dans la relation juridique du père à l'enfant, même si pour le droit canon l'enfant n'appartient qu'à Dieu.

L'émancipation instaurée par la Révolution avait battu en brèche la tyrannie paternelle. La possession d'état ininterrompue, c'est-à-dire le fait de vivre au quotidien de manière continue, servirait de preuve de paternité naturelle, à côté de la reconnaissance solennelle et volontaire du père. Interdite, la recherche judiciaire de la paternité naturelle ne sera à nouveau autorisée que par une loi de 1912.

La puissance paternelle est transférable à l'adoptant. La céder en partie ou en totalité est une des conséquences de la loi du 24 juillet 1889 sur la déchéance paternelle. Cette loi était le résultat d'une mobilisation des œuvres charitables et philanthropiques, dont le Sauvetage de l'enfance, qui se donnaient pour mission de rechercher et signaler les enfants en danger. En 1881 une proposition de loi, visant à assurer la protection de l'enfance maltraitée ou en danger moral, suscita de vastes débats. Il fallait remédier à la traite des enfants, à leur vagabondage, à leur mendicité. La loi de 1889 reconnaissait que leur malheur pouvait être dû aux carences ou aux excès du père. Les associations se préoccuperont de sauver ceux dont les pères seront déchus. Dès lors l'autorité paternelle se partagera le cas échéant avec d'autres. Autorité paternelle et filiation pourront se disjoindre.

Les mineurs sont placés en principe sous l'autorité de leurs père et mère. L'autorité parentale entraîne des droits et devoirs de garde, de surveillance et d'éducation. L'enfant doit être protégé dans sa sécurité, sa santé, sa moralité. Le droit de consentir à l'adoption est réservé aux père et mère ou, à défaut, au conseil de famille.

Plus d'un siècle a passé depuis que la puissance paternelle est devenue cessible, mais, dans les esprits, un enfant malheureux est un enfant sans père, sans mère. Un enfant qui a ses père et mère est supposé heureux. Un enfant malheureux est un enfant sans filiation. Dans ces représentations s'enchevêtrent la dimension sociale et charitable ainsi que la dimension de la vie psychique et affective. Remarquons au passage que Freud, en 1929, parlera de l'amour du prochain dans *Malaise dans la civilisation* et Jacques Lacan en 1938 notera les conséquences psychologiques d'un « déclin social de l'imago paternelle [1] ». Le déclin ne porte pas sur le père de la réalité quotidienne qui, vaille que vaille, assure la sécurité, la protection des femme et enfants. Il porte sur son image, d'autant plus qu'existent d'autres instances qui pourraient intervenir à sa place. Elles l'ont fait descendre de son piédestal. On peut ici apercevoir les prémices d'un excès de recours à la justice et à la psychologie. Ces deux références servent à restaurer cette image paternelle entamée, imparfaite. Elles en proposent une de père juste, de père qui sait ce qui est bon pour son rejeton, qui sait où se trouve son intérêt.

2. Filiation et éducation

De tout temps, des enfants furent élevés par d'autres que leurs parents. Ceux-ci chargeaient, plus ou moins explicitement, des proches, d'autres adultes en la personne de nourrices, de religieux, de précepteurs, de responsables de pensionnat, d'assurer à leur progéniture les soins, les enseignements, les règles de vie qu'ils estimaient ne pouvoir dispenser ou ne voulaient dispenser eux-mêmes. Nombre de devoirs qui incombent aux parents étaient ainsi délégués à des tiers et peuvent toujours l'être.

Une réprobation latente accompagne actuellement des parents qui se déchargeraient trop ou trop souvent de leur

1. J. Lacan, *Les Complexes familiaux*, *op. cit.*, p. 72.

rôle éducatif. Les internats de collège et de lycée tendent à disparaître. Les moyens de transport, ramassages scolaires, les rendent sans doute moins nécessaires. Mais entre l'internat privé, aux frais de pension élevés, et l'institution à caractère social qui a remplacé l'ancien orphelinat, il n'y a plus guère d'établissements pouvant relayer temporairement des familles aux revenus moyens mais capables d'assurer leur entretien financier. La tendance actuelle associe l'enfant confié (à un internat ou à une famille d'accueil) à un enfant adoptable, sans lien d'aucune sorte avec des père et mère supposés incapables, déchus, maltraitants, indignes. Les jugements à l'encontre de ces derniers sont sévères et à l'emporte-pièce. Alors que les uns et les autres peuvent éprouver le besoin de prendre un peu de distance avant que les tensions ne s'exacerbent. On pourrait se demander pourquoi la mobilité des enfants est devenue si peu fluide, si rare.

Pourtant notre système de protection de l'enfance possède un arsenal de moyens pour seconder les familles : des allocations diverses à la délégation d'autorité parentale en passant par l'assistance éducative. Ils répondent aux obligations que certains d'entre eux ne peuvent assumer. La panoplie des mesures administratives et judiciaires est étendue car elles sont variées et adaptables au cas par cas. Elles demeurent mal connues, pour ne pas dire méconnues du grand public. Elles peuvent correspondre au mieux à la situation parentale, à la situation juridique des uns et des autres, à l'histoire des relations familiales. Si besoin est, quel que soit son âge il trouvera un toit : une pouponnière, une famille d'accueil, un établissement à caractère social ou spécialisé, un lieu dit « de vie », etc.

Les décisions peuvent relever des parents eux-mêmes, du service de l'aide sociale à l'enfance ou de la justice. Selon les droits et les devoirs de chacun, elles prendront des formes différentes et auront des effets sur la vie de toute la famille. Les enfants concernés n'en restent pas moins porteurs de leur patronyme, héritiers des biens mais aussi héritiers de l'histoire, d'une tradition familiale particulière, sous la forme d'un discours sur la vie, l'amour, la mort. Selon l'autorité qui en décidera, il s'agira d'une ordonnance de placement provisoire, d'un jugement, d'une délégation d'autorité parentale, d'une tutelle, d'un parrainage. contrairement aux idées reçues, confiés par leurs parents ou par un juge des enfants aux services habilités à organiser leur séjour dans une famille d'accueil ou dans une institution, ils ne sont pas en manque de filiation, donc ils ne sont pas adoptables. Si, par abus de langage, on a parlé des « enfants de l'Assistance », des « enfants de la DASS », ils demeurent les enfants de ceux qui les ont reconnus comme tels. Enfants, comme les autres, de leurs parents, auxquels une partie seulement de leurs droits est provisoirement retirée. Il s'agit de l'exercice de l'autorité parentale qu'une mesure judiciaire est venue limiter.

Ces précisions, un peu techniques, étaient indispensables pour situer l'adoption parmi les moyens de protection qu'offre notre organisation sociale. Un enfant pris en charge par des adultes venant suppléer les parents ne peut être systématiquement assimilé à un enfant malheureux, mal-aimé, mal élevé, mal soigné, à un orphelin. Car ce ne sera que dans le cas d'orphelins sans famille (en l'absence ou l'incapacité de collatéraux ou grands-parents à en assurer la charge), ou bien lorsque les liens du sang ne sont pas légitimés, que le lien filial sera institué artificiellement par l'adoption plénière.

D'autres cultures conçoivent la filiation comme intangible, selon un point de vue qui veut que la nature ne s'imite pas. La filiation, la famille humaine est alors davantage considérée comme un produit de la nature que de la culture. Que les instances culturelles puissent se substituer aux instances naturelles relèverait d'une tromperie.

Dans les législations inspirées du droit musulman, en particulier en Algérie et au Maroc, il ne peut exister qu'une seule filiation, toute autre serait assimilée à un mensonge, elle impliquerait de légaliser un lien créé de toutes pièces, d'établir un faux. En ce sens, l'acte de naissance d'un adopté, sur lequel ne doit pas figurer la filiation antérieure, pourrait être considéré comme un faux légal. La décision de confier l'enfant à un tiers s'apparente davantage à une tutelle. Il conserve sa filiation (à moins que la sienne ne soit inconnue) et sa nationalité. La *kéfala* équivaut à un recueil, à une délégation d'autorité parentale. Il s'agit d'une prise en charge bénévole : entretien, éducation, protection, comme le ferait un père pour son propre fils. Les accueillants sont responsables des actes de ce dernier dans toutes ses affaires matérielles et morales. Il ne peut être établi de filiation adoptive, car l'adoption n'est pas admise, elle est même interdite.

Adopter est un acte grave, au sens de « lourd ». Un consentement à l'adoption, une requête en vue d'adoption, un jugement d'adoption engagent la société et les sujets concernés qui devront en assumer les conséquences, si irrémédiables et douloureuses soient-elles. Il s'agit à chaque fois d'un acte ; autrement dit, après ne sera plus comme avant. La législation prévoit un laps de temps durant lequel chacun peut revenir sur son engagement : deux mois pour la remise d'un enfant, six mois pour le placement en vue d'adoption. Si les familles adoptantes doivent être assurées de ne pas regretter leur geste, il semble tout d'abord indispensable que ceux et celles qui confient leurs enfants à la société aient les moyens d'y réfléchir. Il sera désormais proposé, comme l'a prévu la loi du 5 juillet 1996, à ceux qui se posent la question du devenir de leur enfant sans eux, un accompagnement social et psychologique. Car ensuite les dés sont jetés.

3. Où sont les enfants « trouvés » ?

Selon l'historien John Boswell [1], jusqu'à la Renaissance les enfants abandonnés ont couramment servi à la régulation économique. Avant que n'existent les hospices pour enfants trouvés, ils devaient de survivre au hasard d'une rencontre avec de braves gens compatissants. Ils pouvaient être pris en charge dans une relation qui ne tenait ni au sang, ni au droit, ni à la propriété, mais à la bonté. Des liens personnels désintéressés et affectueux s'instauraient avec les personnes remplaçant les parents. Aujourd'hui, la plupart des adoptants potentiels rêvent d'une telle relation d'amour, détachée de toutes contingences. Dans l'Europe médiévale le nombre des enfants trouvés aurait correspondu à peu près à celui des couples stériles désirant une descendance. Leur prise en charge dans la réalité sociale ne s'accompagnait d'aucune idéalisation. Ils ne vivaient ni mieux ni plus mal que ceux restés dans leur famille d'origine. Pour l'Église ils étaient le signe d'une sexualité irresponsable ou d'un manquement aux devoirs envers la société et la famille. L'importance du lignage biologique faisait de l'adopté un enfant d'un rang inférieur. L'abandon était une alternative à l'infanticide, puni de peines sévères. L'insistance de l'Église sur la finalité procréatrice des relations sexuelles en aurait accru le nombre. L'enfance orpheline fut un domaine privilégié pour l'expression de l'amour du prochain. Elle le demeure aujourd'hui au travers des

1. J. Boswell, *Au bon cœur des inconnus*, Paris, Gallimard, Bibliothèque des histoires, 1993.

œuvres, des associations caritatives, dites « humanitaires ». Déjà, au XIIe siècle, des congrégations religieuses assistent les enfants trouvés. La silhouette des Filles de Charité, dont l'ordre fut fondé par saint Vincent de Paul en 1633, est légendaire. Il œuvra afin que les enfants illégitimes bénéficient des mêmes droits que les orphelins.

Les travaux de l'historien Jean Sandrin [1] portent sur les enfants trouvés depuis l'Ancien Régime jusqu'à la fin du XIXe siècle. Il signale l'« illégitimité » comme « grande pourvoyeuse d'abandons », ainsi que le concubinage qui se développe dans la seconde moitié du XVIIIe siècle. Les déshérités ne sont pas les seuls, les petits-bourgeois y recourent aussi. La limitation des naissances est condamnée par l'Église. L'infanticide aurait été fréquent au XVIe siècle. La mère était condamnée à mort pour le meurtre commis et la damnation de l'âme du nouveau-né qui n'avait pu recevoir le baptême. On cherchera à prévenir l'infanticide et l'exposition en incitant les « déposants » à éviter que l'enfant n'encoure les risques mortels de l'abandon sauvage. Au fil du temps, « si les causes de l'abandon des enfants restent les mêmes, la manière de recevoir le "trouvé" et de concevoir son avenir connaissent de grands changements [2] ».

Au XVIe siècle l'exposition des bâtards et l'usage du « tour » s'organisent. Il s'agissait d'un genre de boîte pivotante installée dans la porte des hospices. L'enfant pouvait y être déposé, il était recueilli à l'intérieur. L'identité de la mère n'avait pas besoin d'être révélée. C'était alors le statut de la mère qui déterminait celui de l'enfant. L'action en recherche de paternité alimentaire reposait sur le principe selon lequel « qui fait l'enfant doit le nourrir ». Un décret

1. J. Sandrin, *Enfants trouvés, enfants ouvriers*, Paris, Aubier Montaigne, 1982, p. 9.
2. *Ibid.*, p. 69.

de 1811 constitua l'« Assistance publique » et fit du tour une obligation : l'abandon devenait quasiment définitif [1].

Au milieu du XIXe siècle il fut envisagé de fermer les tours et de murer les hospices, de transporter d'un dépôt à l'autre les enfants exposés, de les séparer de leurs nourrices et familles adoptives. En 1845, Lamartine, en un vibrant plaidoyer, prit position lors d'un rapport au conseil général de Saône-et-Loire sur la question des enfants trouvés [2]. Il voyait dans ce qui s'appelait alors l'administration des enfants trouvés deux aspects : l'aspect moral, l'aspect économique. Il plaidait pour que les père et mère qui avaient dû abandonner leurs enfants puissent facilement les redemander une fois revenus à de meilleures pensées… ou une fois la fortune revenue. Ce qui s'avérerait impossible si l'éloignement résultait de la disparition des tours ou de leur transfert dans des villes à l'écart des grands centres. Il insistait sur l'importance des marques de reconnaissance grâce auxquelles les liens avec leur famille se renouaient pour un quart des pupilles. Il défendait fougueusement l'orphelin en évoquant les grands principes : « L'humanité dit : il faut accueillir dans la vie et adopter dans la famille nationale toute créature humaine qui arrive à l'existence, de quelque façon qu'elle y soit arrivée. […] Le lait, le pain, l'adoption, l'éducation, l'affection même sont les premiers devoirs d'une société humaine et surtout chrétienne envers tous les enfants que la pudeur, la détresse, la misère, le désordre même des naissances occultes confient à la charité publique. L'enfant illégitime n'est pas coupable de la faute, du vice ou du délit de naissance. […] La famille humaine doit l'envelopper de son amour, car la véritable famille humaine ne s'arrête pas à ces degrés arbitraires de parenté fixés à plus

1. J. Sandrin, *op.cit.*, p. 76-77.

2. R. David, *Lamartine, la politique et l'histoire*, Paris, Imprimerie nationale, 1993, p. 272-279.

ou moins de distance par la loi. [...] La paternité sociale devient un dogme aussi vrai et aussi pratique que la fraternité humaine. » Cette vigoureuse exhortation mettait l'accent sur la responsabilité de la famille élargie à l'humanité, à l'égard de ses semblables. La référence à la charité chrétienne se transposerait-elle aujourd'hui en une référence, en un appel à soutenir les actions humanitaires universelles en faveur de l'enfance ?

Remarquons que, depuis plusieurs décennies, la tolérance vis-à-vis des unions illégitimes, la banalisation du concubinage, la moindre influence de l'Église ont considérablement influé sur le regard porté sur l'enfant naturel ou illégitime. À cette évolution des mœurs il faut ajouter les progrès de la médecine, l'élévation du niveau de vie. Tous ces éléments ont peu à peu réduit les situations de misère et de détresse morale à l'origine de la plupart des abandons.

La maîtrise de la fécondité, la dépénalisation de l'avortement entraînent aussi moins de naissances imprévues, moins d'enfants illégitimes, et donc moins de motifs de remise à la naissance dans les pays développés. Parallèlement, l'évolution des mentalités, une moindre réprobation envers les mères dites célibataires, leur permet de garder et d'élever elles-mêmes leur enfant. Il y a donc peu d'enfants à adopter dans nos pays de la Communauté européenne. De ce fait l'universalisation de l'adoption est un phénomène spectaculaire.

Un peu plus de la moitié des demandes (60 %) émanent de personnes sans enfant. L'efficacité de la contraception retarde le moment de la première conception jusque vers la trentaine, alors que, déjà à cet âge, la fécondité diminue. Ce qui se traduit par des interrogations inquiètes à propos du nombre croissant de couples stériles. L'autre moitié se partage entre ceux qui veulent agrandir leur famille adoptive et ceux qui choisissent de donner des frères et des soeurs aux enfants nés de leur couple. Malgré ou à cause des possibilités de diagnostic prénatal, certaines femmes, à partir de trente-cinq ans, ne prennent pas le « risque » d'une grossesse mais veulent un enfant. L'âge de la retraite naturelle des mères, de celles qui acceptent de porter un enfant, ne cesse de s'abaisser. Pour d'autres, nous en avons indiqué la tendance, il s'agit de convenance personnelle : « Je voudrais adopter le second parce que la grossesse et l'accouchement ont fatigué ma femme. Je préfère qu'elle soit en pleine forme pour élever le suivant », dira en substance un mari attentif.

En forçant à peine le trait nous dirions que nous ne sommes plus dans une période de « pleine adoption ». Comme le disait un de ces candidats à l'adoption, « nous sommes des demandeurs d'enfants ». Pour poursuivre le parallèle il faudrait oser comparer les services de l'aide sociale à l'enfance à des agences départementales pour l'adoption, ADPA ! Les instances sont débordées bien que certaines de leurs propositions ne parviennent pas à trouver preneur ! C'est ainsi qu'il y a des centaines d'enfants adoptables dont les caractéristiques, âge, difficultés physiques ou psychologiques, font hésiter et reculer les candidats.

Il est notoire qu'il est difficile d'adopter. Il serait moins équivoque et plus juste de préciser « difficile de trouver un enfant adoptable, tel qu'on le souhaite, dans des conditions honnêtes et légales ». L'opinion publique persiste à croire que l'administration « se garde » des enfants et qu'en harcelant les services de l'aide sociale à l'enfance on débusquera ceux oubliés par les travailleurs sociaux, après avoir été délaissés par leurs parents. Certes, il faut une constante vigilance pour prendre dans chaque situation des mesures adéquates qui assureront à long terme la sécurité dont tout enfant a besoin sur le plan matériel, éducatif, psychologique.

Il était nécessaire d'expliquer que cette – risquons l'expression – « pénurie de pupilles » tient à l'évolution sociale. Elle n'est pas imputable à la mauvaise volonté de l'administration, ce n'est la faute de personne. Les services compétents se préoccupent des pupilles de l'État et des enfants délaissés. Qui est garant de leur devenir ? Les préfets sont leurs tuteurs et les conseils de famille départementaux sont responsables des orientations préconisées. Sans doute la qualité des interventions sera-t-elle toujours à améliorer dans ce domaine où des enjeux essentiels sont en cause. Mais quand bien même pourrait-on rendre plus d'enfants adoptables, leur nombre resterait dérisoire au regard du nombre de demandes.

L'assimilation, dans les esprits, du placement et de l'abandon ne date pas d'aujourd'hui. La loi de 1904 prescrivait le secret du lieu de placement des pupilles. Il fallait les éloigner de familles naturelles pathogènes à l'influence « pernicieuse ». Or, à cette époque, le dispositif judiciaire dominant est la déchéance de la puissance paternelle, synonyme d'indignité, mais l'adoption des mineurs n'est pas permise. Pendant un demi-siècle rien n'a changé sensiblement, ainsi qu'en témoignent les anciens enfants placés [1]. Mais depuis quarante ans le chemin parcouru est spectaculaire. Parallèlement au développement de la psychologie et des sciences sociales, les pratiques changent. Les notions de droits des usagers, de droits de l'enfant imposent, entre autres, le respect de l'autorité parentale. Le développement des actions de prévention inverse la tendance. On se doit de veiller au raccourcissement de la durée des placements, à la

1. J.-L. Lahaye, *Cent Familles*, Paris, Carrère, 1985.

sauvegarde active des relations des enfants placés avec leurs parents. Paradoxalement, au moment où les lois sur l'adoption atteignent leur meilleure configuration dans l'intérêt de l'enfant mineur « déshérité », les services sociaux vont s'ingénier à « délégitimer » toute autre position de l'enfant. Tout doit être mis en œuvre pour qu'il puisse vivre avec ses géniteurs, seule issue qui lui garantisse le bonheur. Sans doute repère-t-on, ici, l'influence du mythe post-freudien de l'harmonie mère/enfant à maintenir ou construire coûte que coûte. Et, en effet, avant qu'un enfant soit en position d'être déclaré abandonné, on aura souvent beaucoup fait, sinon « tout fait », pour éviter d'en arriver là. Il faut donc admettre que la politique menée par l'aide sociale à l'enfance contribue pour une part au petit nombre d'enfants adoptables.

Comment concilier les attentes des enfants adoptables et la demande des adultes eux aussi adoptables ? Il faudrait prendre des mesures pour faciliter l'adoption, pense l'opinion. Et un Premier ministre demande un rapport. Mais attention, si le législateur prend acte de l'évolution des mœurs en diminuant de cinq à deux les années de mariage nécessaires (une période de vie maritale ayant souvent précédé l'union conjugale) et qu'il abaisse l'âge requis de trente à vingt-huit ans, il ne peut faciliter la situation à proprement parler, ce qui reviendrait à trouver des enfants. Les mesures préconisées ne pourront, comme le précise très clairement le député J.-F. Mattei, chargé de cette étude, qu'améliorer les démarches, rendre « les procédures plus simples, plus sûres et plus justes », mais, on l'aura compris, pas plus faciles [1].

Faudrait-il voir dans la volonté politique de simplifier les procédures, au-delà de la solidarité et de la fraternité

1. J.-F. Mattei, *op. cit.*, p. 12.

humaine, un souci nataliste ? On prendrait ainsi en considération l'attrait qu'exerce ce mode de filiation. En effet, nombre de parents souhaitent un enfant de plus, mais uniquement s'ils peuvent l'adopter. Sinon, pourquoi ne pas se rendre à l'évidence ? Admettre cette réalité sociale et juridique d'un très petit nombre d'adoptables ? Et pourquoi ne pas chercher si, sous d'autres modalités juridiques ou administratives, des enfants, ici ou ailleurs, n'attendraient pas des familles dans lesquelles grandir ?

Chapitre II

Les enfants adoptables

Comment les futurs parents trouveront-ils un enfant ? Car après l'obtention de l'agrément, largement octroyé, il y a comme un goulet d'étranglement et deux options théoriques : attendre le bon vouloir d'un conseil de famille, d'une œuvre ; ou bien se « débrouiller » seul, adopter « en individuel », hors de nos frontières, avec le soutien des associations de parents adoptifs et des organismes autorisés.

1. L'« administration » des enfants trouvés

Où se trouvent en France les enfants adoptables ? Ils ne sont plus que très rarement « trouvés » (environ une dizaine par an en France), exceptionnellement exposés sur la voie publique. Les abandons « sauvages », mal camouflés sont devenus si rares qu'ils choquent, alimentent la presse à sensation et font pleurer Margot. « Un bébé abandonné dans un frigo », annonçait le journal *Libération* du 23 avril 1996. Découvert au hasard d'une visite d'huissier, sain et sauf, c'est un « miraculé ». Selon la presse, la jeune femme avait décidé de le donner en adoption mais au moment de l'accouchement, sans volonté d'infanticide, elle a agi dans la panique, ne se rendant pas compte des risques qu'elle lui faisait courir.

Qu'un nouveau-né soit découvert dans un appentis, une poubelle, un galetas ou un fourré, voilà que l'opinion s'émeut et se scandalise. Ces situations d'abandon sont considérées comme criminelles, elles justifient d'une mise en examen pour tentative d'homicide, car elles mettent en danger l'enfant. L'inconséquence est à la mesure du désarroi de ces jeunes femmes dont le geste suscite plus l'incompréhension que la compassion. L'imagination se polarise sur le dénuement de ce petit être, jeté là par une mère supposée sans cœur, dont la propre détresse est gommée. Car son geste remet en cause le présupposé de l'instinct, sinon de l'amour maternel, et déconcerte. Les représentations de femmes amorales, ne maîtrisant ni leur sexualité ni leur fécondité, resurgissent à travers les commentaires dont elles sont l'objet.

À qui la faute ? Les « psy » de service devront se prononcer, avant que la justice ne fasse son travail, à la radio, à la télévision : « Cette femme est-elle un monstre ? » ; « Comment cela peut-il encore être possible à notre époque ? » ; « Que font les services sociaux ? » Autrement dit : « Le malheur est-il évitable ? » Les aides matérielles, les instances de prévention dont la protection maternelle et infantile, les numéros d'appel gratuits et autres dispositifs n'atteignent pas complètement leurs objectifs. Ces femmes n'y recourent pas faute d'informations, d'instruction, de confiance dans les aides possibles, faute aussi de réaliser ce qui leur arrive et les conséquences de leur comportement. Elles ne veulent ou ne peuvent assumer autrement leur décision de ne pas élever celui qu'elles viennent de mettre au monde. Elles agissent au lieu d'en parler et de signer officiellement un consentement à l'adoption.

Que se passe-t-il alors pour ces nouveau-nés ? Ils ne sont pas adoptables sur-le-champ. concrètement, ils seront confiés à une pouponnière ou à une famille d'accueil. Administrativement, ils seront recueillis par les services de protection de l'enfance de leur département. En fonction du contexte ils seront, selon la terminologie consacrée, « admis en qualité de pupilles provisoires », puis le plus souvent ensuite définitivement en tant que pupilles de l'État. Une instance composée de notables, le conseil de famille en accord avec le préfet, si elle décide d'une proposition d'adoption, choisira les futurs parents adoptifs parmi les personnes agréées.

Évoquons les différentes modalités par lesquelles nouveau-nés puis enfants deviennent pupilles de l'État. Ils sont à distinguer des pupilles de la nation, dont les pupilles de l'air, orphelins et victimes de guerre.

Les enfants « trouvés » dont la filiation n'est pas établie ou est inconnue sont déclarés pupilles à titre provisoire et la tutelle du préfet et du conseil de famille (voir p. 222) s'exerce aussitôt. Ils seront admis définitivement par un arrêté après deux mois et deviendront alors adoptables.

Les autres nouveau-nés sont mis au monde dans une maternité. La confusion règne dans les esprits entre abandon de l'enfant à la naissance et anonymat, comme si dans l'imaginaire celle dont est suspecté l'« instinct maternel » ne pouvait que rester dans l'ombre et disparaître de la scène sans laisser de traces. Or, il faut savoir que plusieurs possibilités s'offrent à une femme au moment de l'accouchement, et depuis la loi du 5 juillet 1996 les différentes hypothèses sont les suivantes [1] :

– Elle ne décline pas son identité à l'admission en maternité ni à la déclaration de naissance. En effet

1. Nous devons aux notes manuscrites de Bernard Chatelain, inspecteur à l'aide sociale à l'enfance, la clarté sur ces distinctions essentielles.

l'article 341-1 du Code civil permet à la mère d'entrer anonymement à la maternité, il ne dit pas que c'est en vue obligatoirement d'abandonner l'enfant. L'accouchement est complètement anonyme, l'enfant aura un état civil avec trois prénoms mais pas de filiation connue ni établie. L'aide sociale à l'enfance prendra en charge les frais d'accouchement. Le procès-verbal de recueil de l'enfant, document officiel de sa remise en vue d'adoption, ne comporte que des éléments non identifiants. La mère garde la possibilité ultérieure de révéler son identité à l'aide sociale à l'enfance afin qu'elle soit communiquée, à leur demande, aux adoptants, à l'enfant et à ses descendants après son décès.

– Elle décline ou non son identité à l'admission à la maternité et l'enfant est déclaré à l'état civil sous le nom de sa mère, qui ne le reconnaît toutefois pas. L'accouchement est non anonyme, la filiation de l'enfant est connue mais non établie. Si le père et la mère ne sont pas désignés dans l'acte de naissance, rien à leur sujet ne sera mentionné sur les registres [1]. Il n'y a pas de financement par l'aide sociale à l'enfance. Le procès-verbal comporte des éléments identifiants.

– Elle peut donner son identité à l'admission et ne décider de confier l'enfant sous le secret que dans les jours qui suivent. On retrouve les éléments de la première hypothèse. L'enfant « né sous X », expression consacrée mais nullement officielle, est donc non pas celui dont on ne connaît pas la mère, mais celui déclaré à l'état civil sans indication de nom des parents.

– Elle peut demander le secret à l'admission avec l'intention d'abandonner l'enfant, puis se raviser dans les heures qui suivent l'accouchement. Si elle donne alors son

1. Article 57 du Code civil.

nom à l'enfant et le reconnaît, la situation redevient « normale ».

– Elle ou les deux parents peuvent avoir reconnu l'enfant à la naissance et décider de l'abandonner dans les jours, les semaines, les mois qui suivent. Au cas où un seul parent a consenti, l'autre parent dispose d'un délai de six mois pour faire connaître son intention d'en assumer la charge. Ce n'est qu'ensuite que l'enfant sera adoptable. L'anonymat est, ici, exclu au départ. Mais la mère peut, si l'enfant a moins d'un an, selon la loi Mattei, demander le secret de son identité en confiant l'enfant. En fait, le procès-verbal d'abandon mentionnera bien l'identité de la mère, puisqu'il faut recueillir son consentement à la remise de l'enfant et à son adoption ultérieure, en tant que titulaire de l'autorité parentale. Puis le service fera établir un état civil provisoire [1] qui substituera à l'acte de naissance originel de l'enfant un nouvel acte de naissance d'où l'identité de la mère aura disparu.

Dans le premier et troisième cas de figure, l'enfant naît sous X à l'état civil, et désormais on ne peut plus recueillir l'identité de la mère dans le procès-verbal de remise, même sous le secret. La mère est libre de se révéler comme telle ultérieurement.

La polémique autour du maintien de l'accouchement secret s'alimente des positions qui défendraient des intérêts contradictoires : celui de la femme « mère de l'ombre [2] », dont les raisons de se taire doivent être respectées, et celui de l'« enfant du secret [3] », qui se demandera en vain d'où il vient si aucune figure concrète ne lui est proposée. L'ambiguïté vient de ce qu'accouchement et filiation sont disso-

1. Article 58 du Code civil.
2. N. Peltier, *Les Mères de l'ombre*, Paris, Cerf, 1995.
3. C. Bonnet, *Les Enfants du secret*, Paris, Odile Jacob, 1992.

ciés et que l'anonymat de l'un n'entraîne pas automatiquement la méconnaissance de l'identité maternelle. Lorsque auparavant l'enfant devenu adulte découvrait que l'administration possédait les informations concernant l'état civil de la mère mais que, tenue par la demande de celle-ci et l'engagement de la respecter, celles-ci ne pouvaient lui être transmises, la situation était particulièrement insupportable. Il est beaucoup plus cohérent juridiquement et psychologiquement, puisque existe l'accouchement anonyme, que l'identité n'apparaisse sur aucun document. Car si personne ne sait rien, le désir légitime d'en connaître davantage se heurte à une impossibilité incontournable. En revanche si l'autre, ici l'administration, sait quelque chose et n'en révèle rien, l'impuissance à accéder à ce plus de savoir s'affronte à une instance muette dont le pouvoir est jugé abusif. Car, ainsi que le montre très drôlement Woody Allen dans son film *Maudite Aphrodite*, la garantie du secret est très relative : père adoptif, son personnage cherche, bien avant l'enfant à peine sorti des langes, à rencontrer la mère et à cette fin subtilise le dossier dans les bureaux du service des adoptions où la responsable a respecté la volonté de la mère d'origine.

Il est essentiel, lorsqu'on parle de l'accouchement anonyme ou secret, de bien dissocier l'aspect « état civil/filiation » de l'aspect « recueil par l'aide sociale à l'enfance ou une œuvre », qui n'intervient que secondairement.

Le droit dit qu'on peut ne naître de personne d'identifié ou qu'on peut porter le nom de sa mère sans avoir de filiation. Cette abstention du parent est synonyme de refus d'assumer la parenté, et, le plus souvent, d'abandon en vue d'adoption, mais pas obligatoirement. Par exemple, dans le cas de l'enfant « trouvé », la loi autorise celui qui a fait cette « trouvaille » à garder l'enfant après l'avoir déclaré à l'état civil et à condition de solliciter l'ouverture d'une tutelle auprès du tribunal d'instance. Le conseil de famille, alors consulté, pourra consentir à l'adoption.

Ce n'est donc pas la demande de secret de l'identité par la mère à l'admission en maternité [1] qui fait l'enfant abandonné, c'est le choix de la mère de ne pas donner de nom ou de filiation à l'enfant. Il est abandonné car il n'est pas nommé par elle. On retrouve ici l'importance du langage, du discours : l'enfant abandonné est en premier lieu l'abandonné du discours. Elle lui donnera éventuellement les trois prénoms mais ne lui transmet pas de patronyme. L'admission à l'aide sociale à l'enfance n'est qu'une conséquence logique de ce choix.

Dans le maintien, en France, de cette possibilité qu'a la mère de ne donner ni identité ni filiation on retrouve, entre autres motifs, le souci d'éviter l'avortement, l'infanticide, l'exposition. Notons ici que la loi entérine une possible éviction du père, néanmoins un enfant recueilli sous X peut être, par la suite, reconnu par son père.

La remise à l'aide sociale à l'enfance passe par l'établissement d'un procès-verbal entre la mère et une personne, dite « préposée » (terme en usage mais caduc), en fait habilitée par le service à recevoir l'enfant. Pendant le délai légal, ramené de trois à deux mois par la récente loi, il peut être repris sans aucune formalité par sa mère, elle peut donc se rétracter. À cette échéance, il deviendra pupille de l'État, et dans les deux mois le conseil de famille examinera sa situation et le confiera à des parents adoptifs.

Le consentement à l'adoption

Quelles représentations les adoptants ont-ils des femmes et hommes grâce auxquels finalement ils adopteront ? L'homme reste le séducteur qui abandonne celle « tombée

1. Article 341-1 du Code civil.

enceinte » de ses œuvres. Des conditions économiques précaires, des situations sentimentales dramatiques amènent la femme, plutôt une jeune fille, à laisser l'enfant « pour son bonheur », imagine-t-on, et cela lui fait « mal au cœur ». Si elle se résout à cette extrémité, ou bien son milieu familial la rejette parce qu'elle est enceinte, ou bien elle est trop jeune. Elle n'utilisait pas une contraception efficace, ne supportait pas (à moins que ce ne soit ses parents) l'idée de l'avortement et pense ne pas pouvoir élever l'enfant. Elle fait preuve aussi de courage en renonçant à lui dans ce « geste d'amour [1] ». Celle qui abandonne et celle qui consent à l'adoption, « courageuse », ne sont pas toujours assimilées l'une à l'autre.

Dans ce domaine, le temps nécessaire à la réflexion et à la décision qui convient est imprévisible.

Un cheminement comme celui de cette jeune fille de dix-sept ans, hébergée dans un centre maternel, lieu qui accueille les femmes enceintes, puis les mères avec leurs bébés, en donnera un aperçu. Elle dira avoir beaucoup hésité, mais finalement estimé qu'elle garderait sa fille car ce n'est « pas la peine de faire des enfants pour les donner à la DASS ». Puis, en quittant ce centre maternel, elle reconnaîtra ne pas du tout savoir comment s'y prendre avec le bébé et acceptera qu'il reste à la pouponnière. Sujette à « des passages à vide » qui l'impressionnent, pour lesquels la jeune femme se soigne, elle signera après beaucoup d'hésitations un consentement à l'adoption pour que sa fille soit « donnée à des parents adoptifs ». Finalement elle pense que c'est ce qui est le mieux pour « Natacha qui est très belle ». Tout en souffrant de cette décision, elle imagine la joie de ceux qui n'ont pu eux-mêmes avoir d'enfant et, d'une certaine manière, elle se sent réconfortée. Elle

1. C. Bonnet, *Geste d'amour*, Paris, Odile Jacob, 1992.

espère que cet acte évitera à sa fille la « galère » qu'elle a connue et bénéficiera à un couple malheureux de son infécondité. En même temps elle rêve de trouver un travail, un appartement, un ami et de pouvoir la reprendre avec elle. Elle a raconté à ses proches que le bébé était mort à la naissance. Enfin, elle n'a pas hésité à laisser les coordonnées de son état civil et souhaiterait plus tard que sa fille la recherche.

Ces gestes sont dignes et forcent le respect ; Simone Chalon, à travers son expérience de responsable d'une œuvre adoptive, en témoigne. Elle a montré combien le choix était douloureux pour ces femmes en détresse, souvent « brisées dès l'enfance [1] ». L'épreuve ensuite sera pour elles de ne pas savoir ce que l'enfant est précisément devenu, avec la crainte qu'il ne soit pas adopté et placé de famille d'accueil en famille d'accueil. Comment s'assurer qu'il n'est pas malheureux et que les adoptants ne les dénigrent pas ? Cela restera parfois pour elles une interrogation.

Le délaissement

En ce qui concerne les plus grands, l'opinion publique persiste à croire que des orphelins en mal de famille « croupissent » dans les établissements à caractère social. Il n'en est rien. Être orphelin de père et de mère et pupille de l'État suppose un contexte, de nos jours, de moins en moins fréquent. La plupart des orphelins sont pris en charge par leurs proches, un conseil de famille réuni par le juge des tutelles nomme un tuteur. Si aucune personne de la famille ne peut s'en charger, ils seront pupilles à titre provisoire et placés sous la tutelle du préfet. Ainsi le vide juridique, la vacance d'autorité parentale sera comblée en attendant

1. S. Chalon, *L'Enfance retrouvée*, Paris, Le Pré aux clercs, 1992.

l'organisation de la tutelle de droit commun. Ils ne seront donc pas tous susceptibles d'être adoptés.

Il est des pupilles qui ne sont pas des orphelins, ceux dont les parents ont été déchus de leurs droits à l'égard de leurs enfants. La déchéance d'autorité parentale, rebaptisée, pour atténuer l'impact dévalorisant aux yeux de l'enfant, « retrait d'autorité parentale », est une mesure civile de protection qui est prononcée contre le père ou la mère ou contre les deux. Ceux-ci peuvent avoir été condamnés pénalement pour un acte délictueux ou criminel commis sur le mineur ou avec lui : négligences graves, abus sexuels. Ils peuvent ne pas avoir encouru de poursuites pénales mais manifestement mis en danger sa sécurité, sa santé ou sa moralité. Ou bien, au cours d'une mesure d'assistance éducative prise pour l'enfant, ils se sont, pendant plus de deux ans, abstenus d'exercer les droits et de remplir les devoirs dont ils demeuraient responsables.

L'idée que ces enfants sont « traumatisés », « caractériels », « perturbés » tempère les enthousiasmes adoptants, d'autant qu'ils sont supposés « esquintés », quand ce n'est pas « irrécupérables » ou « tarés », du fait des violences ou carences parentales et des maladresses surajoutées des services sociaux. De plus, il ne s'agit pas de nourrissons car ils auront vécu plusieurs mois ou années dans leur famille. Lorsque le retrait de l'autorité parentale est devenu définitif envers les deux parents, l'enfant est admis comme pupille de l'État et adoptable. Il faut donc de graves motifs pour que père et mère soient non plus « déchus de leurs droits », selon la dénomination de la loi de 1889, mais se voient retirer leurs prérogatives, dont celle de consentir à l'adoption, pour qu'à leur filiation une autre puisse se substituer.

D'autres deviendront pupilles à l'issue d'un jugement qui entérinera un abandon de fait. Le public garde l'idée, tenace, qu'il suffit, pour que l'enfant, élevé en famille d'accueil ou en établissement, ne soit pas adoptable, que « les parents envoient une carte postale par an ». La violence des propos entendus à l'égard de ces derniers est à la mesure de la méconnaissance, de l'intolérance, du désir d'appropriation et de la conviction de ceux qui s'estiment meilleurs que certains « géniteurs indignes ».

La réprobation s'adresse également aux services sociaux qui laisseraient traîner les choses. Dans le jargon administratif il s'agit des « articles 350 ». Le Code civil, dans son article 350, a en effet prévu que l'abandon de fait soit entériné par un jugement d'abandon. Ce fameux article dit ceci : « L'enfant recueilli par un particulier, un établissement ou un service de l'aide sociale à l'enfance, dont les parents se sont manifestement désintéressés pendant l'année qui précède l'introduction de la demande en déclaration d'abandon, est déclaré abandonné par le tribunal de grande instance [1]. » Il doit être admis comme pupille de l'État. Le délaissement manifeste trouve donc ici une solution juridique.

Cet article 350 est-il motivé par le seul intérêt de l'enfant, ou bien faut-il y lire un moyen d'augmenter le nombre d'enfants adoptables pour répondre à l'attente des adoptants potentiels ; ou, plus prosaïquement, est-ce une façon de réduire les dépenses ? Ainsi posée, la question est cruelle mais les trois niveaux de considération sont en jeu.

Le recours à cet article varie selon les départements. La vigilance des travailleurs sociaux est alertée par la place qu'occupent les parents pour leurs enfants placés. Engage-t-on automatiquement la requête lorsque les conditions légales sont réunies ou bien recourt-on aux procédures de délégation d'autorité parentale ou de tutelle ? Sur le plan national les 1 580 déclarations de 1977 ne sont

1. Article 10 de la loi du 5 juillet 1996.

plus que 255 en 1993. Les textes recommandent aux responsables et aux conseils de famille de s'assurer qu'il n'existe pas d'enfants non adoptables qui devraient l'être et que diminue le nombre des adoptables non adoptés. La défiance se déduit des instructions qui entretiennent la suspicion à l'égard de l'aide sociale à l'enfance, laquelle contesterait et négligerait l'utilisation de cet article. Il est sous-entendu que l'enfant délaissé ne peut trouver son véritable équilibre qu'au sein d'une vraie famille.

Seule l'appréciation de la manière dont il vit et exprime son lien à sa famille d'origine, au-delà des modalités formelles des contacts, donnera une idée de l'investissement ou du désinvestissement dont elle est l'objet. Quelle position conserve-t-il à son égard ? Rejet, attente, indifférence, idéalisation, etc. ? Avant d'émettre un avis, l'aide sociale à l'enfance doit prendre en compte tous les paramètres, parmi lesquels la possibilité d'un nouveau lien affectif et filial, une fois la rupture consommée avec la famille d'origine. Cet article est essentiel pour l'avenir de certains, ainsi que le commentait un inspecteur : « Il faut lui reconnaître cette vertu de nous obliger à un regard encore plus fin sur la qualité des relations entre les enfants accueillis et leurs parents, et à un examen encore plus attentif de l'intérêt des enfants menacés d'une rupture avec leur famille d'origine, et tout particulièrement pour les plus jeunes d'entre eux [1]. »

Il est donc clair que ces derniers « sans famille » sont rarement sans filiation. Quand elle existe et que s'installe le délaissement, tout dépendra de l'interprétation de cette notion. Visites, promesses de visites, colis, communications téléphoniques, lettres, autant de manifestations

1. B. Chatelain, « Communication sur la déclaration judiciaire d'abandon », Journée technique de l'aide sociale à l'enfance du 4 décembre 1995, conseil général de l'IsÈre.

parentales qui sont comptabilisables et qui parfois se raréfient au fil du temps, mais qui le plus souvent seront imprévisibles. Imprévisibles car tributaires de la précarité matérielle, des péripéties de la vie sentimentale et surtout de la fragilité psychologique d'adultes qui souffrent de l'absence de l'enfant sans pouvoir établir ou rétablir avec lui un lien continu. La loi a apporté quelques précisions pour l'appréciation du délaissement : « La simple rétractation du consentement à l'adoption, la demande de nouvelles ou l'intention exprimée mais non suivie d'effet de reprendre l'enfant n'est pas une marque d'intérêt suffisante pour motiver de plein droit le rejet de la demande en déclaration d'abandon. » Les juges prendront en considération le fait que les causes du délaissement soient volontaires ou pas. Enfin, comme le suggère la juriste Pascale Salvage-Gerest, ne serait-il pas pensable d'« imaginer un assouplissement qui permettrait [...] d'organiser l'adoption simple d'enfants non pupilles de l'État mais néanmoins délaissés [1] » ? Encore faudrait-il réhabiliter aux yeux des futurs parents l'image et la réalité de ce mode d'adoption dont ils craignent la révocabilité.

Nous ne pouvons préjuger de la capacité des enfants à y faire face : si angoissant que soit ou que nous estimions le contexte familial, si minime que soit l'engagement parental, si dramatiques que soient les événements vécus. Entendre dire que sa mère est « sous tutelle » ou bien une « incapable majeure », que son père est en prison, sa grand-mère « bien connue des services sociaux » demeure parfois incompréhensible et mérite des explications. L'enfant doit savoir que si la société, en la personne d'un juge, a dû intervenir et imposer une séparation du milieu

1. P. Salvage-Gerest, *L'Adoption*, *op. cit.*, p. 69.

familial, c'est à cause d'une défaillance momentanée ou durable de ceux censés le protéger.

Ils auront éprouvé plus tôt et avec plus d'acuité que d'autres les défaillances parentales et auront dû précocement y faire face. Leurs parents font l'expérience qu'il leur est difficile et parfois, malgré eux, impossible d'être les parents qu'ils voudraient être. Certains consentiront à l'adoption simple ou plénière afin que l'enfant bénéficie d'une stabilité qu'ils savent nécessaire et qu'ils reconnaissent ne pouvoir assurer. Adultes en difficulté, ils voudraient leur éviter la marginalisation scolaire, familiale, sociale et professionnelle qu'ils ont connue. Quand ils ne peuvent prendre directement la décision, ils agissent parfois de telle sorte que la société intervienne et ils résisteront alors à toutes les tentatives de maintien d'un lien auquel ils ont, en fait, renoncé.

Les différentes réformes œuvrent toutes dans le même sens : que le passage par l'aide sociale à l'enfance soit bref et que rapidement une famille adoptive accueille l'enfant. L'impératif fixé en 1984 ne laisse subsister aucune ambiguïté : « Les enfants admis en qualité de pupille de l'État doivent faire l'objet d'un projet d'adoption dans les meilleurs délais [1]. » En principe le meilleur avenir est assuré par l'établissement d'une nouvelle filiation parentale durable. Nous verrons comment, pour certains, elle peut ne pas être possible (handicap grave) ou souhaitable (attachement de l'enfant à une famille d'accueil ne formant pas ce projet).

Rares pupilles

Devenus peu nombreux, les pupilles sont des enfants précieux et l'objet d'attentions très précises. Les conseils de

1. Code de la famille et de l'aide sociale (CFAS), article 63.

famille, les préfets devraient y tenir comme à la prunelle de leurs yeux !

Un petit détour du côté de l'étymologie du terme « pupille » se révèle plein d'enseignements. Le dictionnaire Bloch et Wartburg [1] en donne plusieurs acceptions. Au XIIe siècle *pupilla*, poupard, *pupa,* prend le sens de poupée et *puppa* est utilisé dans le langage enfantin pour nommer le sein, la mamelle. L'enfant jouerait-il avec le sein, objet détaché du corps maternel ? Il est intéressant de rapprocher ce sens de l'idée de Lacan selon laquelle fantasmatiquement la séparation mère/enfant, dans les premiers mois, se situe entre la mère et l'enfant-complété-du-sein et non pas entre la mère-plus-le-sein et l'enfant.

Au XVIe siècle, « pupille » apparaît comme un terme de droit pour désigner un « enfant qui n'a plus ses parents, mineur ». Il dérive du latin *pupus, pupillus,* petit enfant. Au féminin, *pupilla* désigne la petite ſigure qui se réflechit dans la prunelle : « à cause de la petite image qu'on voit s'y refléter ». Cela fait penser à une sorte de réduction des objets auxquels l'œil sert de miroir et renvoie à l'idée de l'adulte en miniature dans l'enfant.

On note une troisième acception en zoologie : la pupe. Il s'agit pour les diptères (des insectes) du stade intermédiaire entre la larve et l'imago (ou nymphe). La nymphe est une sorte de poche remplie de liquide, enveloppe de la chrysalide d'où naît l'insecte adulte. Or, parfois, le personnel des pouponnières a l'impression d'avoir affaire à des nourrissons dans un état psychologique particulier : ils semblent dans leur « bulle », « entre parenthèses » ; ils sont en attente, en suspens, ils s'animent lorsque la décision de l'adoption est transmise à celles qui leur prodiguent les soins. Les savoir objet d'un désir particularisé et non plus

1. Paris, PUF, 1986.

anonyme leur confère une valeur dont les effets peuvent être spectaculaires ; ou bien la rencontre des parents provoquera cet effet d'éveil. Par analogie avec les insectes, ils semblent en quelque sorte s'extraire de leur pupe.

Ajoutons enfin que les nymphes, divinités féminines mineures, sont associées aux notions de fécondité, de croissance. Elles ne sont pas immortelles mais douées d'une existence extrêmement longue. Cela évoque la capacité de certains enfants à survivre dans des conditions d'échanges humanisants minimes pendant des mois, et à sortir de leur torpeur lorsqu'ils comptent enfin pour quelqu'un.

Ne serait-ce pas ce qui arriva à Romane ? Pour Christophe et Chantal, l'attente de quatre ans, au lieu des neuf mois de préparation d'une grossesse, fut très longue, mais ils étaient informés des délais, ils le traduisent ainsi : « Ils n'avaient pas d'enfant disponible tout de suite. » Un beau jour l'assistante sociale du service des adoptions leur téléphona ; ils résument en ces termes l'essentiel de la communication : « Y en a un, le voulez-vous ? » Ils n'hésitèrent pas une seconde, le week-end leur parut interminable. Dès leur première rencontre avec ce bébé de trois mois ils sentirent dans sa manière de les regarder une attention, une concentration incroyable, rien ne semblait lui échapper. Cette petite Romane était en attente, elle souriait fort peu, observait. Les auxiliaires de puériculture la décrivaient comme agitée, tendue, et disaient qu'elle aurait besoin d'être stimulée. Ils ne s'inquiétèrent pas et elle devint peu à peu plus calme, réagissant à tout ce qu'on lui disait, commençant à sourire. Une petite fête de famille donna l'occasion aux grands-parents de manifester leur émotion. « Ma petite-fille ! » s'écria une grand-mère. « Enfin une petite nièce ! » répliqua une sœur de Christophe.

Bien d'autres exemples illustreraient cette transformation que provoque la perspective de sortir de l'état de pupille. La tristesse de ce bébé menu de dix-huit mois, qui ne marchait pas, avait touché Étienne et Noëlle. Manuela serrait sur son cœur le nounours qu'ils lui avaient donné. Après ces dix derniers mois à la pouponnière elle gardait le poids et la taille de son arrivée à huit mois. Elle ne souriait pas et esquissait à peine des mouvements vers les objets. Elle aurait présenté des signes de souffrance néonatale. Quinze jours après son arrivée chez ses parents, elle se dressait debout et un mois plus tard trottait partout. Les câlins y furent pour beaucoup, mais aussi son énergie éveillée par l'attention affectueuse qu'elle a pu accepter.

2. Pupilles nouvellement nés

Les futurs adoptants attendront durant un certain nombre d'années, variable selon les départements, entre trois et six ans environ, avant de se voir confier un pupille de l'État français dont l'origine sera européenne ou non. Cette durée est fonction des enfants adoptables dont le nombre est peu prévisible. Figurer sur la liste des candidats proposés au conseil de famille suppose donc d'obtenir l'agrément et de renouveller annuellement par écrit la demande d'un pupille.

En France, l'aide sociale à l'enfance et les organismes autorisés sont seuls habilités à placer en vue d'adoption les enfants de moins de deux ans, sauf pour les enfants ayant un lien de parenté ou d'alliance avec l'adoptant.

Le conseil de famille

Le conseil de famille des pupilles de l'État est l'instance qui attribue les enfants adoptables aux personnes agréées. L'autorité parentale lui est dévolue ainsi qu'au préfet en qualité de tuteur (par délégation, le directeur départemental des affaires sanitaires et sociales). Ils règlent les conditions générales de leur entretien et de leur éducation [1]. Le tuteur administre les biens de l'enfant en bon père de famille [2]. La collaboration est concrète entre lui, le conseil de famille et l'aide sociale à l'enfance, gardien de droit.

Il est constitué, pour soixante-dix pupilles, de huit personnes : deux conseillers généraux ; deux représentants d'associations familiales et adoptives ; un ancien pupille ; une représentante des assistantes maternelles ; deux personnalités qualifiées du fait de leur intérêt pour la protection de l'enfance. Il a l'obligation d'étudier, une fois par an, chaque situation à partir du rapport du travailleur social chargé de la surveillance du placement. Remarquons que le personnel du service de l'aide sociale à l'enfance (assistantes sociales, psychologues, inspecteurs, éducateurs) n'y siège pas. Ils sont invités à présenter les situations dont ils sont responsables, et donnent leur avis sur des points techniques. Pour tous les pupilles l'adoption doit être envisagée. L'opportunité du projet doit être examinée. Elle ne sera récusée que pour de justes motifs, une fois vérifié le bien-fondé du maintien dans la situation de non-adoption : lorsqu'elle présente plus d'avantages, dans tous les sens du terme, pour l'enfant. Toutes les personnes concernées peuvent être appelées à venir faire part directement de leur position : l'enfant, l'assistante maternelle, le responsable d'établissement, la famille de parrainage, les futurs adoptants. L'autorité parentale, ici exercée de manière collégiale, ne peut être remise en question par des tiers.

Lorsque l'adoption est souhaitée, le responsable de l'aide sociale à l'enfance propose les dossiers de candidats

1. Article 449 du Code civil.
2. Article 450.

agréés, et non pas « agrémentés » comme le disait l'un d'eux. Chaque conseil de famille décide des éléments qui lui semblent les plus propices en ce qui concerne l'âge des adoptants ou leur situation matrimoniale. Il a l'embarras du choix. En général, pour éviter les décisions arbitraires et traiter à égalité toutes les personnes sur les rangs, l'ordre d'ancienneté des demandes sert de fil conducteur, surtout pour les nouveau-nés.

Au-delà de ces dispositions légales, l'importance et la gravité des décisions sont à souligner. On doit s'assurer de leur adaptabilité et des garanties morales et matérielles suffisantes présentées par les éventuels adoptants [1]. Le tuteur doit résister à la pression des demandes et essayer de décider en connaissance de cause de confier en vue d'adoption tel pupille à telle famille. Les décisions sont prises dans l'intérêt, dit supérieur, de l'enfant. Cet intérêt est chaque fois particularisé du fait des circonstances de l'admission et de la manière dont l'intéressé réagit à l'éventualité d'un tel projet. Nul ne peut présumer de ses réactions, mais la décision engage l'avenir et devrait lui assurer un milieu familial au-delà de la majorité. Les vues convergent sur ce point et sont à l'origine de la proposition d'un regroupement national concernant les parents potentiels et les pupilles non adoptés.

Avant que l'enfant paraisse

Comment les adoptants évoquent-ils la période qui précède l'annonce qu'un bébé leur est destiné ?

Éric et Marianne continuèrent leurs activités sportives, ne voulant pas que l'attente, après l'obtention de l'agrément, paralyse leur vie. Ils signalent au passage que,

1. Article 65-1 du CFAS.

contrairement à un couple d'amis, l'adoption n'a jamais eu pour fonction le « sauvetage affectif » de leur couple. Les démarches furent relativement rapides. Ils avaient déposé « un bon dossier » auprès d'une œuvre et répondu sincèrement aux questions d'un psychologue « très humain ». Ils disent n'avoir guère eu d'illusion, ils ne croyaient pas que leur candidature serait retenue – une manière de prévenir la déception.

La réalisation du projet se profilait dans le lointain, c'était « un désir non palpable ». Puis, apprenant qu'ils deviendraient parents dans l'année, ils reçurent comme « un coup à l'estomac… j'avais envie de le préparer comme une grossesse. Nous avions l'impression que les choses se précipitaient. On voyait le bout d'une échéance, enfin ! ». Dans le même temps, des inquiétudes surgirent : « Nous avions peur que le courant ne passe pas entre nous et l'enfant. » Prévenus une semaine à l'avance par courrier, mais sans que la lettre précise l'âge, ils furent bouleversés. Ils ressentirent « un choc dans le bon sens » et toutes leurs habitudes furent bousculées du jour au lendemain !

Ils ont donc accueilli Sandra, nourisson de trois mois, il y a deux ans, elle portait le prénom auquel ils avaient pensé. Par qui avait-il été choisi pour ce bébé né sous X ? Peu leur importe aujourd'hui, c'est une enfant « extraordinaire, merveilleuse ». Elle est très « facile, pas du tout perturbée, ça marche comme sur des roulettes ». Elle serait presque la préférée à la crèche car, espiègle, elle est très attachante. Non seulement, en vivant l'adoption au jour le jour, toutes les embûches sont oubliées mais, dira Marianne, « j'ai l'impression que c'est moi qui l'ai faite… pourtant elle était déjà faite ». D'ailleurs leurs amis remarquent des ressemblances entre elles. Marianne n'en est pas mécontente, au contraire, elle se plaît à penser que cela devrait faciliter les choses à sa fille.

Ils ont constitué un nouveau dossier pour un petit frère dont l'arrivée semble à nouveau lointaine. La durée imprévisible des démarches les a incités à ne pas tarder. Pourtant ils avouent que, s'ils suivaient leur mouvement intérieur, ils se remettraient doucement de leurs émotions : « Sandra nous comble. »

Gilles et Michèle durent « remplir des questionnaires cent fois plus détaillés pour les œuvres que pour la DASS , « Ça allait chercher loin ! ». Finalement Julien leur est arrivé « de la DASS », pour reprendre leur expression. Quelle surprise que ce coup de téléphone ! Car l'annonce n'est pas celle d'une vie en gestation mais d'une vie déjà donnée, et le réel s'impose dans un effet d'immédiateté qui provoque ce sentiment de « choc ». Ensuite vient le moment où l'on va chercher le bébé de trois mois à la pouponnière ; là encore l'expérience fut très forte : une semaine au lieu de neuf mois d'attente. Ce fut à la fois trop court et interminable. L'angoisse surgit avec la présence de l'enfant dans le réel, entre panique et émerveillement. Quand Julien les a regardés pour la première fois, ils ont eu l'impression qu'il les « scrutait ». Lorsqu'ils lui ont expliqué qu'ils allaient devenir son papa et sa maman, il s'est mis à gazouiller. Au troisième jour de contact, Gilles et Michèle se sont aperçus que, dès que l'un d'eux lui parlait doucement, il se réveillait et qu'au moment de leur départ il pleurait ! Une fois à la maison, il avait fallu s'habituer à sa présence. Car pour un premier, « comme on n'a pas l'habitude, c'est du travail ! ». Il avait dormi d'une traite la première nuit et avait été à peine perturbé par toutes les visites. Parfois encore, il manifeste quelques signes d'anxiété et, à trois ans, quand arrivent des personnes inconnues, il s'agrippe à l'un de ses parents. On leur avait dit qu'il serait sans doute très intelligent, ce qui s'est confirmé. Il est éveillé au-delà de toutes leurs espérances : « Il a poussé comme un champignon » ; debout à six mois, marchant à neuf mois, répétant les mots sans les déformer ; c'est un enfant épanoui, les parents aussi ! Ce petit garçon les accapare énormément, sa présence est « un vrai miracle ».

Ces couples témoignent d'un effet à la fois de déstabilisation – « on est déphasé » – et d'excitation – « on plane » – lorsqu'ils apprennent qu'un enfant précis leur est destiné. L'appel téléphonique suscite-t-il de nouveau un véritable choix ? En tout état de cause, il est ressenti comme une ultime façon d'exprimer son désir, décidé cette fois-ci non plus dans l'abstrait mais dans une rencontre particulière avec celui-là et pas un autre.

Bien qu'avertie des délais, Jeanne trouva longue cette attente de cinq ans ; elle traversa des périodes de découragement, mais ensuite quelle joie ! Elle commente : « Cela fait drôle ce coup de fil et notre vie qui bascule. » Kevin leur fut proposé le jour de la Saint-Kevin ; y voyant un signe du ciel, ils ont gardé ce prénom. Et l'étonnant fut pour eux la facilité avec laquelle ils renoncèrent à celui de leur choix pour accepter l'imprévu. Les premières nuits, Jeanne se relevait pour vérifier qu'elle n'avait pas rêvé. Robert avait l'impression d'avoir eu un fils comme s'il était passé par la maternité. Ils décorèrent sa chambre de sorte qu'elle ressemblât un peu à ce qu'il connaissait. Ils le décrivent comme un enfant facile, calme, en confiance, se laissant porter par les événements, aimant bien la vie. En grandissant il devient turbulent et curieux. Il est particulièrement affectueux, câlin, et Jeanne et Robert en déduisent qu'il a « envie de se faire adopter par tout le monde ». C'est « un petit soleil qui est venu chez nous », conclut ce père avec attendrissement.

Lucie gardait ses distances, elle regardait toujours ailleurs, on parlait à son sujet d'hypotonie, elle était un peu éteinte. Ses futurs parents apprécièrent la semaine d'« adaptation » : ils découvrirent leur bébé et son rythme de vie. Florence nota d'emblée combien elle semblait indépendante : « J'avais peur de la déranger quand je la tenais trop longtemps dans les bras. » Lorsque son regard parvenait à se fixer, Lucie était impressionnante de sérieux. En fait, cette petite fille, qui bougeait peu au départ, depuis qu'elle marche « déménage la maison », sait ce qu'elle veut et « pique des colères » car elle s'impatiente facilement. Elle est moins spontanément affectueuse que leur nièce mais, à mille détails de la vie quotidienne et dans la façon dont elle imite tous leurs gestes, Florence et Jacques lisent son attachement et la preuve qu'elle les a adoptés. Car, pendant ces années, ils s'interrogeaient : « Comment savoir s'il va nous aimer, ne pas nous aimer, ce môme ? » La crainte latente que leurs remontrances ne l'éloignent d'eux persiste en toile de fond, ils se laissent parfois déborder pour cette raison. Mais ils sont rassurés sur leurs propres sentiments : « On l'a voulue, souhaitée, on l'aime. » Ils se posent beaucoup moins de questions : « C'est notre fille, nous avons oublié d'où elle vient. »

Il est frappant de voir que tous perçoivent l'intensité du regard et l'attention du bébé à leur égard. Ils repèrent une gravité et un quant-à-soi. S'agit-il d'un mécanisme projectif ? Quand une mère dit par exemple : « Elle n'était pas du tout affolée ; très belle, elle nous souriait comme si elle nous avait reconnus », faut-il supposer qu'elle-même était inquiète ? En la voyant, la mère, frappée par sa beauté, l'a-t-elle, dans un jugement d'attribution implicite, reconnue pour fille ? Sans doute. Les parents eux-mêmes ne sont-ils pas, à cet instant, dans un état de réceptivité particulier ? Intensément émus, en larmes, immédiatement ils prêtent à l'enfant, si jeune soit-il, un désir qui les concerne. L'interprétation qu'ils donnent de sa façon d'être leur permettra de se sentir fondés comme parents par l'enfant et de donner un sens à ses réactions. Et celui-ci pourra désormais prendre appui sur ce sens.

3. La famille d'accueil face à l'adoption

Ce n'est le plus souvent qu'au fil du temps que les liens familiaux, lors des placements par mesure judiciaire ou à la demande des parents, se relâchent. Ces derniers sont parfois très présents à la pouponnière : les séjours n'y sont que provisoires et dans la plupart des cas, après quelques semaines ou mois, il sera confié à une assistante maternelle. Ils seront alors souvent beaucoup moins actifs. Ils acceptent difficilement qu'une autre famille, une autre femme élève leur enfant, quand bien même ils admettraient que c'est pour lui un milieu plus stable. Leurs visites chez la famille d'accueil ou bien les week-ends et vacances au domicile familial sont aménagés et leur rythme variable peut se maintenir durant toute la durée du placement. Il arrive, si les signes d'intérêt s'amenuisent, que la situation juridique de l'enfant doive être modifiée afin que ne perdurent pas des situations d'abandon de fait. Lorsque le tribunal, saisi d'une requête d'abandon, prononce un jugement rendant adoptable le petit délaissé, celui-ci aura grandi et sera âgé de trois, quatre, cinq ans, voire plus, selon le moment du désintérêt manifeste.

La plupart de ces enfants vivent en famille d'accueil, autrement dit chez une « gardienne », une « nounou » – en termes techniques une « assistante maternelle », une mère de famille qui assiste une autre mère.

Que fait une famille d'accueil ? Elle loge sous son toit ceux qui ne peuvent rester au domicile de leurs parents. Elle est responsable, au quotidien, de leur éducation et veille, dans le respect des droits et obligations de chacun, au maintien des liens avec la famille d'origine. Elle la relaie provisoirement, sans la remplacer, jusqu'à ce que le retour de l'enfant dans son foyer soit possible. Elle est accompagnée dans cette mission par une assistante sociale ou un éducateur de l'aide sociale à l'enfance. Les bonnes intentions et l'amour ne suffisent pas toujours. Le maternage se professionnalisant, les assistantes maternelles sont devenues les interlocutrices des travailleurs sociaux et non plus « les gardiennes de l'Assistance ». Elles doivent demander, elles aussi, un agrément ; elles font l'objet d'un recrutement, reçoivent une rémunération et bénéficient d'un statut et de formations. Elles sont payées pour leur présence quotidienne et éducative, elles ne sont pas payées pour aimer, l'amour vient ou ne vient pas. Le salaire n'est pas le « salaire de l'amour » pour des « mamans de paille [1] ». Elles sont dans une position intermédiaire entre le maternage dans leur foyer et le travail social. Il s'agit d'un métier dont la particularité tient à sa dimension affective et à l'implication familiale globale qui en découle. Il s'agit d'une rencontre entre des histoires individuelles et familiales, et des désirs conjugués au passé et au futur. La prise en compte de cette dynamique constitue un véritable outil de travail pour l'assistante maternelle. Envisager avec l'enfant qu'il parte revivre avec ses parents ou dans une famille adoptive participe de la délicate tâche éducative qui lui incombe. Or, nombre de reportages faussent la réalité en se voulant bouleversants. Ils insistent sur l'arrachement injustifié que vivraient ces familles dont l'enfant confié retournerait inopinément chez ses parents, alors que, sauf situations exceptionnelles, son départ est préparé par tous.

Dans les entretiens préalables à l'agrément, ces femmes expriment les motifs qui les incitent à se lancer dans cette activité professionnelle à domicile : manque d'enfants,

1. M. Bonetti, J. Fraisse, V. de Gaulejac, *Cahiers de Germinal. De l'Assistance publique aux assistantes maternelles*, Paris, 1980, p. 157-158.

(absence d'enfant, ou bien les leurs ont pris leur indépendance), elles n'ont pu avoir le nombre ou le sexe souhaité ; manque d'emploi à l'extérieur ; manque d'argent pour accéder à la propriété ; mais pas manque de descendance à proprement parler.

Il arrive aussi qu'après plusieurs années les parents signent un consentement à l'adoption en formulant la demande expresse que ce soit la famille d'accueil qui adopte. Ou bien une demande de déclaration judiciaire d'abandon en termes de requête est portée devant le tribunal de grande instance et un projet doit être formulé à long terme. Si la déclaration d'abandon est acceptée, il sera possible d'envisager, entre autres, l'« adoption sans consentement parental [1] ». La rupture entre les parents et leur enfant n'interviendra que si une adoption plénière est prononcée. Une évaluation de la situation globale sera transmise au conseil de famille. Élaborée dans la transparence et la concertation, elle relève de la compétence technique du travail social. Les décisions doivent s'appuyer sur des éléments consistants et convaincants. S'ils sont estimés insuffisamment étoffés, la décision peut être différée en attendant un complément d'investigations.

Se posera alors pour la famille nourricière la question d'un tout autre engagement envers l'enfant jusque-là élevé avec les siens : frères ou sœurs de lait, comme on disait autrefois, ou bien frères et sœurs tout court ? Cela impliquera un long travail de réflexion afin que le choix quel qu'il soit, adopter ou ne pas adopter, ne relève pas d'un mobile financier, d'une obligation morale, d'une impossibilité à imaginer son départ, à supporter son absence mais d'un véritable désir de le faire entrer dans sa généalogie. Souvent, si l'assistante maternelle réalise qu'il attend des

1. P. Salvage-Gerest, *op. cit.*, p. 41.

parents pour la vie, ou bien elle désirera l'inscrire, en connaissance de cause, dans sa lignée, ou bien elle se préparera et le préparera à cette nouvelle étape.

Qu'en est-il de l'adoption par les assistantes maternelles ? Bénéficient-elles d'une « priorité » vis-à-vis de ceux qu'elles accueillent ? Il n'y a pas de priorité au sens de passe-droit et il serait abusif de parler en termes de priorité. Parfois les parents potentiels s'étonnent que ces familles, en grande majorité avec enfants, adoptent les rares pupilles « disponibles ». Comme le rappelait Muriel Bleurvacq, attachée au ministère des Affaires sociales : « Il faut tout de même se souvenir que l'adoption est faite pour les enfants et qu'il ne saurait donc y avoir aucune notion de "priorité" pour aucun adulte en cette matière [1]. » Que disent les textes ? L'article 63 du Code de la famille précise que les pupilles de l'État peuvent être adoptés soit « par les personnes auxquels le service avait confié leur garde lorsque les liens affectifs qui se sont établis entre eux justifient cette mesure », soit par des personnes agréées. Les pratiques, avant même ces directives, allaient spontanément dans le sens du respect de ces liens. Il est intéressant de souligner que, noués avec la famille d'accueil, ils sont reconnus en termes de droit. Celle-ci est dispensée de la procédure d'agrément qui ne s'applique qu'aux personnes qui ne connaissent pas l'enfant. Aucun autre projet d'adoption ne devra être examiné avant qu'on ait statué sur la demande du gardien du pupille. Il s'agit d'éviter les situations inextricables entre familles d'accueil et familles agréées prises dans une transposition malheureuse des conflits entre parents naturels et parents adoptifs. Si le conseil de famille s'oppose au projet d'adoption d'une assistante maternelle,

1. M. Bleurvacq, intervention à la journée de formation de l'UNAF et d'EFA, Paris, 29 novembre 1986.

celle-ci a le droit de déposer une requête en adoption auprès du tribunal.

Habitant à la campagne, renouant avec une tradition familiale selon laquelle, depuis des générations, les femmes sont « nourrices de la DASS », Germaine, qui n'avait pu devenir puéricultrice, venait d'obtenir un agrément d'assistante maternelle à temps plein, lorsqu'on lui proposa d'accueillir, jour et nuit, un petit Loïc de dix-huit mois. Elle accepta sans aucune arrière-pensée. On lui avait expliqué que sa mère lui était attachée, que la rupture était impensable. Quand il pleurait la nuit, son mari et elle se levaient, comme ils l'avaient fait pour leurs deux enfants : « C'était notre fils, sans être notre fils. » Comme les filles, il avait sa chambre, ses affaires personnelles. Parfois entre eux, mais jamais ouvertement, ils s'interrogeaient sur le rôle qu'ils jouaient pour lui, au fur et à mesure que les visites maternelles s'espaçaient : spontanément, il les appelait papa et maman. Par ailleurs, ses manifestations caractérielles mirent rudement à l'épreuve l'ensemble de la famille. Les filles le menaçaient d'un retour à la pouponnière ! Il lui fallut presque deux ans pour se sentir rassuré sur son sort. Encore aujourd'hui il reste très sensible aux moments de séparation, il réclame d'interminables « bisous ». Toute marque d'affection revêt une grande importance, une valeur de réassurance sur ce qu'il représente pour l'autre. Habitué à être maltraité, il se considérait comme quantité négligeable, tombant plus souvent qu'à son tour, se mettant en danger.

Paul et Germaine ont le sentiment d'avoir tout fait, depuis quatre ans, pour faciliter le maintien des liens avec sa mère, qui n'a jamais parlé du père de Loïc. Il s'avère très important qu'ils n'aient rien à se reprocher vis-à-vis de cette jeune femme qu'ils allaient chercher en voiture et recevaient « quand elle débarquait à l'improviste ». Ils avoueront avoir trouvé pénible de rendre compte de leur attitude à un assistant social, incertain le projet éducatif conçu au fil d'interminables palabres et trop souvent remis en cause, lourdes les nécessaires coordinations entre les équipes (aide sociale à l'enfance, protection maternelle et infantile, centre médico-psychologique). Lorsque la déclaration d'abandon fut à l'ordre du jour, Loïc avait su, malgré et à cause des difficultés surmontées ensemble depuis longtemps, se faire accepter par tous. Pour la famille élargie il comptait depuis la première année parmi les petits-enfants, les neveux, à preuve les cadeaux de Noël. L'importance pour lui et pour eux d'un lien définitif s'imposa comme une évidence ; ils adressèrent au conseil de famille une lettre dans laquelle ils dirent leur désir de l'adopter. Leurs deux filles clamèrent à qui voulait l'entendre : « Loïc est notre frère. » Tous ressentirent immédiatement après l'acceptation de leur demande une grande tranquillité d'esprit, avant même le prononcé du jugement.

Une chance pour eux que l'adoption de Rachid leur soit proposée, c'est ainsi que Bernard et Catherine parlent de ce qui est en train de leur arriver. Ils n'auront pas à s'y préparer tant cela est naturel : il leur a été confié à cinq mois et il a cinq ans. Au fil des mois sa mère s'en est désintéressée de plus en plus et l'aboutissement leur paraît à la fois logique, cohérent et profitable pour lui. Catherine avait cessé de travailler à l'extérieur après la naissance de leur troisième, une fille, les deux aînés avaient été gardés par une « nounou ». Elle en devint une à son tour, pas seulement pendant la journée mais à temps plein. Rachid avait séjourné à la pouponnière, souffrait de bronchites, mais mis à part sa sensibilité aux changements de lieux, ce fut un bébé facile. Il fallut expliquer aux trois enfants qu'il avait un papa et une maman, afin que les choses soient le plus claires possible dans l'esprit de tous. En fait, les parents venaient de loin en loin, irrégulièrement, promettaient de le reprendre puis ne donnaient plus signe de vie durant des mois. Bernard et Catherine n'eurent pas le sentiment de le « voler », de s'approprier ce qui ne leur appartenait pas. Sur les fiches de renseignements scolaires, leurs enfants le signalaient déjà comme leur frère. Quand il était grondé, il disait : « Je veux ma mère, elle va m'acheter plein de choses. » Depuis que Rachid a réalisé que son « tonton » et sa « tata » ont demandé à le garder pour la vie, « il n'attend plus » et sa gaieté prouve son soulagement. Il a aussitôt demandé à les appeler papa et maman. Le passage progressif du rôle de famille d'accueil à celui de parents s'est fait en douceur.

Marcello et Brigitte ne veulent rien précipiter, les choses arrivent à leur heure, ils font totalement confiance aux autorités : « Viendra ce qui viendra. » Qu'il soit de « naissance française » ou d'origine étrangère, ils s'efforceront de lui donner une éducation qui lui permette d'affronter la vie. Il y a des jeunes « qui tournent mal dans tous les milieux ». Ils craindraient plutôt de l'« étouffer » de leur surprotection. Il y a deux façons de ressentir sa différence, soit comme une force, soit comme un handicap. Marcello en sait quelque chose pour les bagarres mémorables que déclenchaient les méprisantes et méprisables réactions xénophobes entendues à l'école : « Retourne d'où tu viens, sale macaroni ! » Si des naissances avaient eu lieu, « les gamins auraient déjà cinq ou six ans », l'âge de leur désir d'enfant, si l'on peut dire. Depuis quelques années ils accueillent, pendant les grandes vacances, « deux ou trois gamins » de milieu urbain défavorisé. La dernière fois, Marcello dut mettre, dès le premier jour, des limites à leurs exigences de sucreries et de jouets. Ils ont découvert la nature sous toutes ses formes et sont repartis ayant tous appris à nager. Quelques mois plus tard, le conseil de famille leur confiait « un enfant terrible » de sept ans,

Michel. Ils le trouvèrent en effet « très dynamique » et l'aidèrent à canaliser son énergie débordante et désordonnée en l'inscrivant dans un club sportif. Dégourdi, habitué à se débrouiller seul, Michel s'est rapidement montré à l'aise avec l'entourage. Il est apparemment content d'être sorti d'un cycle d'aller et retour entre des parents en grande difficulté et le foyer départemental de l'enfance. Il sait qu'une adoption simple est envisagée.

Brigitte suppose, par identification, que si elle avait « dû être adoptée », elle aurait « oublié » ses premiers parents. Ce ne fut pas le cas, elle n'a pas eu le choix, pourtant elle aurait aimé être la fille d'une famille voisine dont les parents lui semblaient tellement plus attentifs et affectueux que les siens. Elle pensait : « Je serais bien mieux chez eux », tandis qu'un enfant adopté pourra toujours dire : « J'étais mieux avant. » Elle fait allusion à la construction du roman familial auquel des événements de la réalité viennent donner prise.

Famille d'accueil ou famille adoptive ? Le rôle, la responsabilité, la place des uns et des autres sont déterminés par des textes. Les engagements diffèrent. Les liens noués lors d'un séjour en famille d'accueil sont importants. Ils peuvent non pas se dénouer mais servir d'appui à celui qui s'est senti aimé et donc aimable. Il saura d'autant mieux se faire apprécier ensuite par ses parents adoptifs.

Raymond et Lucie ont élevé leurs quatre fils et servi de famille nourricière à plusieurs. Les leurs devenus adultes, ils considéraient comme leurs petits derniers Tony et Virginie, frère et sœur, confiés à un et deux ans. Après des périodes mouvementées durant lesquelles la préparation d'un retour chez leurs parents, dont la mésentente donnait lieu à des violences, s'avéra utopique, ceux-ci cessèrent complètement de se manifester. Le délaissement déboucha sur une requête en déclaration d'abandon. Tony et Virginie, alors âgés de cinq et sept ans, furent visiblement soulagés de savoir que leurs parents ne pourraient plus jamais venir les « reprendre ». Raymond et Lucie se sont trouvés alors devant un cas de conscience : à cinquante et cinquante-cinq ans ils n'étaient plus tout jeunes ; ils aspiraient à une retraite bien méritée ; ils manifestaient beaucoup d'affection à Tony et Virginie : des enfants gentils, turbulents, gais, travaillant sans zèle scolaire particulier. Ils se sont réunis en un petit conseil familial puis ont fait part de leur décision : ils ne les adopteraient pas. Ils leur ont expliqué qu'ils estimaient avoir l'âge de grands-parents ; ils trouveraient auprès de jeunes parents un dynamisme correspondant davantage à leurs attentes ; ils les aimaient beaucoup et une séparation n'était pas une rupture ; ils pourraient continuer à se voir comme des oncles et tantes voient leurs neveux. Tony et Virginie, rassurés à l'idée de garder le contact, commencèrent à rêver à « de vrais parents enfin ». Au cours des entretiens les préparant à ce changement, ils firent part de leurs inquiétudes et espoirs. Ce couple qui voulait les adopter n'avait pas d'enfants, si ensuite il leur en naissait, n'allaient-ils pas en avoir trop et les donner de nouveau à une autre famille ? Les premières semaines ils insistèrent auprès de leurs parents adoptifs : « Alors on ne vous quitte plus ? Vous allez nous emmener partout ? C'est pour toujours toujours ? »

La position aussi claire que possible de sa famille a permis que, sans culpabilité, l'assistante maternelle dise ce qu'elle pensait être le mieux pour tous. Son désir de passer le relais à des adoptants ouvrait la porte à un changement, devenu de ce fait imaginable par Tony et Virginie. Leur appréhension portait sur l'irrévocabilité de la filiation, dans la mesure où ils n'auraient eu qu'une place de bouche-trou. Légitimement ils s'interrogeaient sur ce que, subitement, leur voulaient ces « gens » qui se proposaient comme des parents « acceptables ».

L'alternative entre famille d'accueil et famille adoptive se pose parfois aux couples qui se sentent prêts à élever d'autres enfants que les leurs, mais n'éprouvent pas particulièrement le désir d'en avoir un énième à eux et ne tiennent pas absolument à donner leur nom. Ce peut être aussi le cas pour des couples qui reculent devant les aléas de l'adoption internationale, ne veulent « pas adopter un nouveau-né au détriment d'un couple stérile » ou estiment qu'ils sont suffisamment « dynamiques et souriants » pour faire face à la mission des familles d'accueil. S'ils appréhendent trop le départ impromptu de l'enfant confié, ils s'orienteront vers l'adoption plénière « pour qu'il ne risque pas un jour de leur être enlevé » et que leurs propres enfants ne soient plus déstabilisés par cette séparation. Pourquoi ne pas envisager l'adoption simple puisqu'ils voudraient qu'il reste à demeure et ne soit pas « un enfant de passage, yoyo » entre deux familles ?

En passer par ce statut d'assistante maternelle, est-ce une manière de réduire l'attente d'un pupille, dans l'espoir qu'il le devienne dans un avenir plus ou moins lointain ? Si, comme les situations évoquées plus haut le suggèrent, les circonstances évoluent parfois vers l'adoptabilité de l'enfant accueilli, ces issues demeurent peu fréquentes. confondre accueil et adoption rendrait difficiles sinon ingérables les relations avec une famille d'origine dont chaque manifestation viendrait barrer la route au rêve d'un délaissement dont ne peut que souffrir par ailleurs l'enfant. La position est trop paradoxale pour être longtemps supportable.

En effet, les placements familiaux sont beaucoup plus stables que ne le laissent croire des faits divers montés en épingle. Si des améliorations sont à apporter, elles devraient viser la sélection et la formation continue des assistantes maternelles à leur tâche, tâche aussi passionnante qu'éprouvante. L'analyse de la pratique devrait aussi réduire les atermoiements des intervenants sociaux. Ceci implique aussi pour eux une formation continue. Car, parfois, le changement de famille d'accueil qui devrait s'imposer est indéfiniment reporté dans l'espoir d'une évolution psychologique des uns ou des autres. Lorsque le comportement d'un enfant suscite des réactions excessives, pourquoi ne pas en tenir compte et se résoudre à envisager un départ ? Ces situations sont délicates et l'administration craint aujourd'hui, en prenant des décisions un peu tranchées, d'être taxée d'arbitraire. À l'inverse des excès d'autrefois, où l'enfant était ballotté de placements en placements, n'assistons-nous pas à un immobilisme qui frise parfois le danger ? Lorsque sont suspectés des maladresses éducatives graves, des risques de mauvais traitement ou d'abus au sein même du lieu de placement, par exemple ?

On se doit d'entendre la position prise par l'assistante maternelle. Du fait de son attachement, elle manifeste fréquemment son désir de rester famille d'accueil, donc sans adopter. Or, de quoi ces enfants ont-ils besoin ? Est-il justifié de leur imposer une rupture avec ce milieu devenu leur unique univers ? Il faudrait ici répondre au cas par cas, bien sûr. Les conseils de famille sont confrontés à ce dilemme. Mais le bien-fondé des projets d'adoption emporte la conviction dans un certain nombre de cas particuliers. Elle se renforce des témoignages des « anciens de la DASS », qui disent tous l'importance de l'inscription d'un lien dans la durée. Sous le titre *Bien placés pour en parler*, une recherche inédite [1] sur les facteurs de réussite des placements fami-

1. Recherche des psychologues de l'aide sociale à l'enfance de l'Isère, sous la direction de Gérard Poussin, communication d'Anne Meunier aux journées de l'ANPASE, Versailles, 1992.

liaux a donné lieu à des entretiens avec des adultes, placés étant enfants. Ils indiquent tous que, si la situation est floue, l'enfant reste pour une part floué. Lorsque, de fait, les liens avec sa famille sont totalement distendus, et que son avenir est incertain, à la majorité il ne reposera plus que sur les liens du cœur établis avec la famille d'accueil. La crainte du futur, la dépendance vis-à-vis de ceux qui l'élèvent ne s'allégeront qu'à la suite d'une décision qui lie définitivement les uns aux autres par une inscription officiel.

Enfin demeurent, pour les conseils de famille et surtout pour les enfants, les cas les plus embarrassants : ceux des familles qui ne veulent pas adopter celui dont l'âge et l'attachement au milieu nourricier rendent problématique une adoption ailleurs. Lorsque l'assistante maternelle souhaite conserver ce statut tout en poursuivant l'éducation entreprise, il conviendra de se prononcer sur l'opportunité du projet adoptif par d'autres que ceux avec qui sont établis les liens affectifs.

Le désir fréquemment exprimé par les jeunes confiés de porter le nom de la famille adoptée par le cœur se heurte à une impossibilité. On touche du doigt, ici, combien s'occuper d'un enfant, s'attacher affectivement à lui est d'un autre registre que l'inscription dans une lignée qui est le propre même de l'adoption. Les pupilles dans ce cas de figure ne sont pas « inadoptables » mais resteront légalement « inadoptés », soumis à l'arbitraire de la loi du cœur et néanmoins protégés par leur statut de pupille.

Il arrive que le conseil de famille ne puisse satisfaire certaines demandes du fait du profil des postulants auquel ne correspond pas celui des pupilles adoptables.

Henri et Madeleine sont mariés depuis plus de vingt-cinq ans. Ils ont beaucoup travaillé pour maintenir et développer leur exploitation agricole, tout en soignant sous leur toit, jusqu'à la fin, leurs vieux parents. Depuis longtemps ils pensaient à « un gamin qui pourrait donner un coup de main, conduire le tracteur » et reprendre l'exploitation des terres abandonnée par leurs neveux. Seulement, ils voudraient être sûrs que « ce gosse marche bien », il ne devrait pas avoir plus de dix ans et, surtout, une période d'essai s'impose. Il aurait le droit de ne pas les vouloir pour parents et eux-mêmes pourraient trouver qu'il y a « trop à redire ». Cette conception réaliste laisse une grande part à l'effet de la rencontre dont on ne peut rien prévoir avant qu'elle n'ait eu lieu. Il semble que le cadre d'une famille d'accueil ou d'un parrainage qui se transformerait en adoption simple puis plénière correspondrait davantage à la situation. Mais la crainte d'un départ inopiné du jeune freinera la recherche d'une telle solution et les appréhensions l'emporteront.

L'adoption traditionnelle, celle du XIXe siècle (un héritier pour faire fructifier le patrimoine), devient extrêmement difficile à réaliser. Elle nécessiterait un apparentement que le contexte social actuel ne favorise guère. Les espérances de ces couples d'origine rurale, restés sans postérité, qui vers la cinquantaine se préoccupent d'une descendance à qui transmettre leur savoir-faire et leurs biens, plongent dans l'embarras les professionnels, embarras révélateur des impasses actuelles de l'adoption.

4. Des enfants « inadoptables » ?

En effet la situation est paradoxale : d'un côté, des couples en quête d'enfants à adopter et, de l'autre, des enfants adoptables et pourtant inadoptés [1]. Sont-ils inadoptables ? La formulation n'est guère heureuse car elle évoque la catégorie des « inéducables » considérés comme irrécupérables. Sous ce vocable désuet les manuels de psychologie et de

1. 2 600 environ, cf. J.-F. Mattei, *op. cit.*, p. 239.

psychiatrie décrivaient les personnes présentant une arriération affective ou mentale.

Il serait plus juste de parler d'enfants difficilement adoptés parce que grands, handicapés, malades, avec des frères et sœurs, ce qui suppose l'accueil simultané de la fratrie. L'absence de projet d'adoption par les conseils de famille tient aux raisons suivantes : l'état de santé, un handicap, une bonne insertion en famille d'accueil, l'âge, l'existence d'une fratrie, le maintien des liens familiaux, le report du projet, d'autres motifs...[1] . Il peut paraître étonnant d'englober dans une même catégorie des enfants vivant des situations si diverses et surtout dont les caractéristiques sont de registres aussi différents. Ils sont mis « dans le même panier » par rapport aux appréhensions, réticences et refus qu'ils suscitent de la part des adoptants potentiels.

Sans doute l'idée qu'il y a peu de pupilles n'incite-t-elle pas à aller au-delà. À l'image de ce qui existe déjà dans l'est de la France, la récente loi prévoit que le ministère centralise toutes les candidatures d'adoptants, ainsi que tous les pupilles qui n'auraient pu bénéficier d'un projet adoptif dans leur département, afin d'étendre la recherche d'une famille à tout le territoire. Ce repérage prévu à l'échelon national devrait conduire à une coordination entre les départements. Il est difficile de savoir si le projet de non-adoption s'explique par l'absence de parents potentiels ou si une certaine frilosité des conseils de famille les incite à maintenir le *statu quo* pour certains. Les options varient. Soit on estime qu'un projet d'adoption déclenche la recherche de parents pour un enfant présentant une difficulté précise ; soit on reste dans l'expectative jusqu'à ce que spontanément des adoptants se proposent pour un de ces

1. *Ibid.*, p. 242.

enfants. Encore faudrait-il qu'ils en connaissent l'existence. Notons que les associations travaillent dans ce sens.

Difficilement adoptés, les enfants sont englobés sous une dénomination contestable , ils sont dits « à particularités ». considérer qu'avoir grandi, avoir des frères et sœurs ou présenter un handicap est une « particularité » tient de l'abus de langage et frise la ségrégation. Au-delà de trois ou quatre les familles sont cataloguées : religieuses, intégristes, immigrées et paupérisées. Étant donné le peu de demandes des adoptants dans la direction de fratries ou d'enfants grands, ceux-là se voient affublés d'un handicap social. Ils ne correspondent pas à l'idée première de la majorité des personnes qui n'ont pas élevé d'enfant et souhaitent, on peut les comprendre, commencer avec un seul : « Déjà avec le premier, comme mes amies qui accouchent, je vais être un peu perdue au début. » Mais la perspective de séparer artificiellement frères et sœurs est insupportable. Unanimement les futurs parents sont prêts à les accueillir ensemble tant ils imaginent que leur refus entraînerait un déchirement fraternel.

La majorité des postulants souhaitent un tout-petit en bonne santé et n'imaginent que des handicaps lourds à ceux dits « à particularités » : trop typés, malades mentalement, gravement atteints physiquement, trop âgés ou trop nombreux du fait de frères et sœurs. Précisons que les retards d'acquisitions, l'éveil sont tributaires des capacités propres à chacun, des problèmes médicaux éventuels et aussi des encouragements et incitations auxquels l'enfant est soumis. Le « rattrapage » est parfois étonnant lorsque le désir resté en suspens devient l'objet d'une attention particularisée : éveillé, l'enfant démarre, nous en avons donné des exemples. Les séquelles s'atténueront au fil du temps de manière parfois spectaculaire. Les troubles du comportement prendront des formes variables selon l'âge, ils touchent le sommeil, l'alimentation, la propreté, l'humeur, la stabilité motrice et émotionnelle. Les difficultés psychologiques, dont le comportement va témoigner ensuite, nécessiteront parfois un travail personnel thérapeutique ainsi qu'un fort et exigeant investissement des parents [1].

Le handicap mental est souvent assimilé à la maladie mentale, à la folie. Alors que les limites des enfants trisomiques, par exemple, ne les empêchent pas de faire des acquisitions, d'accéder à une certaine autonomie dans la vie quotidienne et de manifester leur sensibilité, et ce d'autant plus qu'ils évolueront dans un milieu chaleureux. Il y a différents degrés dans ce handicap et il y a d'autres handicaps physiques ou mentaux bien plus invalidants. Les traitements sont divers selon la gravite des malformations et des troubles (visuels, auditifs, moteurs) et peuvent être compatibles avec une scolarité traditionnelle.

Pourtant des familles rentrent de l'étranger avec des enfants présentant les mêmes caractéristiques que ceux laissés pour compte en France. Souvent, adopter un enfant de trois, quatre, cinq ans, cela n'a plus grand-chose à voir avec le projet initial. N'est-il pas surprenant qu'ils n'aient pas adopté un enfant dans la même situation en France ?

Nous faisons l'hypothèse que la distance géographique, le contexte culturel, l'exotisme rendent leurs caractéristiques moins insurmontables. Ajoutons l'impact de la rencontre qui est souvent décisive. Dans le tiers monde ils ne bénéficient pas du confort matériel dont disposent nos pupilles, faute de deniers publics pour assurer leur éducation, leur hébergement, leur scolarité, leurs vêtements, leur argent de poche. Ils apparaissent, dans les images qu'en donnent les médias, dans les représentations des futurs

1. A. Montel-Girod, *Itinéraire d'un amour. Récit d'une adoption réciproque*, Paris, Filipacchi, 1992.

parents et dans la réalité, davantage dans le besoin que ceux confiés à des familles d'accueil par exemple. Ces derniers, en bonne santé, souriants sur leurs photographies, sont loin de ressembler à l'enfant hâve et décharné des affiches de l'Unicef. La distance supprime aussi *a priori* tous les démêlés avec les adultes qui s'occupaient précédemment de lui. Elle gomme également les craintes associées à l'hérédité, à l'alcoolisme, aux identifications délinquantes et autres. Ici, le motif de l'abandon ou du délaissement relève de la responsabilité individuelle des parents, tandis que dans les pays du tiers monde elle est dégagée en quelque sorte. Des raisons extérieures à la famille d'origine, le contexte économique, sont avancées comme causes du consentement à son départ en vue d'un avenir meilleur.

5. Handicapé, abandonné, adopté

L'état de santé et le handicap sont à considérer de plus près, du côté des adoptés mais aussi du côté des adoptants. Disons-le brutalement : ces derniers sont-ils tous adoptables ? Peut-on parler de parents à particularités ? La réponse est délicate.

La découverte d'un handicap à la naissance provoque toujours un choc. Au lieu du bonheur attendu le malheur s'abat sur les parents d'autant moins préparés à cette éventualité que le dépistage prénatal évite, en principe, de se trouver confronté à cette réalité. Pendant les neuf mois une interruption médicale de grossesse aurait pu leur être proposée ; il n'est plus temps. Comment les soignants parlent-ils des résultats des examens qui confirment le diagnostic clinique ? Sont-ils préparés à l'annoncer, à évoquer la représentation de ce que sera la vie de père et de mère avec cet enfant ? Il paraît indispensable de laisser aux parents le temps de mesurer les conséquences de l'acceptation ou du rejet de cette filiation. Le personnel médical suggère parfois l'abandon avant même que le couple n'ait pensé à cette éventualité. N'est-ce pas risqué pour leur couple que d'induire un tel passage à l'acte sur lequel il sera d'autant plus compliqué de revenir qu'habituellement la version officielle donnée à l'entourage est celle du décès du nouveau-né ? Quelles répercussions, à court et à long terme, la décision aura-t-elle sur chacun, sur les aînés, éventuellement sur le suivant ?

Le drame individuel que représente la confrontation à ce fait douloureux est amplifié par le constat d'un échec de la science. L'enfant parfait ou presque parfait est attendu, pour ne pas dire exigé de la société, du corps médical. L'adoption peut être utilisée pour obtenir le sexe souhaité, par exemple ; ici, à l'inverse, pour refuser la maladie ou le handicap. considérer le consentement à l'adoption comme une alternative à ce réel insupportable relève de la même logique. Le refus d'établir une filiation à cause d'un handicap, au-delà du cas particulier, est révélateur d'une position plus globale : à l'exigence de perfection répond l'exclusion des imperfectibles ; d'où le recours à l'abandon lorsque le nouveau-né présente des signes pathologiques et, à l'extrême, s'il n'était pas du sexe souhaité. Les progrès, le diagnostic prénatal par exemple, permettent d'éliminer théoriquement les risques d'anomalies. L'abandon d'un nourrisson brutalement réduit à son handicap est un déplacement logique du refus de l'anomalie. Et bientôt les parents porteront plainte contre les médecins pour erreur sur le sexe ou sur le diagnostic anténatal. Les belles âmes sont horrifiées devant le sort dramatique réservé aux filles estimées en surnombre en Chine, mais, toutes proportions gardées, l'abandon des handicapés proposé par les professionnels, serait-ce dans l'espoir d'une adoption, ne prend-il pas la forme d'une insidieuse sélection ?

Un enfant trisomique sur quatre est abandonné à la naissance alors que le système social apporte, beaucoup plus qu'autrefois, aide et structures d'accueil à ces enfants et à leurs parents. Rappelons que la trisomie 21 a pour effet, outre un déficit intellectuel plus ou moins marqué, des anomalies somatiques et souvent des malformations associées, en particulier cardiaques. Ainsi que le précise une étude sur leur abandon dans la région parisienne : « Chaque année, 10 % des enfants remis à la naissance en vue d'adoption sont des enfants trisomiques 21 [1]. » Ce qui n'a pas été possible avant la naissance devient envisageable : garder ou ne pas garder cet enfant dont on ne peut accepter la paternité ? Autrement dit, le confier à la société, consentir à l'adoption, ou bien le faire sien malgré tout ? Prendre une décision aussi grave dans un moment de grand désarroi entraîne parfois des pratiques illégales : l'admission en maternité de la femme, l'accouchement et l'état civil des parents rétroactivement secrets. Il est des services qui présentent leur avenir comme difficile mais vivable et permettent aux parents de s'imaginer dans le temps élevant cet enfant [2]. Le terme de handicap recouvre diverses réalités : un travail d'information serait sans doute nécessaire afin que les degrés d'invalidité possibles soient expliqués.

N'est-il pas fallacieux de dire aux parents, dans l'espoir de les déculpabiliser, qu'il sera adopté sans difficulté ? D'autant plus que les demandes ne sont pas si nombreuses. Il faut de puissants et particuliers motifs pour souhaiter délibérément adopter un enfant souffrant d'un handicap. Ces décisions reposent souvent sur des convictions religieu-

1. A.-C. Dumaret et D.-J. Rosset, *L'Abandon des enfants trisomiques 21. De l'annonce à l'accueil*, CTNERHI, 1996, p. 49.

2. M. Titran, *Prendre un enfant comme il vient*, film vidéo 1983, VHS.

ses, éthiques ou philosophiques. Il existe des œuvres privées et une entraide au sein d'associations de parents d'enfants handicapés. Autrefois, ils étaient considérés comme systématiquement inadoptables. Aujourd'hui, le regard porté sur eux s'est modifié dans le sens de l'acceptation et de la tolérance, et ceux qui n'auront pu l'être seront confiés à des familles d'accueil.

En revanche, il serait risqué de jouer sur la fibre de la compassion et de la pitié en incitant des couples qui désirent spontanément un nourrisson en bonne santé, à changer, sous le coup de l'émotion d'une rencontre, leur projet de vie. Rappelons que l'ouverture de l'adoption aux familles ayant déjà une descendance avait été justifiée par la recherche de foyers pour ces enfants, dits à « particularités », et que ce sont eux qui, le plus souvent, les prennent en charge.

« Prendre le parti du plus faible », s'occuper des déshérités, accueillir ou adopter un enfant avec un léger handicap physique, certains l'envisageront. Ils pensent à des malformations bénignes et opérables qui sont parfois à l'origine de l'abandon : bec-de-lièvre, pied bot, etc. Ils renonceront à un handicap qui le laisserait trop dépendant. Ils ne veulent pas présumer de leurs forces physiques, mentales et psychologiques : être plus infirmière que mère, risquer d'ébranler leur équilibre, celui du couple ou de ceux présents au foyer.

D'autres estimeront leur demande « pas tout à fait normale ». Engagés dans différents groupes de prières et de lectures bibliques, ils connaissent des familles faisant face à l'éducation d'enfants lourdement handicapés et voudraient à leur tour ouvrir la leur à la différence car « ils sont comme tous les enfants, ils ont le droit de trouver un papa, une maman ». Ils relativisent les difficultés au-devant desquelles ils vont et ne nient pas qu'ils en attendent des « joies ».

Adopter un handicapé est une manière de provoquer ce qui pourrait arriver à quiconque lors d'une naissance. Ici, le choix va à contre-courant du mouvement général, alors que la nature, le ciel, leur a épargné ce risque qu'appréhendent tous ceux qui attendent une naissance. Embarrassés de « trop de bonheur », ils veulent le partager avec plus démuni qu'eux, estimant « ne pas avoir le droit de vivre égoïstement ». Ce nouvel arrivant ne risque-t-il pas d'être au centre de leurs préoccupations au détriment des autres ? Comment ne pas faire peser sur ceux déjà là ce choix parental ? Autant d'interrogations qui joueront dans leur décision. Ils prévoient de prendre sur le plan matériel des dispositions financières afin que son avenir soit assuré après leur disparition. Ils sont parfois jugés « courageux », « admirables », « formidables » ou « complètement fous » par leurs familles et amis.

La plupart écarteront l'idée d'élever un enfant qu'ils sauraient au départ handicapé ou séropositif et éprouvent le besoin de s'en justifier. Ils craignent de ne pouvoir assumer psychologiquement, affectivement, un accueil qui implique un soutien, sinon un engagement familial élargi. Ils n'iront pas délibérément au-devant de cette situation, en revanche ils feraient face, comme tous parents, aux maladies graves qui se déclareraient.

Ils s'inquiètent de l'état de santé de celui qui leur sera confié : peut-on leur assurer une vérification sérologique ? D'autres pathologies sont également problématiques, faudrait-il privilégier le test de dépistage du sida chez l'adopté… et chez les futurs adoptants ? Le conseil national du sida notait que « la question de l'espérance de vie des futurs parents adoptifs ne se pose pas d'une manière différente de celle des futurs parents biologiques [...]. L'enfant séropositif, c'est-à-dire dont la santé et la vie sont menacées, entre à ce titre dans la catégorie des "enfants à particularités". Son adoption est un acte qui doit être accompli en toute connaissance de cause [...]. La transparence que requiert la nécessaire relation de confiance a pour corollaire la garantie de confidentialité et de secret médical dans l'intérêt de l'enfant et des adultes [1] ». Quant à l'adoption à l'étranger, il est recommandé de sensibiliser les adoptants au risque de développement des maladies létales.

Il appartient à chaque futur parent de prendre ses responsabilités ; se savoir soi-même atteint d'une maladie grave et concevoir un enfant pour que le partenaire ne reste pas seul, ou adopter ? Être séropositive, perdre un enfant du sida et adopter pour ne pas être « une génération interdite de génération » ? Si, pour ne pas transmettre une vie condamnée à court terme, une femme séropositive renonce à une grossesse et se tourne vers l'adoption pour avoir une descendance, « interdire l'adoption », serait-ce « pousser plus loin dans le tragique » et lui dire : « Vous êtes en sursis, vous ne pouvez pas envisager l'avenir [2] » comme le soutenait Olivier Abel? S'il est vrai que la mort surprend à l'improviste, la savoir plus probable modifie le contexte psychologique et renvoie chacun à des choix éthiques difficiles.

Il y a parmi les candidats à l'adoption des personnes handicapées, dès la naissance, ou bien à la suite d'une maladie invalidante ou d'un accident. Là aussi, il faut apprécier au cas par cas la capacité d'autonomie physique et les répercussions de cette défaillance sur la façon de vivre et l'équilibre psychologique. Sont-elles compatibles avec la présence et l'éducation d'un enfant ? Un parti pris dans un

1. Séance plénière du conseil national du sida, 17 janvier 1995, *Le Monde*, 11 février 1995.

2. Président de la commission d'éthique de la Fédération protestante de France, *Libération*, 3-4 décembre 1994.

sens – les handicapés sont comme les autres, ils peuvent être parents adoptifs – ou dans l'autre – les handicapés ajoutent par ce fait même un handicap à l'enfant, ils ne peuvent adopter – participe soit de la négation de la différence patente au niveau de l'organisme, soit de l'affirmation d'une différence concernant une catégorie d'êtres humains à part du fait d'une limitation physique. Il n'est pas question d'entériner une ségrégation et de ne pas prendre en compte la dimension singulière de chaque sujet. Comme il ne saurait être question d'emboîter le pas à un discours militant. Le handicap en lui-même ne peut constituer sur le plan psychologique une contre-indication à l'octroi de l'agrément. Mais « l'agrément ne donne pas l'enfant », constatait une femme. Or la crainte, chez ceux qui décident d'un placement en vue d'adoption, que le handicap d'un parent ne soit difficile à assumer pour l'enfant rendra la concrétisation du projet souvent ardue.

L'enfant adopté devrait-il devenir la panacée de toutes les souffrances des adultes, maladies du corps et de l'esprit, la consolation de tous les maux ? Est-ce à la société de prendre position en se référant aux recommandations d'un comité d'éthique ? Car, là encore, la médecine dépistant des maladies non déclarées, les sujets modernes sont aux prises avec de nouveaux et redoutables choix : si difficiles à assumer soient-ils, on ne peut s'y dérober en s'abritant derrière la position rigide ou souple de l'administration quant à l'octroi de l'agrément.

Chapitre III

L'enfant « trouvaille » à l'étranger

Lorsque le profil des postulants ne correspond pas aux critères des conseils de famille ou des organismes chargés des pupilles de l'État français, lorsque le profil de ceux-ci – trop âgés, trop nombreux, trop malades – ne correspond pas à l'attente des futurs parents, lorsque l'enfant est souhaité étranger, alors l'adoption internationale devient providentielle. Elle suppose néanmoins un cheminement particulier.

1. Irrésistible étrangeté

Le désir d'enfant ne s'exprime pas auprès de n'importe quel partenaire. La contraception permet que cet homme ou cette femme-là, et pas un autre, soit choisi pour être le père ou la mère de son enfant. Chacun, implicitement, espère en lui « prolonger sa finitude », constatait un homme sans héritier. C'est une satisfaction narcissique ; la preuve de l'amour réciproque dans un être à sa ressemblance ; un cadeau – l'homme fait un enfant à la femme, sa compagne lui donne un enfant. Ainsi que l'écrivait Freud à propos des femmes narcissiques : « Dans l'enfant qu'elles mettent au monde, c'est une partie de leur propre corps qui se présente à elles comme un objet étranger, auquel elles peuvent maintenant en partant du narcissisme, vouer le plein amour d'objet [1]. » L'enfant, produit de leur corps et séparé du placenta, se présente au premier abord comme un objet étranger. Cette étrangeté est déplacée lorsqu'il est biologiquement né d'une autre femme. Elle s'accentue quand, trouvé sur un autre continent, il ne présente pas les mêmes traits physiques que ses futurs parents. Car si ce vœu d'enfant bute sur des difficultés, d'une grande diversité, le désir se transforme. Spontanément on aurait souhaité lui trouver des traits de ressemblance physique. Puis à nouveau le contexte oblige à repenser sa descendance autrement : d'un étranger par le sang il va falloir passer à un étranger par le sol, voire par le continent, et donc par la couleur.

Autrement dit la satisfaction narcissique se heurtant à des obstacles réels, l'enfant adopté apportera une satisfaction substitutive. Les conditions de la substitution seront chaque fois singulières. Il est souvent plus facilement accepté, car totalement étranger aux deux membres du couple, que lorsqu'il est conçu grâce à l'insémination avec donneur, auquel cas il serait « à moitié étranger » disent ceux qui préfèrent adopter. L'énigmatique désir des parents, l'inexplicable, l'étrange du désir d'un homme pour une femme, tout enfant vient l'incarner réellement, et celui venu d'ailleurs apparemment plus qu'un autre : étrange par son physique, étrange car orphelin ou du moins sans père et sans la présence de la mère, sans l'autre maternel, « seul au monde ». Mais cet enfant-là le sera aussi comme tout autre : étrange, quelle que soit la couleur de sa peau, car les adultes ont oublié leur enfance.

---

1. S. Freud, *" Pour introduire le narcissisme "*, in *La Vie sexuelle, op. cit.*, p. 95.

La dimension « enfant » atténue dans une certaine mesure l'impact de la différence physique ; cependant les Français adoptent très peu en Afrique : « J'aurais peur qu'on nous dise : votre enfant est noir, mais où est son tam-tam ? » Certes, la conception élargie de la famille y laisse moins de situations d'abandon et pour les populations islamisées l'adoption n'est pas concevable. Mais, surtout, le contraste dû à la couleur renforce la répulsion, à moins qu'au contraire elle n'attire. C'est sans doute un des ressorts de ces demandes d'enfants « exotiques », nés sur un autre sol.

Qui dit sol dit nation et donc changement de nationalité. Signalons, ici, qu'en 1923 l'adoption d'un mineur étranger par un Français n'avait rien de choquant, mais la nationalité de l'adopté ne s'en trouvait pas modifiée pour autant. Aujourd'hui l'enfant adopté plénièrement acquiert la nationalité de ses parents.

Les recherches s'orientent davantage vers l'Europe de l'Est, l'Asie, l'Amérique du Sud : « Secrètement, cet enfant, nous l'espérions pas trop typé... pour son avenir. » Car, selon les continents, le physique est plus ou moins marqué. L'emploi de l'expression « enfant de couleur » sous-entend que le « blanc » ne serait pas une couleur, drôle d'idée si l'on y songe ! Une fois l'enfant fait sien, la couleur de sa peau, à moins d'un autre à ses côtés, ne compte plus et, comme le disait un père : « C'est drôle, ce sont les autres qui sont bien pâles ! »

L'étranger, selon les époques, les lieux, les cultures, prend le visage de l'immigré, de l'Arabe, du juif, du fou, de l'homosexuel. Il provoque fascination, attirance, répulsion, voire de la haine. Quelque chose vient troubler l'univers familier, dérange, déstabilise l'image de soi. L'angoisse est au rendez-vous dans cette rencontre avec l'autre qui n'a pas la même couleur de peau, parle une autre langue, croit en une autre divinité, tient des propos bizarres, vit autrement sa sexualité. L'étranger est la représentation même de l'autre imaginaire, quelque chose de son mode de satisfaction et de jouissance échappe à l'entendement. Il intrigue, il surprend. Or, cet effet de surprise, nous le ressentons parfois à l'égard de nous-mêmes. Nous devons à Freud le mérite d'avoir mis l'accent sur ces instants où l'inconscient faisant dire ou agir le sujet à son insu, il se découvre un savoir dont le sens lui échappe : à travers les lapsus, les actes manqués, les rêves, les mots d'esprit. Se dévoile alors une part d'inconnu, d'étrangeté. En ce sens nous sommes tous, pour une part, étrangers à nous-mêmes.

2. L'universalisation de l'adoption

On assiste à une universalisation de l'adoption internationale dont le développement coïncide avec celui des organisations humanitaires. Certains pays ont une longue tradition adoptive. Pour d'autres, le flou des pratiques et des législations en la matière fait la part belle à l'improvisation. Avant qu'ils s'organisent, l'affluence entraîne commerces, trafics, abus et oblige finalement à la fermeture des frontières à l'adoption. Quand elles s'ouvrent à nouveau, les conditions exigées (limite d'âge, nombre maximum d'enfants par famille, etc.), rigoureuses, amèneront ceux qui ne les remplissent pas à trouver d'autres sources.

Il faut savoir aussi que, contrairement à ce que l'on imagine, beaucoup d'enfants venus d'ailleurs ne sont pas orphelins. Leurs parents espèrent pour eux une vie meilleure dans nos contrées. Mais est-ce si évident de s'adapter à un climat, à une langue, à un mode de vie, à des parents d'une autre couleur ? Sans compter les réactions xénophobes auxquelles les uns et les autres seront très tôt confrontés. Cela ne va pas sans poser alors un cas de conscience : ne vaudrait-il pas mieux aider sur place cette famille, ne pas déraciner cet enfant ?

La culpabilité éprouvée se traduit non seulement par un « On lui dira qu'il est adopté » sous forme de slogan, mais aussi par un « On lui gardera sa culture d'origine ». Cet ailleurs, source de différences, de richesses, il importera de le conserver, de l'entretenir. Avec sa présence, son étrangeté apporte à la famille une particularité précieuse. Raison pour laquelle l'adoption sera parfois préférée à une conception. Certains parleront même de « panacher » leur descendance. Les adoptés apporteraient-ils à leurs parents le « panache » qui leur aurait manqué ?

L'adoption s'universalise, se mondialise, on la dira internationale ou transnationale. Citons l'article 21 de la convention des Nations unies sur les droits de l'enfant car elle resitue l'esprit dans lequel les pays envisagent de voir partir leurs enfants : « Les États parties qui admettent et/ou autorisent l'adoption s'assurent que l'intérêt supérieur de l'enfant est la considération primordiale en la matière et [...] reconnaissent que l'adoption à l'étranger peut être envisagée comme un autre moyen d'assurer les soins nécessaires à l'enfant, si celui-ci ne peut, dans son pays d'origine, être placé dans une famille nourricière ou adoptive, ou être convenablement élevé. » Les pays privilégient l'adoption intranationale, leurs enfants représentant les forces vives nécessaires au développement d'une nation. Et, comme partout, les plus jeunes trouvent plus facilement des parents dans leur propre pays tandis que ceux « à particularités » seront proposés à l'adoption hors frontières qui reste la dernière solution. L'institution « adoption » se présente comme altruiste, elle vise à réaliser le bonheur des parents et des enfants à l'échelle mondiale. Elle ne peut répondre au délaissement et à la misère de tous. Chacun devrait pouvoir grandir dans sa famille, dans son pays. Or, depuis vingt ans, les adoptions à l'étranger ne cessent d'augmenter, parallèlement au développement des moyens de communication. Geste humanitaire circonscrit à quelques familles dans les années soixante, l'adoption transnationale fait partie des compositions familiales contemporaines. Elle est devenue à la fois « la base de ce que devrait être l'humanité » et « une sorte de détournement du destin » à l'échelle mondiale, ainsi que l'expriment les futurs adoptants.

Sans sombrer dans le passéisme, on pourrait évoquer la « circulation des enfants [1] », décrite par les ethnologues. Dans ces sociétés traditionnelles, il y a un parallélisme entre la circulation des femmes et celle des enfants. La structure familiale prévoit l'éventualité d'un transfert, d'une cession d'enfant. Pour nous, adoption équivaut à séparation et à substitution d'identité, alors que ces sociétés utilisent des étapes intermédiaires. Ce sont des compromis plus souples, des situations moins systématiquement irréversibles. Cinq types de dispersions infantiles sont répertoriées, qui correspondent à des modalités proches de pratiques tombées en désuétude : enfant placé à titre d'aide, domestique ; prêt d'enfant à un parent stérile ; mise en nourrice temporaire ; forestage (pas de changement d'identité ni de localité géographique, réversibilité, entre le prêt et le don, les parents gardant une partie des droits et devoirs sur l'enfant en cause) ; adoption. En carence d'enfant, les adoptants ont les mêmes motifs que ceux explicités dans les entretiens. La conjuration ou « adoption thérapeutique », en cas de stérilité inexpliquée, reste aussi un espoir. Elle sera ou non fécondante selon qu'elle aura « forcé les fleurs », selon la belle expression relevée par Suzanne Lallemand. En Indonésie, un enfant est prêté à la femme stérile dont on espère

1. S. Lallemand, *La Circulation des enfants en société traditionnelle*, Paris, L'Harmattan, 1993.

une maternité, explique l'ethnologue Simonne Pauwels : « L'enfant adopté ainsi lui est en fait prêté pour qu'elle joue le rôle de mère, dans l'espoir de tromper les ancêtres en leur faisant croire qu'elle est déjà mère [1]. » La femme le prend pour chercher de la semence, c'est l'« adoption-feinte ». L'enfant subterfuge retourne dans sa famille d'origine après une naissance au foyer adoptif.

Aujourd'hui cette circulation des enfants s'inscrit dans le contexte des relations Nord-Sud et ne demande qu'à s'étendre vers l'Est-Ouest. Elle rencontre les lois de l'économie de marché, de l'offre et de la demande, et l'expression « supermarché de l'adoption internationale » rend compte des « prospections commerciales » et des profits dont elle devient l'objet. La sensibilité humanitaire est exploitée à des fins mercantiles, bien que le droit international veille à ce que toute adoption internationale « ne se traduise pas par un profit matériel indû [2]. Ces activités illicites sont difficilement contrôlables et donnent lieu périodiquement à la fermeture brutale des frontières, interrompant toutes les démarches en cours. De ce fait, les incertitudes et les rumeurs (« Ça va fermer ») favorisent une précipitation propice aux dérives.

Documenté, le livre du journaliste Paulo David décrit sans complaisance les pratiques mafieuses et la variété des astuces employées par les intermédiaires (avocats, médecins, sages-femmes, religieux, etc.) pour exercer des pressions et procurer des enfants adoptables aux nombreux demandeurs. Il écrit : « Ainsi trouve-t-on des enfants adoptables dans les milieux les plus vulnérables dont les mères sont généralement pauvres, jeunes, illettrées, abandonnées

1. S. Pauwels, « Adoption en Indonésie orientale », in *Enfants et sociétés d'Asie du Sud-Est*, Paris, L'Harmattan, 1995, p. 78.

2. Article 21 de la convention des Nations unies sur les droits de l'enfant.

par leur mari et à la tête d'une famille nombreuse. Le consentement à l'abandon d'un des enfants est donc facile à obtenir contre des promesses d'argent ou des pressions mensongères en tout genre. Ces techniques de démarchage existent partout : du Paraguay aux Philippines, en passant par le Guatemala ou la Pologne. Dans certains cas, l'enfant adoptable est tout simplement enlevé et un faux acte d'abandon est établi ou l'acte existant est falsifié, parfois même avec la complicité d'un agent corrompu de l'État [1]. »

L'exploitation de la misère va de l'achat à l'enlèvement dès l'accouchement, en faisant croire que le bébé n'a pas survécu, en passant par le stratagème d'une « fausse mère abandonnante » qui signe un consentement pour un enfant qui n'est pas le sien. Il s'agit de répondre aux exigences d'âge, de couleur et de sexe qui sont autant d'impératifs satisfaits en échange de sommes exorbitantes.

Au départ désir d'enfant doublé d'un désir généreux, l'aspiration humanitaire se heurte à la réduction de l'enfant à l'état d'objet marchand, convoité et monnayable. Or la demande se fait si pressante que des intermédiaires peu scrupuleux ne reculent pas devant les « combines » les plus sordides pour faire monter les enchères et spéculer sur la misère : ils proposent des nouveau-nés aux étrangers contre des coupures de dollars. Ces filières capitalisent en jouant sur la fibre « enfance malheureuse » et la culpabilité des nantis. Régulièrement la presse se fait l'écho du démantèlement de tel ou tel réseau. « Le nouveau-né polonais coûte 150 000 francs » annonçait, par exemple, *Libération* le 29 mars 1994. « L'Ukraine s'attaque aux filières d'adoption », titrait *La Croix* du 18-19 février 1996 à propos de « ventes de nourrissons ». Prêts à se délester de sommes faramineuses, les futurs parents pris dans cette spirale expé-

1. P. David, *Enfants sans enfance*, Paris, Hachette, Pluriel inédit, 1995, p. 81.

rimentent à leurs dépens que le désir n'a pas de prix. Se dédouaneraient-ils aussi pour une part de la dette contractée envers une mère, une famille, un pays ?

Dans sa thèse sur l'adoption d'enfants brésiliens, Sylvia Nabinger, assistante sociale auprès d'un tribunal, analyse le rôle des médias et de leurs positions partisanes. Elle dénonce les mécanismes journalistiques : amplification, exagération, distorsion, falsification et dramatisation des thèmes à sensation. Elle insiste sur la concomitance de l'essor de l'adoption internationale et de l'impact médiatique et télévisuel sur les cœurs et les esprits. Du fait des reportages, certains « se sentent investis d'une mission capitale, ils sont personnellement "interpellés" donc responsables et, dès lors, ils doivent "sauver un enfant du tiers monde". Ce caractère messianique de leur démarche et l'urgence dans laquelle elle s'inscrit justifient à leurs yeux le respect et la coopération des tiers obligés qui jalonnent le chemin les séparant de l'(des) enfant(s). Naît alors un militantisme en faveur de l'adoption internationale, considérée comme une sorte de droit d'ingérence humanitaire [1] ».

« Pas question d'engraisser des négriers modernes », déclarait un homme s'insurgeant contre cette forme d'exploitation. En effet, le corps humain, incessible et inaliénable, est interdit de commerce, ainsi que le spécifie le Code civil : « Il n'y a que les choses qui sont dans le commerce qui puissent être l'objet des conventions [2]. » Ainsi que le soulignaient Brigitte Trillat et Sylvia Nabinger : « C'est la transaction même qui est illicite [3], et non sa

1. S. Nabinger, *L'Adoption d'enfants brésiliens*, Thèse de doctorat de droit privé, Lyon III, 1994, t. I, p. 99.

2. Code civil, article 1128.

3. B. Trilla et S. Nabinger, « Adoption internationale et trafics d'enfants : mythes et réalités », *Interpole*, revue internationale de police criminelle, n° 428, 1991, p. 18-25.

finalité ; le but poursuivi n'est pas la traite de l'enfant (au sens de traite des Blanches), son exploitation, mais un changement de filiation. Il y a vente d'enfants lorsque la somme d'argent remise ne se justifie pas par les frais de l'entretien de l'enfant ou les services rendus. Les auteurs indiquent également l'incidence des mobiles idéologiques religieux, la lutte contre l'avortement en Amérique latine ; des mobiles idéologiques politiques, l'adoption des enfants des « disparus » sous la dictature des colonels en Argentine ; des mobiles économiques, l'entrée de devises en échange d'un enfant roumain sous la dictature de Ceausescu.

Les sources d'information sont-elles toujours fiables ? Comment faire la part des scoops médiatiques, des « rumeurs, des témoignages et des plaintes de parents dont l'enfant a été enlevé ou qui ont vendu ou donné leur enfant [1] » ? Les pays favorisent d'abord l'adoption sur leur territoire. Les adoptions internationales ne peuvent avoir lieu « que si les autorités compétentes de l'État d'origine ont établi que l'enfant est adoptable, ont constaté, après avoir dûment examiné les possibilités de placement dans son État d'origine, qu'une adoption internationale répond à l'intérêt supérieur de l'enfant [2] ». Autrement dit, si aucune solution satisfaisante ne peut lui être apportée sur place, alors seulement son pays envisagera son adoption dans un autre État, c'est ce qui s'appelle le principe de subsidiarité.

L'opinion publique des pays du tiers-monde est souvent hostile à l'adoption transnationale. Elle ressent cette fuite de leur capital humain, cet exode comme une nouvelle forme d'exploitation coloniale insupportable. Combien de couples ne sont-ils pas restés confinés des semaines, au Brésil par exemple, au domicile de l'avocat qui, prenant tout

---

1. B. Trillat et S. Nabinger , *op. cit.*
2. Article 4 de la conférence de droit international privé de La Haye.

en main, leur recommandait de ne pas se montrer avec l'enfant ?

« Mais pourquoi viennent-ils chercher nos enfants ? » s'interroge-t-on dans ces pays. Souvent les législations et politiques sociales ne permettent pas que la situation juridique des enfants corresponde à leur situation de fait. Ils sont effectivement délaissés, livrés à eux-mêmes, mais pour autant les liens de filiation ne sont pas rompus et leurs parents n'ont pas consenti à l'adoption. Périodiquement des rumeurs circulent selon lesquelles ils seraient utilisés comme domestiques, vendus pour des trafics d'organes, leurs corps détaillés pour être échangés.

3. La moralisation de l'adoption internationale

Les États concernés ont pris conscience des abus et tentent de réglementer par une législation répressive ces débordements. Au plan international des accords bi- et multilatéraux s'efforcent de mettre en place une concertation entre pays d'origine et pays d'accueil, de « moraliser » l'adoption internationale. Afin de lutter, notamment, contre les trafics d'enfants, la France doit ratifier la convention internationale de La Haye. Elle a pour objectif l'établissement de garanties dans l'« intérêt supérieur de l'enfant » et l'instauration d'une coopération entre les États signataires. Elle « définit les responsabilités respectives des pays d'origine et d'accueil [1] », et impose désormais de faire transiter tout projet d'adoption d'enfant étranger par une institution officielle du pays d'accueil (dont les fonctions pourront être déléguées à des organismes privés autorisés), laquelle devra se mettre en rapport avec l'institution correspondante dans le pays d'origine. Un tiers des adoptions à l'étranger, se font par leur intermédiaire, les

1. J.-F. Mattei, *op. cit.*, p. 120.

autres sont des démarches individuelles dont toutes ne tomberont pas dans les pièges évoqués plus haut.

Actuellement, deux enfants adoptés sur trois sont nés hors de nos frontières. La France est le deuxième pays du monde en nombre absolu d'adoptions internationales, derrière les États-Unis, et le premier en nombre relatif (c'est-à-dire par rapport à sa population) [1]. Pourquoi ce phénomène social ? La dénatalité augmenterait-elle ? Le nombre d'enfants adoptables aurait-il diminué d'une manière plus spectaculaire qu'ailleurs ? Parallèlement, dans d'autres régions du monde, les familles sont très nombreuses, les enfants à la rue et les pouponnières et orphelinats débordés. On voit là les effets des disparités économiques et démographiques. Les demandes émanent des nations nanties auprès des populations défavorisées. Les pays développés contrôlent leur natalité, les autres non. L'adoption, à petite échelle, permettrait-elle un rééquilibrage démographique ? « On estime que, dans le monde entier, le chiffre annuel d'adoptions internationales oscille entre 18 000 et 22 000 [2] », précise un rapport d'experts. En lien avec la démographie, comme la polygamie, l'adoption peut pallier la surpopulation aussi bien que la dénatalité. Les inégalités s'accentuent et l'adoption est tributaire du contexte économique mais aussi des relations politiques et diplomatiques entre les pays. Son internationalisation conjugue les effets de ces différents facteurs. En elle-même, elle joue un rôle incitatif : elle amène les pays à clarifier leurs options en matière de protection de l'enfance, à la

1. *Ibid.*, p. 118.

2. *Rapport sur la mise en œuvre de la convention relative aux droits de l'enfant dans le domaine de l'adoption internationale.* Rapport élaboré sous l'égide de Défense des Enfants International et du Service social international, Genève, avril 1991, p. 15. Cité par Sylvia Nabinger in *L'Adoption d'enfants brésiliens, op. cit.*, p. 75.

réglementer et à organiser sur place les mesures indispensables.

Devant ces criantes disparités, dans un souci de partage des richesses, adopter apparaît de plus en plus à certains de ceux qui ont déjà une descendance comme une modeste réponse individuelle, une contribution humanitaire à la détresse et à l'injustice. De 971 enfants étrangers adoptés en 1979, leur nombre est passé à 1 946 en 1983, 2 227 en 1986, 2 873 en 1991, plus de 3 000 en 1994 [1]. Ces enfants viennent de 72 pays, surtout de Colombie, du Brésil, du Viêt-nam, du Sri Lanka, de Madagascar, des pays de l'Est.

La préoccupation première, aider les pays sous-développés par des actions sur place, s'accompagne-t-elle d'une action hors de leurs frontières en exportant leurs enfants, parallèlement à leurs produits moins chers? Aux délocalisations industrielles des usines européennes dans ces pays, correspond, toutes proportions gardées, la délocalisation en sens inverse des enfants, le fameux « déracinement » de ceux dont ils ne peuvent encore assurer l'éducation dans des conditions correctes : là où la condition et le travail enfantins nous renvoient les images de l'Europe du XIXe siècle. À la culpabilité des pays riches répond la dette économique des pays pauvres : en laissant partir leurs enfants, oserait-on dire qu'ils la remboursent en nature ? Enfin, rechercherait-on, pour échapper à l'emprise de la science, quelque chose d'une humanité perdue dans ces contrées décrites unanimement comme exceptionnellement accueillantes ?

Une fois de plus, ce contexte renvoie chacun à sa responsabilité et oblige à une cohérence éthique. L'amalgame adopté/acheté pèse lourd dans les relations parents/enfants,

1. J.-F. Mattei, *op. cit.*, p. 256-257.

ainsi qu'en témoignent les interpellations de la rue : « Ah ! c'est un enfant adopté, combien l'avez-vous payé ? » et non pas : « Combien les démarches d'adoption vous ont-elles coûté ? »

Les organismes autorisés pour l'adoption

Ces organismes, hier encore appelés œuvres d'adoption, limitent leur action à quelques pays. Ils travaillent avec les départements auxquels ils ont demandé une autorisation et sont débordés par les dossiers en attente. Leurs réponses négatives découragent : « Ils reçoivent trop de demandes » ; « Nous sommes trop vieux pour eux » ; « Il faut attendre des années » ; « Ce serait possible si nous acceptions un enfant de huit, dix ans ». S'appuyant sur des éléments arbitraires (âge, années de mariage, nombre d'enfants, confession, exclusion d'un continent, etc.), les organismes sont dans l'obligation d'opérer une sélection. Il ne faudrait pas l'interpréter comme une première manœuvre pour tester les motivations et éliminer les moins décidés, mais plutôt comme un effet du peu d'enfants juridiquement adoptables dans ces pays aussi. Ces organismes tiennent compte également des critères imposés par les différentes réglementations : le profil du couple, mariés ou concubins, les célibataires, le nombre d'enfants. Les candidats retenus auront à s'entretenir avec les responsables, ils se reposeront sur cette institution pour toutes les démarches préliminaires et leur projet aboutira plusieurs mois plus tard. Il faut du temps, car les pays s'entourent d'un maximum de garanties, et de la patience, car ils exigent parfois un suivi socio-éducatif jusqu'à la majorité de l'enfant. Dans la plupart des cas les adoptants devront se rendre sur place. Il leur en coûtera, en temps et en argent.

Les pratiques financières de ces œuvres, régulièrement autorisées, sont étroitement contrôlées. Elles se doivent de poursuivre un but non lucratif. Il faut savoir que leurs frais sont élevés : jusqu'à la loi du 5 juillet 1996 elles n'étaient pas aidées financièrement. On a désormais institué une possibilité légale de subventions de l'État. Celles-ci seront probablement conditionnées par la volonté des œuvres de se fédérer entre elles pour constituer un ou des réseaux plus solides et plus fiables.

Leurs conditions ne sauraient être assimilées à un « achat d'enfant ». Elles doivent être à même de présenter le décompte des frais à la charge des adoptants qui en comprendront la destination. Outre les dépenses de fonctionnement qui tournent autour de 7 000 francs, elles ont à régler aux autorités des pays le coût de la procédure administrative et juridique, l'accompagnement, l'interprète, les traductions, soit environ 5 000 dollars ; sans oublier les honoraires d'avocat : 1 000 dollars, et les frais divers (visas, visite médicale, acte notarié) : 1 500 francs. L'application uniforme de barèmes pour toute adoption garantit leur transparence. Ce qui n'est pas le cas de procédures négociées directement officieusement et qui peuvent atteindre 100 000 francs ou plus. Un budget de 30 000 à 50 000 francs est à prévoir, il correspond à la moyenne en 1996. Cet ordre de grandeur varie selon les pays : il faut prévoir de 28 000 à 30 000 francs pour la Roumanie, 30 000 francs en Albanie, 45 000 francs francs au Brésil, 50 000 francs au Viêt-nam, 65 000 francs en Bolivie [1]. S'y ajoutent les frais de voyage et de séjour sur place. Enfin, certains pays incluent l'entretien de l'enfant depuis sa naissance car il n'existe pas la même protection sociale qu'en France. Il s'agit donc de sommes très conséquentes, qui peuvent paraître exorbitantes à qui pense injuste d'être contraint d'adopter et à qui croyait son geste en lui-même

1. Chiffres transmis oralement à titre indicatif par Médecins du monde, juillet 1996.

suffisamment généreux. Comme le disait un adoptant, « c'est le dollar magique ! ».

Enfin, quelles que soient les justifications de ce qui prend la valeur de tarifs, il est pour le moins paradoxal d'avoir à calculer un prix de revient réel en devises, dont le montant sert de monnaie d'échange, pour assurer « le bonheur d'un malheureux ». Ses parents d'origine, avec cette même somme, compte tenu de sa valeur locale, élèveraient dans l'aisance toute leur progéniture. Sans doute en coûte-t-il aux pays de laisser partir leurs enfants, mais il en coûte également aux adoptants, dont certains s'endettent, disons même adoptent grâce au crédit. Là plus qu'ailleurs la valeur accordée à l'enfant occupe le devant de la scène : il est devenu rare, précieux et cher, avant de pouvoir être chéri.

Après qu'un organisme autorisé eut retenu leur dossier, ce fut comme si Marc et Claudette recommençaient tout : on eût dit un doublet des entretiens d'agrément. Ils eurent l'impression désagréable de devoir « se vendre », de se présenter comme « les meilleurs parents possibles » afin que leur candidature soit retenue par des bénévoles qui les bombardèrent de questions. Finalement ils se sentirent rassurés et en même temps dépossédés de toute initiative, ils n'avaient plus qu'à attendre. Enfin, après plus de deux ans, ils s'envolaient pour la Colombie où Frederico se préparait à les rencontrer ; il avait deux ans. Ils ne firent pas la connaissance de ses « familles de transition », mais sa dernière gardienne leur avait transmis un petit cahier sur lequel elle notait ses habitudes, ses traits de caractère. La rencontre officialisée dans un bureau fut un « moment juridique », avec la lecture d'un texte par lequel ils s'engageaient à lui donner une bonne éducation. Ils repensèrent à leur mariage : « Un enfant reconfirme le couple. » La manière de traiter les dossiers, « très propre, claire, limpide », leur sembla une garantie importante : ils raconteront à leur fils sans rougir comment il leur fut confié. Frederico a du sang indien et son père, qui appréhendait une différence physique trop marquée, se montre fier de ce fils de la cordillère des Andes. Le contraste entre la pauvreté et la richesse, la guérilla et les risques d'attentats font qu'ils gardent du pays lui-même le souvenir d'une perpétuelle tension.

Compagnons d'adoption

Hors de nos frontières la course à l'enfant prend parfois l'allure d'une foire d'empoigne, d'un « adopte-qui-peut ». Il n'en est pas de même avant et après le voyage : entre parents adoptifs et futurs adoptants la solidarité étonne les nouveaux arrivants : « C'est comme si on se connaissait depuis des années. » Des renseignements pratiques indispensables sont fournis avant de partir. Leur expérience permet de se faire une idée approximative, mais une idée quand même, des réalités locales. Qu'il s'agisse des démarches administratives – « On échange des tuyaux » – ou des adresses fiables dans les pays : « Il y a une belle chaîne. » Et au retour aussi, la présence des plus anciens est précieuse. Les rencontres, débats, journées familiales sont autant d'occasions de se retrouver, l'adoption servant de lien social. L'enthousiasme est communicatif et, durant les alternances de déception et d'espoir, quand les pistes tardent à aboutir, les parents adoptifs jouent un rôle d'accompagnement irremplaçable auprès de ceux qui se lancent dans l'aventure. Ils ont pris une certaine distance et relativisent les incidents, mettent en garde et conseillent leurs pairs, leur expliquant par exemple qu'ils peuvent dire non à une proposition à laquelle ils craignent de ne pouvoir faire face. Ils ont vécu aussi l'attente et le bouleversement de l'arrivée d'un enfant. Les inquiétudes, les angoisses et les sentiments contradictoires s'expriment avec moins de retenue qu'auprès de professionnels dont le jugement sur la capacité parentale est toujours craint. C'est pourquoi l'après-adoption, les visites des assistantes sociales, pour ce qu'il est convenu d'appeler l'enquête d'adaptation, restent formelles et le recours aux puéricultrices ou aux psychologues peu fréquent : « Il n'y a pas de raisons de pas se débrouiller comme tous les autres parents. » En effet.

En revanche, une fois l'adoption réalisée, certains fuiront ces manifestations, redoutant le « ghetto adoptif ». Ils refuseront de n'être identifiables que par les termes d'adoptants ou d'adoptifs. Selon leur âge et leur position vis-à-vis des propos qu'ils entendent, les enfants participeront aux fêtes et pique-niques ou bien les bouderont. Ces moments soutiendront éventuellement des identifications. Coïncidence ou effet de rencontre ? Des parents remarquèrent que leur fille de quinze mois, qui se traînait à quatre pattes depuis des semaines, se mit debout et commença à marcher le soir du jour où, dans ce cadre associatif, elle avait vu pour la première fois des enfants d'origine hindoue comme elle.

L'organisation en association remonte au début des années soixante : les familles adoptives se regroupent et, en 1980, fusionnent pour devenir Enfance et familles d'adoption (EFA). Ce n'est pas un organisme d'adoption, qui placerait des enfants, mais une association, non confessionnelle. L'organisation regroupe quelque sept mille foyers dans quatre-vingt-douze départements. Elle milite pour que la famille soit considérée comme la meilleure solution pour tout enfant, et pour faire connaître concrètement l'adoption. L'organisation accueille (c'est le titre de sa revue), informe et accompagne pendant et après, bénévolement, les parents adoptifs. Elle défend une éthique de l'adoption, en particulier internationale, afin que le coût ne soit pas confondu avec le prix à payer pour un enfant devenu objet de marchandage.

L'adoption indépendante

Avant d'entreprendre une adoption indépendante et la moindre recherche, on ne saurait trop recommander d'être prudent et d'en appeler à la compétence d'un service émanant de plusieurs ministères (Affaires étrangères, Justice, Affaires sociales), regroupés dans la Mission interministérielle de l'adoption internationale (MAI). Créée en 1987, cette autorité publique établit et diffuse gratuitement des fiches sur les procédures des pays à partir des textes et informations transmises par les représentants diplomatiques et consulaires, les œuvres, les associations et les témoignages des adoptants. Elle veille à l'habilitation des organismes autorisés, participe à l'élaboration de la réglementation et négocie des accords avec les autorités étrangères. Elle autorise la délivrance du visa de long séjour, nécessaire à l'entrée et au séjour de l'enfant en France. Elle participe à la moralisation de l'adoption en vérifiant, par le biais de son réseau, le respect des procédures. Elle recommande une marche à suivre, « le bon chemin vers l'enfant », et un état d'esprit qui tienne compte de la diversité des pratiques des pays.

La plupart du temps, les démarches individuelles commencent par des « on-dit », puis par des rencontres avec des familles qui connaissent le parcours (traductions, copies certifiées conformes, légalisations) et transmettront des adresses fiables. La vigilance est de mise car la demande crée l'offre et les intermédiaires, du chauffeur de taxi à l'avocat en passant par certains fonctionnaires, en font commerce. Des sommes importantes d'argent liquide sont parfois imprudemment remises à des particuliers ou à des professionnels peu scrupuleux qui feront durer, pour des raisons floues et douteuses, les procédures. Il est donc vivement déconseillé de s'adresser à des particuliers, même professionnels, ou d'obtenir des parents d'origine une remise directe, étant donné les risques de pressions psychologiques et financières. Hormis les pratiques mercantiles et illégales, diverses instances sont fiables : les organismes étrangers, les avocats et les auxiliaires de justice connus pour leur intégrité, les juges des mineurs. Les frais engagés par les différents intervenants doivent être chiffrés, chiffrables et les sommes évaluées en fonction de leur valeur locale.

Comment s'orienter et pourquoi vers telle contrée plutôt que telle autre ? Un faisceau de convergences, l'opportunité du moment, les impératifs locaux, la durée du temps de séjour sur place, le coût, le témoignage de ceux qui rentrent feront pencher pour une destination plutôt qu'une autre. Mais des éléments impalpables sont quelquefois plus déterminants : attirance pour la musique, la gaieté, le calme, la gentillesse, la courtoisie, l'art de vivre des populations ; la beauté de leur physique ou celle des paysages ; souvenirs d'un mot, d'une photo, d'un film, de récits de voyages, ami de tel ou tel pays fréquenté pendant les études ; connaissance d'une langue, d'une culture, d'une philosophie ; liens familiaux ou amicaux sur place, etc.

Quel enfant conviendra le mieux, plutôt clair ou « café-au-lait » ? Lequel paraît le plus aimable ? Comment répondre à cet impossible choix ? Dans certains pays il faut faire le tour des orphelinats et se faire inscrire sur des listes d'attente : pourrait-on en profiter « pour repérer celui qui aura la meilleure tête » ? Impossible, pas question, répondent certains : « On ne peut trier les êtres humains. »

Ils s'attendaient à « un bébé noir, il est presque blanc », ce petit Bruno d'un an à la peau mate d'un pays d'Amérique du Sud. L'avocat, un ancien magistrat, qui rend visite aux familles en Europe, est devenu un ami. Correctement, légalement, humainement il avait pris soin de leur dossier, en même temps qu'il hébergeait trois autres familles. Mais jusqu'à la dernière minute la tension demeura : le juge ne changera-t-il pas d'avis ? Le moment du jugement apporta un premier soulagement, le décollage de l'avion, un second. Mais une nouvelle inquiétude surgit : « On a eu peur pour lui » , et c'est en ressentant cette appréhension pour Bruno, un incident de vol, que Ginette réalisa qu'il était son enfant.

Les récits et expériences sur le terrain, quels que soient les continents, sont tous empreints de la subjectivité de ceux qui relatent après coup, dans une construction joyeuse ou dramatique, le déroulement de ces moments intenses.

Au Brésil, Mélanie attendait Clotilde et Igor chez l'avocat, « dans un panier d'osier ». Elle avait trois mois, prit un biberon, leur sourit et dormit vingt-quatre heures d'affilée, ce qui était contraire à ses habitudes mais ne les a pas inquiétés. Il leur a fallu un an environ pour se remettre de toutes ces émotions dont la plus forte fut celle de pouvoir dire « je suis papa », « je suis maman ». Ils n'oublieront pas la découverte des favelas, « le vrai Brésil », les enfants qui dorment sur les trottoirs, enjambés par les passants, ceux qui travaillent dès cinq heures du matin, leurs regards tristes.

Dans ce pays les lois se durcissent pour protéger la mère, l'enfant, les adoptants contre les vols et les trafics. Le voyage est fort rarement touristique car le séjour est consacré à l'adaptation réciproque, il faut s'acclimater un tant soit peu au mode de vie du pays qui vous confie un des siens. Les futurs parents s'angoissent et assiègent les différents services susceptibles de les aider, jusqu'à ce qu'un enfant leur soit « attribué ». Ils n'ont, ensuite, plus d'yeux et d'attention que pour lui et brûlent de rentrer au plus vite dès le jugement prononcé. Le temps passé sur place servirait-il à apprécier l'instauration du lien, à prolonger l'hébergement dans les hôtels pour touristes ou à respecter les impératifs administratifs locaux ? Certains se posent la question. Les suppositions vont dans le sens d'interprétations liées au fantasme de rapt d'enfant et à la culpabilité qui l'accompagne : « On nous a à l'œil » ; « On a toujours l'impression que la police va réclamer des papiers supplémentaires ».

Julien et Laura ont adopté un tout-petit grâce à une avocate roumaine recommandée par des collègues. Une comparaison brutale leur vint à l'esprit en entrant dans l'orphelinat : « C'était du gardiennage, à peine comme au chenil, ils appelaient au secours. » Ainsi qu'ils le craignaient, les conditions sanitaires étaient déplorables, le mobilier abîmé, les enfants malingres, mal soignés faute de médicaments, dépenaillés et désœuvrés. Le petit garçon de neuf mois qui leur était destiné avait failli être hospitalisé pour une bronchite asmathiforme, mais il avait résisté et les antibiotiques apportés l'aidèrent à se tirer d'affaire. Ils ont rencontré ses parents, dont la dignité dans le dénuement les a impressionnés. Ils parrainent les cinq autres enfants, financent leur scolarité et projettent de créer une association pour une aide sur place.

Depuis l'ouverture des frontières du Viêt-nam à l'adoption, ce pays est devenu la destination de prédilection pour plus de la moitié des adoptants français (en 1994, 1 733 visas sur un total de 3 094 enfants nés à l'étranger) [1].

André et Jocelyne ne veulent pas élever Virginie en fille unique et ils ont décidé d'agrandir leur famille de deux enfants. Partis pour une semaine au Viêt-nam, ils y ont séjourné plus de trois mois. Une association leur promettait deux enfants ; à leur arrivée il n'était question que d'une

1. J.-F. Mattei, *op. cit.*, p. 118 et 257.

petite fille moyennant finances, ils ont refusé avant d'avoir fait sa connaissance. Puis ils ont vécu quatre jours avec un petit garçon de quatre ans, mais de prétendus problèmes dans le libellé de leur agrément les ont obligés, la mort dans l'âme, à se séparer de lui. Bouleversés par ces procédés, ils allaient rentrer en France lorsqu'un bébé de quinze jours leur a été confié. Aussitôt ils consultèrent un pédiatre tant l'enfant semblait chétive ; il les rassura, tout était normal. En fait, malnutrie, elle souffrait de déshydratation et a été emportée quelques jours plus tard par une toxicose. Ils faillirent une nouvelle fois être abusés par un médecin qui leur présentait un catalogue avec des enfants manifestement handicapés. Au même moment ils apprenaient qu'un couple refusait une petite fille parce qu'elle n'avait pas assez de cheveux ! Enfin, grâce à une interprète, ils ont rencontré dans un orphelinat un petit garçon d'un an en bonne santé. Le coup de cœur fut réciproque et ils revinrent en France avec lui, épuisés.

Ces péripéties illustrent les aléas des démarches individuelles dans les pays où la concurrence entre les futurs adoptants, qui se pressent aux portes des orphelinats, est telle que la surenchère et la mauvaise foi parient sur la naïveté, la sensibilité et l'anxiété à l'idée de rentrer sans enfant. Sur place il faut « séparer le cœur de la raison et de l'argent », c'est-à-dire prendre du recul. André et Jocelyne ne décrivent pas de corruption, et ceux qui tentent d'acheter les fonctionnaires se feraient, selon eux, plutôt mal recevoir, même si parfois les fonctionnaires ne restent pas de marbre. Ils ont estimé qu'une participation aux frais d'environ 400 dollars était une façon de soutenir une institution dont tous les enfants ne sont pas adoptables.

Jean-Luc et Josiane gardent de l'accueil et de la gentillesse des Vietnamiens rencontrés un souvenir ému et reconnaissant. Josiane s'est dit qu'elle était « venue pour un accouchement sans douleur ». C'était un bébé qui sortait d'une broncho-pneumonie, elle était « terne, éteinte ». Marine, abandonnée par sa mère pour lui donner la chance d'être adoptée, leur a été attribuée officiellement par le comité populaire. Ils lui avaient adressé un dossier en sept exemplaires, traduit en vietnamien, accompagné de photos de leur mariage, de leur famille et de leur maison. Les autorités leur ont délivré un reçu en échange des dons dont le montant, entre 40 et 200 dollars, a été couché sur un grand cahier. À la suite de leurs visites à la maternité-orphelinat où ils allèrent la voir tous les jours pendant plus d'un mois, la petite fille leur fut remise avec un grand sourire. Ils en concluent que leur respect des coutumes locales a été leur meilleur atout. Dix jours pour la signature du passeport, par exemple, n'ont rien d'excessif. Ils déplorent que certains, arguant de dates de retour impératives, proposent des dessous-de-table de 2 500 à 4 000 dollars et plus, et aient donc une part de responsabilité dans ce climat de corruption.

En « faisant les orphelinats » au Viêt-nam, Jérôme et Monique rencontrèrent plusieurs bébés : l'un à quinze mois ne tenait pas debout, ils ont craint que jamais il ne marche ; un autre, de trois mois, était sans doute aveugle, ils n'ont pas eu le « courage » de dire oui ; chez le troisième, une hépatite était présumée. Ce fut chaque fois un cas de conscience. Ils voulaient un bébé en bonne santé : « Même si on nous dit que ce n'est pas grave, la décision est loin d'être évidente. » Enfin ils ont rencontré une petite Pauline, tranquille, souriante. En participant aux frais d'hospitalisation à la hauteur de 250 dollars, ils n'ont pas eu le sentiment de l'avoir « payée ». Il leur semble indispensable de participer, à long terme financièrement, à la logistique d'une association humanitaire qui a besoin d'aide médicale et d'équipements.

Tous les pays ne peuvent être ici cités et les quelques exemples donnés ne proposent qu'un petit aperçu des approches, découvertes et ouvertures qui accompagnent ces vols modernes des cigognes dont parlait la psychiatre Janine Noël [1]. L'adoption suppose le passage d'une culture à une autre d'abord pour les adultes.

Le pays adopté

Il est frappant d'entendre ces parents rentrant de continents lointains parler de leur attachement à la terre natale de leur enfant : « Le pays qui nous l'a donné, c'est une deuxième patrie. »

Paul et Anne-Marie ont séjourné trois semaines à Madagascar où un petit garçon « dégourdi » de deux ans et demi leur fut confié. Élevé avec d'autres par une infirmière à la retraite qui lui avait appris quelques mots de français, il s'est montré d'emblée affectueux et les appréhensions d'Anne-Marie, liées à son âge et à la couleur de sa peau, se sont envolées aussitôt. Par moments, durant les premières semaines, il devenait triste ou plutôt sérieux, mais il ne s'ennuyait pas. Sa mère aujourd'hui déclare : « Je n'aurais pas pu imaginer avoir un enfant mieux que Robin. » Ils sont restés en contact avec cette femme, parrainent un des enfants qu'elle garde et lui envoient régulièrement des médicaments : « Nous avons adopté Robin et nous avons adopté Madagascar ! » Le motif du voyage, associé à la rencontre du pays, les a marqués au-delà de ce qu'ils auraient pu imaginer.

Au Viêt-nam, les adoptants qui n'hésitent pas à se déplacer au milieu de milliers de vélos, à se nourrir dans la rue et à loger dans des petites pensions de famille, qui pren-

---

1. J. Noël, « Aspects psychologiques de l'adoption des enfants étrangers », *Revue de pédiatrie*, t. XXI, septembre 1985, p. 303.

nent le temps de discuter avec la génération qui parle français, disent tous leur étonnement et leur admiration pour ce peuple laborieux, une « fourmilière », l'humanité des relations sociales et leur amour de la France. Cette force de vie chez un peuple éprouvé par les guerres, il leur semble en retrouver l'empreinte dans le caractère des enfants. Ils se disent fiers de la confiance qui leur est faite pour l'éducation sur un autre continent d'un enfant né sur leur sol. Leur responsabilité envers ce dernier et la gratitude vis-à-vis du pays n'en sont que plus forts.

Le sauvetage des associations philanthropiques de la fin du XIXe siècle prend la forme d'un sauvetage de l'enfance à l'échelle mondiale. L'adoption transnationale donne au rapport parents/enfants une dimension planétaire qui contraste avec l'engendrement, fruit de la rencontre, toujours extrêmement privée, d'un homme et d'une femme. Finalement, ne mettrait-elle pas en évidence qu'entre une femme et un enfant un rapport de mère à enfant peut s'instaurer quand bien même le rapprochement serait totalement fortuit ? Le changement de continent rend ce phénomène encore plus spectaculaire. Les réactions sociales ne manquent pas dès le retour en Europe. D'une certaine manière l'étrangeté de l'enfant, devenue familière aux parents, leur est renvoyée par la famille, les amis et la rue avec parfois une redoutable crudité. Ce lien avec les adultes qui l'accompagnent déconcerte.

Un racisme ordinaire ?

La génération des grands-parents admet parfois avec réticence qu'un enfant « de couleur » entre dans la famille. Ce choix les surprend, demeure une énigme. L'expérience prouve que dès la première rencontre, la plupart du temps, les *a priori* tombent d'eux-mêmes au point que le dernier arrivé devient la « coqueluche » de toute la famille. Les plus grands seront préparés et mettront du temps à assimiler la perspective d'être « vanille » tandis que l'autre sera « chocolat ». Ainsi qu'en témoigne la réflexion de Théo à sa mère qui, avant de partir en Haïti, lui faisait valoir la prestance physique des Africains : « Tu vois le petit garçon sur le toboggan ? Il sera mignon comme lui ton petit frère. – Oui, mais il est tout noir ! » Un autre, réfléchissant tout haut à la venue d'une sœur, après les explications pédagogiques de ses parents, se réjouissait non sans humour : « Cela fera un peu de couleur dans la maison ! »

Le racisme concerne celui que l'on ne connaît pas, « c'est l'autre ». Les curieux posent des questions brutales et intrusives, sur fond d'allusions à la sexualité : « Comment il est le papa ? » ; « Il n'est pas trop noir, ça va » ; ou bien : « Vous l'avez exposé au soleil ? » ; « Je l'aurais pas cru si noir » ; « Combien vous l'avez payé ? » ; « Oh ! la jolie poupée bronzée, elle vient d'où ? » ; « Ils sont à vous les enfants, et le pays il est comment ? » Les réflexions sont teintées d'idéologie, remarquait un père : un enfant métis ouvre « toutes les portes ; du côté des intellectuels, c'est la société multiraciale Benetton, du côté des prolétaires c'est l'enfant d'émigré de base des quartiers défavorisés aux classes bariolées ». Piqués au vif, les parents répliquent par des reparties épatantes à ces petites phrases redoutables : « Vous avez un cœur plus noir que le visage de notre enfant ! » ; ou bien, devant l'étonnement : « Vous avez adopté pour ne pas être seuls ? Vous auriez pu prendre un chien ! – Parce que vous, vous ne voyez pas la différence ! » Les commentaires vont bon train : « Tiens, il n'a pas les cheveux crépus ! Vous avez de la chance, vous êtes bien tombés ! » Et ces parents de penser que, de toute manière, ils seraient bien tombés. Les propos sont parfois plus tolérants et dans un hypermarché une mère notait : « Avant, nous étions des anonymes avec notre Caddie, maintenant Mario attire les gens et des liens étonnants se créent avec des inconnus. »

Les enfants concernés ne restent pas indifférents et leurs attitudes varieront beaucoup selon leur manière de vivre ce lien à des parents auxquels ils ne ressemblent pas. Julie se fait traiter de « Chinoise », Maeva de « noiraude » et cette autre petite fille brésilienne dira : « Je ne veux pas être bronzée, je veux être blanche comme maman. » Et Romain réalise : « Alors, moi je serais toujours marron ? »

« Aucun de nos enfants n'est de race pure, mais, à propos, de quelle race sommes-nous ? » se demandait une mère. La question naïve : « C'est comment un Péruvien ? » renvoie peut-être à un : « C'est comment un parent adoptif, un enfant adopté ? » Elle visait sans doute, au-delà de la couleur ou de la race, l'étrangeté apparente de cette parenté.

Comment ne pas citer Montesquieu : « Les habitants de Paris sont d'une curiosité qui va jusqu'à l'extravagance. Lorsque j'arrivai, je fus regardé comme si j'avais été envoyé du ciel [...]. Mais, si quelqu'un, par hasard, apprenait à la compagnie que j'étais persan, j'entendais aussitôt autour de moi un bourdonnement : "Ah ! ah ! monsieur est persan ? C'est une chose bien extraordinaire ! Comment peut-on être persan ?" [1] » Les enfants de tous les coins du monde, mais les enfants européens aussi lorsqu'on les sait adoptés, troublent par cet « ornement étranger », pour reprendre l'expression de Montesquieu. Ce qui trouble, au-delà du racisme ordinaire, ne serait-ce pas l'étrangeté prêtée au lien des parents à leur enfant : « Comment peut-on être adoptant ? » ; et au lien de l'enfant à ces parents : « Comment peut-on être adopté ? »

1. Montesquieu, *Lettres persanes*, édition de 1758, Paris, Gallimard, Folio, 1973, Lettre XXX, p. 105.

Quatrième partie

L'enfant est arrivé

Et des enfants trouvés
Chantent, chantent sans cesse
À tue-tête à cloche-pied
Histoire de s'amuser
Les mots sans queue ni tête
Qui dansent dans leur tête
sans jamais s'arrêter

J. Prévert
Histoires

Chapitre I

L'enfant annoncé

La dimension symbolique par laquelle un homme ou une femme se reconnaît père ou mère s'accentue lorsque la filiation n'est pas « charnelle », selon l'expression du doyen Carbonnier. Ces simples mots : « Vous allez être les parents de... », ouvrent une perspective aux futurs adoptants. Peu à peu, sans modification de leur corps, à moins qu'ils ne ressentent quelques maux inhabituels, ils naîtront à ce nouvel état.

1. L'annonce faite aux parents

Joachim et Élisabeth ont attendu plus de cinq ans. Élisabeth n'osait trop y penser, de crainte de nouvelles déceptions. Enfin les voilà « convoqués » par l'assistante sociale qui leur dit : « Nous avons une petite fille pour vous, elle s'appelle Chloé, est-ce que vous la voulez ? » Ils ont trouvé le prénom « joli » et n'ont pas voulu lui en donner un autre, « la couper de son passé », de ses quatre mois sans eux. Ils ont été saisis lors de la première rencontre par cette dépendance totale due à la prématurité du nouveau-né : « Voir ce bébé là, tout seul, tellement innocent, tellement fragile ! » Elle leur a semblé « plus gracieuse que les bébés qui l'entouraient ». Les premiers jours, le personnel de la pouponnière les annonçait en disant : « Voilà les parents de Chloé. » Élisabeth avait l'impression qu'il s'agissait de quelqu'un d'autre : « J'avais tendance à me retourner », dira-t-elle. Elle ne « réalisait » pas complètement ce qui lui arrivait. Elle éprouvait aussi un malaise : « À la pouponnière je n'arrivais pas à être naturelle ; je suppose, comme une maman qui vient d'accoucher, je pense qu'en arrivant chez elle, elle est bien plus à l'aise. » Et Joachim fait part d'une étrange impression à ces moments-là : « Ce n'était pas ma femme », il ne la reconnaissait plus. Au moment du retour chez eux, en prenant Chloé dans leurs bras, ils ont pris conscience qu'ils allaient être ses parents. Pendant une semaine ils attribuèrent sa tristesse au changement, il lui fallait le temps de « prendre ses marques ». Et Joachim de se demander comment il aurait supporté de quitter ce qu'il connaissait « même pour un endroit bien ! ». Élisabeth se comporta envers elle, intuitivement, comme si elle s'était dit : « Je ne l'ai pas portée en mon sein, il faut qu'elle sente qu'elle est ma fille, alors je vais beaucoup la pouponner. » Elle trouva, à travers des gestes d'affection, sa façon à elle de devenir la mère de Chloé. Elle est « au-dessus de toutes nos espérances ».

Ils sont enclins à penser non pas que leur enfant n'est pas à la hauteur de celui qu'ils auraient « fabriqué » eux-mêmes mais, à l'inverse, qu'il est beaucoup plus beau que s'il était né d'eux ! Sous cette formulation percent la reviviscence du narcissisme et la surestimation induite par la tendresse dont parlait Freud à propos de l'attitude de tout parent : « Le point le plus épineux du système narcissique, cette immortalité du moi que la réalité bat en brèche, a retrouvé un lieu sûr en se réfugiant chez l'enfant. L'amour des parents, si touchant et, au fond, si enfantin, n'est rien d'autre que leur narcissisme qui vient de renaître [1]. » Sans doute renaît-il d'autant plus intensément qu'ils furent blessés par la réalité qui rendait « l'enfant inconcevable [2] ».

L'instant du passage de l'idée abstraite, « un jour un enfant », à un garçon ou fille nommable, particulier, éclaire le processus de la naissance de la mère et du père. Avec la perspective de son entrée dans la famille, si l'adulte l'accepte, après ne sera plus jamais comme avant, il y a là un point de bascule. Ce point, ainsi qu'en témoignent très bien les adoptants, repose non pas sur le biologique, mais sur une nomination qui leur vient de l'autre : « Vous êtes choisis entre tous les couples pour être le père et la mère d'un petit garçon, d'une petite fille. Quelle est votre réponse ? » Les techniques de communication, courriers, coup de téléphone, fax, n'offrent-elles pas une version moderne de l'Annonciation ? Les assistantes sociales ne sont pas des anges, bien sûr ! Elles transmettent un message, toutes proportions gardées, comme l'ange dans la tradition chrétienne, mais l'enfant annoncé est né d'un homme et d'une femme.

À cet effet du Verbe, par la bouche de l'archange Gabriel, la Vierge, « bénie entre toutes les femmes », répondait : « Qu'il m'advienne selon ta parole [3] ! » Choisie parmi toutes les femmes, elle a engendré, selon l'humanité, le Fils de l'homme qui est aussi le Fils de Dieu. Par la grâce de Dieu elle est née sans le péché originel, elle n'est pas la servante de la reproduction de l'espèce. Pur et vierge, son corps ne meurt pas, elle monte au ciel, un lieu hors désir, et la fête de l'Assomption marque cette exception : elle ne connaît pas le péché. À travers elle s'élabore une représen-

1. S. Freud, *Pour introduire le narcissisme*, in *La Vie sexuelle*, *op. cit.*, p. 96.
2. G. Guérin, *L'Enfant inconcevable*, Paris, Acropole, 1988.
3. Luc, I, 38.

tation de la position maternelle, de la mère de l'amour. Saint Joseph est la figure chrétienne du père adoptif.

Gardons-nous, après l'évocation de héros, d'assimiler les adoptants à des saints ! Pourtant, dans leur acquiescement ne retrouverait-on pas quelque chose d'un « qu'il en soit ainsi », un consentement sans la connotation religieuse ? À moins de considérer l'administration comme une émanation laïque de l'Esprit ! Il y a dans ce temps de l'Avent-adoption une impression d'attente sans fin et dans la précipitation des événements, longtemps espérés, une indéniable dimension d'incroyable, quelle qu'en soit l'interprétation : le ciel, le hasard, la chance.

2. La rencontre de la mère

Pourtant il ne tombe pas du ciel ! Certains parents, certaines mères exprimeront le désir, avant de confier définitivement leur enfant, de connaître les futurs parents afin d'être rassurés, de pouvoir s'imaginer son avenir. En France, conseils de famille et organismes jouent un rôle d'interlocuteurs pour les uns et les autres. Il n'en va pas de même à l'étranger, comme on le verra.

Les adoptants gardent de ces rencontres le souvenir de l'appréhension qui les précédait, de la gravité qui les saisit sur l'instant, de l'intensité de l'échange des regards et de l'engagement moral qu'ils ont alors pris. Ils ne se posent plus de questions ensuite sur leur légitimité : ils n'ont ni volé ni kidnappé l'enfant, ils n'usurpent pas leur rôle.

Ce moment suscite des sentiments contradictoires. Souvent silencieux à cause de l'émotion et de la barrière linguistique, il garde une intensité qui demeure actuelle au fil des années. Il instaure une continuité : « Il n'y a pas de trou dans son histoire, nous prenons le relais. » La densité de l'échange est au-delà des mots, ils en transmettront la teneur à l'enfant : « Elle m'a fait un don extraordinaire. »

Le contact entre famille naturelle et famille adoptive, lors de l'adoption transnationale, est éphémère. Une pratique se développe sous le nom d'adoption « ouverte » après des expériences en Nouvelle-Zélande, en Grande-Bretagne [1]. Cette *open adoption* non seulement ne supprime pas le lien de l'enfant avec sa famille naturelle mais l'entretient de façon suivie. Les parents naturels supporteraient ainsi mieux l'éloignement de l'enfant et celui-ci se sentirait plus proche de ses parents adoptifs investis par les premiers. Ne sommes-nous pas dans le cas de figure de notre adoption simple injustement délaissée ?

Ce ne fut pas celui dont on leur avait parlé qui leur fut confié, la religieuse s'était trompée, le petit garçon était une petite fille ! Séverine et Bernard ont été prévenus par téléphone qu'un bébé de quatre jours leur était destiné. Ils gardent le souvenir de « deux nuit de vertige, tout tournait ». Ils rencontrèrent un nourrisson « recueilli, emmailloté, qui avait décidé de vivre ». La mère désirait les rencontrer, ce fut un moment très émouvant. Elle accepta qu'ils prennent une photo d'elle pour lui plus tard et Séverine y vit le signe que cette jeune femme la désignait comme mère pour sa fille. Bertrand constatera qu'il n'était pas père avant d'avoir vu le bébé : « C'était une abstraction… la paternité s'est faite au contact de l'enfant. » Malgré toute la différence physique, elle est sa fille « à part entière ».

Lorsque la mère change d'avis au dernier moment au tribunal et ne veut plus signer, la déception se mêle à la culpabilité de souhaiter lui enlever son bébé. Sa présence et celle des adoptants doivent être simultanées au Sri Lanka, par exemple. Mais il est interdit de converser avec elle, sans doute dans le souci d'éviter les transactions. Tout passe par

1. *Accueillir. Adoption internationale*, bulletin du SSAE, Paris, septembre-octobre 1990, n°s 172-173.

le regard et les gestes. Entr'aperçue une première fois, comment la reconnaître ? « Je ne savais pas laquelle était la mienne », disait une femme que sa formulation identifiait à l'enfant. Son attitude est interprétée : « On a eu une maman super » ; « Elle était en train de l'allaiter » ; « Elle n'était pas du tout indifférente, elle avait l'air soulagée, reconnaissante, elle souriait ». Repartir avec ce bébé dans les bras tandis qu'elle suit « sans rien » laisse néanmoins un sentiment de malaise. Mais il devient relativement supportable quand il s'accompagne de l'intention d'expliquer à l'enfant, le moment venu, qu'il avait « une mère courageuse ».

Cette situation dans laquelle, acceptés ou choisis par les parents naturels, les adoptants se sentent confiants et justifiés dans leur fonction, paraît impensable en France. La rupture de la première filiation va dans le sens d'une crainte des revendications tardives des parents naturels et explique la désaffection générale pour l'adoption simple. D'autre part, une des préoccupations majeures reste d'éviter, ainsi que le précisent les textes, l'« esprit de lucre » de ceux qui feraient souscrire, utiliseraient un acte d'abandon et s'entremettraient pour faire recueillir ou adopter un enfant : « Sera puni de dix jours à six mois d'emprisonnement et de 500 à 2 000 francs d'amende quiconque aura dans un esprit de lucre, provoqué les parents ou l'un d'eux à abandonner leur enfant né ou à naître [1]. » C'est pourquoi le Code civil prévoit pour les enfants de moins de deux ans et sauf pour les adoptions intrafamiliales que « le consentement à l'adoption n'est valable que si l'enfant a été effectivement remis au service de l'aide sociale à l'enfance ou à un organisme autorisé pour l'adoption [2] ». Ainsi le contact n'est pas direct entre la famille naturelle et la

1. Article 353-1 du Code pénal.
2. Article 348-5.

famille adoptive. En outre la nouvelle loi précise désormais clairement [1] que pour tout enfant confié en vue d'adoption dans ces conditions, les parents naturels renoncent totalement au choix des adoptants au profit du tuteur et du conseil de famille.

3. L'enfant des îles

Cette obligation ne peut être respectée dans les départements d'outre-mer, comme la Polynésie française, où le statut de pupille de l'État ne s'applique pas, pas plus que les textes relatifs à l'aide sociale à l'enfance qui permettraient à la collectivité de recueillir l'enfant en vue d'adoption. En revanche, le Code civil s'applique et donc empêche de prononcer des adoptions directes avant le deuxième anniversaire. De ce fait, le tribunal prononce une délégation d'autorité parentale, requise par les parents d'origine et les parents d'accueil. Il est entendu que ces derniers exerceront toutes les prérogatives parentales sauf le consentement à l'adoption qui ne se délègue jamais [2]. Lorsque l'enfant aura deux ans, les parents d'origine signeront, s'ils en sont toujours d'accord, un consentement à l'adoption. Le jugement d'adoption ne sera prononcé qu'à ce moment-là, c'est-à-dire dans la troisième année de l'enfant. Cette pratique trouve son ancrage dans la tradition maorie.

L'anthropologue Marcel Mauss a étudié la pratique des « dons échangés et l'obligation de les rendre (Polynésie) [3] ». En Polynésie la parenté est double : utérine et masculine. Dans ce système de dons contractuels : « L'enfant que la sœur, et par conséquent le beau-frère, oncle utérin, reçoi-

1. Article 348-4.

2. Article 377-3 du Code civil.

3. M. Mauss, *Sociologie et anthropologie*, Paris, PUF, Quadrige, 1985, p. 155-171.

vent pour l'élever de leur frère et beau-frère, est lui-même appelé *tonga*, un bien utérin. Or, il est le canal par lequel les biens de nature indigène, les *tongas*, continuent à couler de la famille de l'enfant vers cette famille. D'autre part, l'enfant est le moyen pour ses parents d'obtenir des biens de nature étrangère (*oloa*) des parents qui l'ont adopté, et cela tout le temps que l'enfant vit. Ce sacrifice (des liens naturels) crée une facilité systématique de trafic entre propriétés indigènes et étrangères. Le terme de *tonga* désigne tout ce qui fait la richesse, la puissance, l'influence et peut s'échanger. Dans le système de pensée maori "accepter quelque chose de quelqu'un c'est accepter quelque chose de son essence spirituelle, de son âme" [1]. » La chose donnée, même un objet et à plus forte raison une femme ou un descendant, n'est pas « inerte ». Elle a une emprise « magique et religieuse » sur celui qui la détient, c'est l'« esprit de la chose donnée ». L'obligation de donner ne va pas sans l'obligation de recevoir. Les choses comme les humains sont transmissibles et porteurs d'une spiritualité. L'échange de biens matériels contre des hommes n'est donc pas en soi répréhensible. Il y a une équivalence des objets, une circulation des êtres humains qui prennent une valeur d'échange. De nos jours, dans la pratique de l'accueil aux antipodes, cet esprit se caractérise par le maintien des relations par-delà les océans, l'envoi de nouvelles rassurantes et des manifestations d'affection. Les adoptants disent combien ils se sentent redevables et encore plus responsables de l'avenir de l'enfant que dans d'autres contextes.

Isabelle et Hervé sont enthousiastes : « Ce n'est pas un abandon-abandon, c'est un don pour le bien de l'enfant, c'est une question de culture, il est venu à nous, accompagné par sa famille. » Ils ont rencontré tous les jours les

1. M. Mauss, *op.cit.*

grands-parents et la mère de Lucas. Ils ont l'intention de lui raconter la grossesse suivie à distance, sa naissance à laquelle ils ont assisté, l'art de vivre de sa famille tahitienne. Sa mère a accompli ce geste dans l'espoir que ses parents adoptifs le mènent au-delà de ce qu'aurait été son avenir dans son pays : « La famille, en Europe, c'est la famille. » Ils ont pris en charge tous les frais de l'accouchement dans une clinique privée. Une fois rentrés, bien que ce ne soit pas « le stress continu », Isabelle et Hervé ont hâte que s'écoulent les deux ans. Ils envoient des photos, des vêtements, des choses utiles, mais jamais d'argent. Ils parlent à Lucas de « sa maman », au grand étonnement de leur entourage, mais pour eux l'une n'est pas plus importante que l'autre : « Il n'y a pas de guerre des mamans. » Les « parents d'avant » ne sont pas « indignes » et on ne peut nier, pense Isabelle, que Lucas ait eu une maman avant elle.

L'utilisation de l'adoption plénière est une adaptation bancale d'une tradition détournée peu à peu dans son esprit. Traditionnellement, la famille élargie ou une amie élevait durablement l'enfant dont les parents n'étaient pas disponibles. Les mœurs polynésiennes ne connaissent pas l'accouchement « sous X » ou l'abandon mais le « don » ; cependant la pratique du *fa'a'amu*, qui constitue un des aspects traditionnels de la famille polynésienne, recouvre une situation de non-droit pour l'« enfant *fa'a'amu* ». Ce terme se décompose en *fa'a*, faire, et *'amu*, nourrir [1]. L'enfant *fa'a'amu* est un enfant donné, échangé, un enfant en circulation. Il connaît ses parents biologiques et entretient des liens favorables avec eux. Les Français venus séjourner dans les îles, auréolés du prestige de la métropole,

1. *Regards sur l'enfant fa'a'amu*, conférences du 28 avril 1992, ateliers de réflexion du 29 avril 1992, travaux de recherche, Association polynésienne de recherche, Intervention et formation. B.P. 600, Papeete, Tahiti, Polynésie française.

sympathisaient et se voyaient confier son enfant par une mère avec laquelle ils restaient en contact. Aujourd'hui ils apprécient le fait qu'il naisse parfois sous leurs yeux et que le séjour sur place puisse être bref. Selon leur état d'esprit et le lien établi avec la famille tahitienne, ils entretiendront les relations afin que les géniteurs ne changent pas d'intentions et ne demeurent pas introuvables au moment de signer le consentement à l'adoption. Il s'agit donc d'une adoption annoncée et non pas d'une assurance définitive de filiation. Les liens demeureront souvent bien au-delà du jugement qui sera prononcé par le tribunal du pays des adoptants. Ils auront établi des rapports de confiance de part et d'autre et s'enverront spontanément des nouvelles, des photos, des cadeaux.

Durant cette période transitoire, il n'est pas exclu que les adoptants exercent des pressions sur les parents tahitiens et alimentent ainsi des exigences de présents importants, s'ils vivent comme une menace le maintien de la délégation d'autorité parentale au-delà de deux ans. En Polynésie aussi bien qu'ailleurs le glissement d'une valeur de sentiment à une valeur vénale est une des facettes de l'adoption contemporaine dans laquelle se côtoient les termes d'achat et de vente, aussi bien que ceux de don et de dette morale. Ainsi lorsque la famille, plutôt que la mère de quatorze ans, fait de la surenchère et demande une voiture en échange de sa signature, le système traditionnel est-il complètement dévoyé.

Par ailleurs des couples n'hésiteront pas à accoster les femmes enceintes dans la rue, au marché, pour connaître leurs intentions à l'égard de l'enfant attendu. D'autres, ayant obtenu satisfaction, ne donneront plus de nouvelles. Ces ruptures et abus ont rendu les Tahitiens méfiants et les autorités plus strictes ; désormais, il est possible de s'adresser à un service social. L'enfant peut aussi être confié dès ses premiers jours et ensuite courriers et photos transitent par l'intermédiaire de ce service. Ce qu'il faut bien appeler, là comme ailleurs, du démarchage rend la présence des futurs adoptants indésirable dans les hôpitaux, alors que la population est généreuse et accueillante. N'en est-on pas arrivé à prescrire des césariennes car il fallait rapidement rentrer dans son pays d'origine ?…

Devant l'afflux des demandes et pour limiter les dérives, le gouvernement territorial exige, depuis avril 1990, que la requête auprès du tribunal soit accompagnée de l'enquête sociale et de l'avis motivé des organismes habilités (c'est-à-dire, pour les métropolitains, l'agrément) avant de prononcer une délégation d'autorité parentale. Mesure sans doute nécessaire mais qui entretient l'ambiguïté. Car, rentrés en métropole, les futurs parents ne se considèrent pas comme tels ; accueillant l'enfant et ne l'adoptant qu'éventuellement plus tard, ils estiment qu'il est déjà leur. La presse parle en cas de conflit d'un nouveau drame pour des « parents adoptifs ». Ce qui à la lettre est faux, même si on ne peut sous-estimer le retentissement affectif sur les intéressés. Ainsi se réveillent, du fait de cet amalgame, les angoisses de tous les parents adoptifs et éventuellement de leurs enfants.

Fruit d'une relation d'un soir, un nouveau-né tahitien est confié par sa mère à des métropolitains, délégataires de l'autorité parentale. Quatre mois plus tard cette femme annonce à l'homme en question, marié, sans descendance, la naissance et le don de ce bébé. La science – des tests génétiques – confirmant sa paternité biologique, il intente une action en justice pour qu'il lui soit confié car la délégation d'autorité parentale est révocable. La mère réclame alors que l'enfant reste avec ses futurs parents adoptifs ou bien lui soit rendu. Ceux-ci apprennent la revendication du père alors que le bambin est âgé de quatorze mois [1]. Le premier jugement est confirmé par la Cour d'appel : les parents d'accueil doivent remettre l'enfant à son père naturel « dans les meilleurs délais ». Ils s'y refusent au nom des liens du cœur qui primeraient sur les liens du sang et se pourvoient en cassation [2]. Cette affaire n'a pas encore trouvé de conclusion.

Quand il s'agit d'un tel placement, tant que le jugement définitif n'est pas rendu, que les parents naturels n'ont pas tous deux consenti à l'adoption, le placement peut être interrompu pour des motifs valables. Les tests génétiques donnent, dans le cas cité, des preuves irréfutables et, une fois de plus, la filiation liée à la loi biologique et celle liée à la loi du cœur se disjoignent et rivalisent. Enfin, du fait de la contraception, les rencontres éphémères restent plus souvent sans lendemain. Mais, en cas de grossesse, quelle sera la position de la femme, toute-puissante jusqu'à ce que la vérité devienne biologique ? Cherchera-t-elle à contacter, quand cela est possible, l'homme dont elle attend un enfant, ou l'évincera-t-elle délibérément ? Toutes les variantes sont imaginables. Ici se déploient particulièrement clairement les effets de la technique scientifique et son impact dans une société traditionnelle.

Cette coutume du don semble vécue de part et d'autre de manière positive quand la rencontre de la famille d'origine est pensable et même souhaitée.

Sophie et Jean-Marie ont visité les archipels pour s'imprégner de l'atmosphère et connaître le pays des ancêtres de leur enfant. Ils ont été tellement appréciés par la famille à laquelle des amis les avaient recommandés, qu'elle n'a pas supporté de les savoir à l'hôtel et leur a offert l'hospitalité. Ils diront la fierté des hommes dont les femmes

1. *Le Monde*, 22 mars 1996.
2. *Le Monde*, 18 mai 1996.

accouchent tous les ans, celle des parents de Maeva : ils ont su qu'elle leur serait donnée trois mois avant sa naissance. Dès ce moment, Sophie se plaignit de douleurs abdominales et d'une immense fatigue psychologique, physiquement elle ressentait quelque chose de la maternité. En sortant de la nursery où toutes les annotations du carnet de santé lui avaient été expliquées, elle tenait Maeva dans ses bras. Ses parents tahitiens voulaient lui offrir la chance de réussir dans une France certainement très idéalisée, mais les grands-parents ne risquaient-ils pas de changer d'avis ? Sophie et Jean-Marie, ayant constaté le rôle patriarcal du grand-père, ont été un peu inquiets jusqu'à leur départ. Rassurés une fois le jugement de délégation prononcé, ils furent accompagnés avec musique et guirlandes à l'aéroport. La mère de Maeva leur a dit être toute disposée à leur confier un autre enfant, si elle était à nouveau enceinte.

Les appréhensions sont justifiées car il arrive que, quelques jours après la naissance, les parents reviennent sur leur premier mouvement et décident de garder leur nourrisson. Ou bien ils hésitent entre deux familles possibles puisqu'ils ont l'embarras du choix. Ils sont en mesure de refuser de le donner à tel ou tel. Eux seuls choisissent les futurs adoptants, en fonction de ce qu'ils souhaitent. Par exemple, s'ils sont jeunes, ils n'accepteront pas une femme qu'ils estimeraient plus en âge d'être grand-mère que mère. S'ils sont francophiles, ils ne le confieront pas à des Américains parce qu'ils tiennent à ce qu'il parle français. Il y a donc des affinités qui se créent en fonction desquelles la remise, le transfert d'une mère à une autre aura lieu. Par son don une mère investit une autre femme d'un rôle maternel. Si elle s'est prise d'affection pour ceux à qui elle le confie, elle pourra dire : « Je vous le donne par amour. »

Parents et adoptants disent leur estime et leur reconnaissance dans les larmes, les effusions et remerciements réciproques : « Que le ciel vous bénisse. – C'est le plus beau cadeau qu'on puisse nous faire. »

4. La naissance des parents

La naissance à l'état de parents par l'adoption se traduit dans plusieurs registres : juridique, social et disons, pour aller vite, psychologique.

En ce qui concerne les droits sociaux (congés, allocations, etc.), l'événement, assimilé à une naissance, donne les mêmes prérogatives qu'à tous les parents. Pourquoi ne pas les authentifier comme tels socialement parlant ? Malheureusement le glissement à l'idée d'une deuxième naissance est propice aux malentendus. Si, ainsi que l'écrivait le psychanalyste Jean-Luc Monnier, l'adoption est une « naissance de la filiation [1] », elle n'est pas une naissance du sujet. Car dès sa venue au monde le bain de langage enveloppe le nouveau-né. Quelles que soient les fées penchées sur son berceau, elles manifestent des désirs à son égard, elles parlent. Personnel de pouponnière, nourrices, qui prodiguent les soins, orientent leurs propos vers l'avenir, vers une filiation adoptive. Pour les pupilles ce projet reprend celui de la mère, des parents qui, nous l'avons vu, selon des modes singuliers, ont signifié leur volonté que cet enfant change de lignée. Est-ce l'enfant biologique qui identifie le parent comme tel ? N'est-ce pas l'enfant qui fonde le parent ? L'expérience adoptive n'éclaire-t-elle pas magistralement cette transformation ?

L'effet naissance surgit plus du côté des parents, fondation d'une famille, naissance d'un père et d'une mère, dans un instant aussi éphémère que foudroyant : « Deux heures avant, on n'est rien et deux heures après on est parents de

1. J.-L. Monnier, *Naissance d'une filiation*, Service des adoptions, Direction des affaires sociales, Rennes, 1989.

quelqu'un qu'on n'a jamais vu... Comment le cerveau peut-il assimiler tout cela ? »

Traversée de mouvements contradictoires, la mère sera parfois tentée de se dérober, de fuir, de renoncer sur-le-champ. Surprise de ces réactions imprévues, elle est angoissée et s'adresse d'amers reproches ou bien passe à l'acte et bat en retraite : « Ce n'est pas pour moi, je vais leur dire que ce n'est pas pour moi. » Ce moment d'affolement, dont elle ne peut repérer ce qui le cause, est le plus souvent transitoire, nous y reviendrons. Il traduit aussi combien la fonction de père et de mère est incertaine, complexe, ambivalente.

Ce mouvement est à distinguer du rejet de l'enfant dont le physique ou une caractéristique contraste trop avec ce qu'on attendait de lui. Il arrive, en effet, que parti loin, après des années d'impatience, un couple s'arrête brusquement et revienne les bras vides parce qu'il aura refusé celui qui lui était proposé. Le rejet repose parfois sur la non-conformité avec les images en tête : il est trop typé, trop grand, malade, garçon, fille, ne ressemble en rien au « baigneur » des rêveries, etc.

Lorsque la rencontre s'est bien passée, le jugement prononcé précipite la conclusion, le but est atteint. Moment rare, remarquait une femme : « Souvent on fait des trucs, on n'a pas l'impression que ce soit achevé ou bien réalisé. » Ici, l'enregistrement à l'état civil marque un aboutissement. Puis vient le temps de saisir ce qui s'est joué là, d'où est née « cette force que cela donne au quotidien ». L'intensité de l'instant emplit le champ de l'existence et le surgissement de l'enfant, comme s'il avait été là depuis toujours, s'accompagne de l'impression de l'avoir connu de tout temps. Un acte définitif a eu lieu et, pourtant, tout reste à faire. La dimension de hasard, « un mois plus tard ça n'aurait pas été Gaëlle », un mois plus tôt non plus, amplifie l'aléatoire. La rencontre de « deux détresses, l'attente d'un bébé qu'on n'a pas pu avoir » et « cet amour à offrir à un petit être qui n'a rien », constitue la particularité de l'histoire qui commence.

Cet effet de naissance de la filiation et de l'état de père et de mère est plus inhabituel lorsque la naissance remonte à quelques années.

Lors des entretiens d'agrément Marie-Hélène et Christophe avaient exprimé leur intention d'élever plusieurs enfants sans émettre d'impératifs concernant leur âge, leur sexe, leur origine. Le conseil de famille les choisit donc et leur proposa d'accueillir une petite fille de cinq ans, Élodie.

Du jour au lendemain ils eurent l'impression de constituer « une famille normale », avec « des hauts et des bas ». Depuis son arrivée, il y a deux ans, le temps passe trop vite. Elle avait été très bien préparée et la collaboration de sa famille d'accueil a été déterminante. Mais ils se sont obligés par correction, et dans une sorte de reconnaissance, à aller la revoir. Ils se sont aperçus bientôt qu'Élodie n'en éprouvait pas spécialement le besoin, qu'elle ne pouvait pas « se partager », et ils ont mis fin à leurs visites, en accord avec l'assistante maternelle. Enfant pleine de vitalité, Élodie a du caractère. Elle serait facilement exclusive et assaille en permanence ses parents de questions. Après le jugement, elle a été très contente de déchiffrer, sans aide, sur le livret de famille : « Élodie Leclaire. » Elle a réfléchi alors un instant et demandé s'il était possible de revenir en arrière. Elle a semblé très satisfaite d'apprendre que, même si elle voulait un jour les quitter, toute sa vie elle porterait leur nom.

Ils avouent avoir été déconcertés d'être, comme ceux qui vont à la pouponnière, parents du jour au lendemain, mais avec une dimension très différente : un bébé ne parle pas à table, n'intervient pas directement dans la conversation, n'oblige pas les adultes à des remontrances, bien évidemment. Alors qu'une petite fille de cinq ans accapare tour à tour père et mère, manipule, séduit, teste les limites de chacun, etc. Ils ont aussi dû composer avec « les bonnes et les mauvaises habitudes » antérieures. Durant ces deux années épuisantes et gratifiantes à la fois, Marie-Hélène et Christophe n'ont pas cessé de s'interroger : étaient-ils trop indulgents, trop stricts, lui montraient-ils suffisamment combien ils l'aimaient ?

Forts de cette expérience, ils cherchent un moyen d'organiser une aide, une présence légère mais réelle, par une instance pas trop institutionnalisée, afin de soutenir, de prévenir les angoisses des « familles adoptives en perdition ».

L'œuvre cherchait des parents pour une petite Maria de six ans. Laurent et Françoise furent pressentis, le pétillement du regard, au-delà de la raideur du maintien sur la photo, emporta leur conviction : Maria serait leur fille. En même temps que s'intensifiaient les échanges épistolaires, quelques éléments la concernant leur étaient transmis. Jusqu'à trois ans elle avait vécu dans la rue avec sa mère et son corps porte encore les traces des mauvais traitements dont elle fut l'objet. Au Brésil ils furent prévenus qu'elle n'était pas démonstrative, pas très affectueuse. Allaient-ils pour cette raison, eux qui éprouvaient tant l'envie de câliner un enfant, renoncer à s'engager ? Elle dormait avec leurs photos sous son oreiller, ils étaient déjà « son papa, sa maman ». Lors de la rencontre, elle était restée crispée, ils n'avaient pas osé l'embrasser, n'avaient pu qu'échanger quelques mots dans leur espagnol approximatif. Elle n'a accepté que peu à peu les gestes de tendresse. La première déception de cette mère débordante d'affection a été rude : « Je suis allée vers elle les bras ouverts, elle m'a serré la main ! » Elle a pu la surmonter et supporter cette distance qui s'est estompée au fil des mois. Maria était très déterminée à se faire adopter et à peine scolarisée, après une année en grande section d'école maternelle, habituée à la vie en collectivité, elle s'est adaptée sans tarder. Elle rattrape le temps perdu sur tous les plans.

Claude et Nathalie avaient reçu « une photo Polaroid infâme » d'un enfant roumain, « très beau », de huit ans, Dimitriu. Ils projetaient l'accueil d'un enfant jusqu'à cinq ans mais, atteignant la quarantaine, ils se dirent que huit ans ce n'était pas plus mal pour eux et pour lui. Ils ne voyaient pas pourquoi ils ne s'adapteraient pas aux besoins d'un plus grand laissé-pour-compte à cause de son âge. Ils se sentirent pratiquement « obligés » d'accepter car ils ne voulaient pas imposer de critères ni le choisir. Après vingt-quatre heures de réflexion ils donnaient une réponse affirmative. Ils apprirent les rudiments de la langue et prirent contact avec un couple dont la petite fille venait de Bucarest. Dimitriu leur était décrit comme « intelligent, sociable, affectueux ». Ils s'étaient demandé s'il correspondrait à ce qu'ils imaginaient de lui à partir de ce mauvais cliché et si lui les accepterait, habitué qu'il devait être à un style de vie et d'éducation en internat dont ils ignoraient tout. Ils se contentèrent, durant des mois de procédure, d'échanges de courrier, de dessins avec un Dimitriu qui écrivait mal. Ils étaient engagés vis-à-vis de lui : « Il nous attendait. » Il ne fut pas d'emblée démonstratif. L'école avait préparé sa venue en lui organisant une vraie fête, il en est devenu rapidement la vedette. Les échanges verbaux ont été laborieux les premières semaines, mais « quand on veut se comprendre on se comprend », déclare Claude. Après coup, ils situent les efforts d'adaptation beaucoup plus du côté de Dimitriu que du leur.

Ces deux expériences mettent en évidence combien l'enjeu du désir est primordial. Soutenus par la volonté, tous se découvrent des ressources pour établir progressivement des liens durables.

Philippe et Mireille ont adopté Martha et Roberto à cinq et sept ans. Avant de partir les chercher en Colombie ils s'étaient assurés qu'ils étaient orphelins de père et mère. Il leur semblait qu'ils comprendraient mieux la nécessité d'un changement de famille. En recevant leurs photos Philippe et Mireille sont passés « d'une idée à une réalité » presque tangible. Elle est devenue palpable durant le mois sur place, avec eux dans une chambre d'hôtel, sans une minute d'intimité, « Ça casse ou ça passe ! » Le voyage en avion a introduit pour tous les quatre une coupure : les comportements difficiles (« crises de nerfs », exigences) ont disparu quasiment du jour au lendemain. Leur présence bien réelle dans la maison a marqué encore une étape. Les premières semaines ils ne lâchaient pas Philippe et Mireille d'une semelle. Puis, devenus autonomes, ils ont envahi les lieux, une réorganisation de l'espace s'est imposée, ils prenaient concrètement de la place ! Deux mois après leur arrivée ils ne parlaient plus espagnol, ils se disputaient en français ! Philippe s'étonne sans cesse : « C'est superbe, ils sont comme on les voulait ! »

Par moments, les premières semaines, Mireille prise de véritables vertiges, pensant ne pas savoir s'en occuper, sanglotait. Elle témoignait de leur modalité particulière d'entrée dans la famille et en même temps de cet état comparable à celui de l'accouchée dans lequel se trouve d'un coup plongée la mère adoptive. Elle soulignait également qu'au contraire d'une femme autour de laquelle, durant la grossesse puis à la maternité, chacun redouble d'attentions, personne ne lui avait manifesté de sollicitude particulière, ne s'était enquis de savoir comment elle allait, ce qu'elle ressentait. Tout de suite on perçoit à travers ces réactions combien l'enfant comble et en même temps rend insatisfait : une part du désir de la femme va s'investir dans l'enfant, c'est le désir maternel, une autre part ne sera pas tout occupée de lui, c'est le désir féminin. Elle regrettait que son entourage et son mari aient négligé et la mère et la femme.

Les sociétés traditionnelles prennent en compte ce moment sensible. Français d'origine algérienne, Farid et Naïma se sont vu confier Mounir à deux mois par une *kéfala*. Accueillie par une fête organisée par toutes les femmes de la famille, Naïma a été félicitée, couverte de cadeaux et nourrie des plats prévus par la tradition pour la jeune mère.

5. Le blues de l'après-coup

Le sentiment d'étrangeté, toute femme l'éprouve peu ou prou quand apparaît, à l'accouchement, l'enfant. L'énigme de son sexe et de son existence est soudainement actualisée. Le détachement du placenta dans le réel de son corps renvoie aux figures de la perte et laisse la mère « encore stupéfaite d'entendre cette chair séparée qui a maintenant une voix [1] », dit le poète. Il y a là un instant de sidération, de stupeur et même d'effroi, vite recouvert et oublié, mais dont certaines gardent d'autant plus le souvenir que le nouveau-né leur est posé sur le sein d'office et qu'elles s'étonnent de se sentir mal à l'aise. Elles n'oseront dire leur répulsion, voire leur dégoût qui aura duré le temps d'habiller de l'imaginaire et de mots cette chose gluante, vagissante qu'elles viennent de mettre au monde. Ces quelques livres de chair, incasables dans le symbolique, viennent modifier brutalement le cadre de la réalité propre à

1. J. Supervielle, « Famille de ce monde », in *Hommage à la vie*, Gallimard, La Pléiade, 1996, p. 428.

chacune. Ceci bat en brèche ce que Lacan nommait « le mythe qui couvre la relation de l'enfant à la mère [1] ». Hélène Deutsch reprenait la formule célèbre, *Omne animal post-coitum triste est*, en la modifiant : *Omnis mulier post-partum tristis est* [2]. Pourrait-on poursuivre en écrivant : *Omnis mulier post-adoptatum tristis est* ? Autrement dit, bien qu'il n'y ait pas cette séparation charnelle, retrouve-t-on transposé, au-delà des circonstances, quelque chose de ce moment de tristesse, dit « baby-blues », chez les mères adoptives ?

Que disent-elles ? Lorsque la directrice d'une pouponnière, alors qu'il y a deux bébés dans la pièce, vous en met un dans les bras, il y a un moment dont les mères disent après coup : « Je me suis dit : pourquoi pas l'autre ? » Ou bien : « La première fois que je l'ai vu, j'étais éberluée » ; « anesthésiée » ; « ébahie » ; « très, très docile ». Toutes ces pensées et sensations sont fugitives, elles sont le signe que le sujet a senti qu'il franchissait à cet instant un point de non-retour.

Si la reproduction est assurée par une autre, que se passe-t-il pour la mère sans enfantement ? Les obligations envers le nouveau-né et les effets du changement de place de la femme, devenue mère dans les structures de la parenté, sont les mêmes que ceux cités par Geneviève Morel à propos de la dépression de l'accouchée [3]. On ne peut réduire l'effet dépressif à la non-conformité de l'enfant réel à l'enfant imaginaire. Il n'y a aucune raison pour penser « une dualité en miroir mère-enfant », dualité

1. J. Lacan, « Discours de clôture des journées sur les psychoses chez l'enfant », Spécial enfance aliénée (II), *Recherches*, 1967, p. 149.

2. H. Deutsch, *op. cit.*, t. II, p. 216.

3. G. Morel, « Deux cas de dépression de l'accouchée », *Pas Tant*, revue de la Découverte freudienne, Toulouse, Presses universitaires du Mirail, n° 26, p. 49-58.

simpliste qui exclurait toute référence au père et à la perte. L'épisode de la « déprime » de l'accouchée est banal et les mères adoptives en ressentent quelque chose, si étonnant que cela paraisse au premier abord. Cette réaction s'accentue parfois du fait de l'angoisse liée à l'étrangeté du contexte lorsqu'elles éprouvent ce vacillement loin de leur cadre familier. Sans doute est-il difficile d'en formuler quelque chose, d'autant qu'être dépassée, déprimée, une fois l'enfant enfin là, semble au premier abord contredire la volonté affichée de devenir mère.

Les aléas renforcent également cet effet. Un de ces aléas, comparable aux erreurs des échographes quant au sexe de l'enfant, tient aux changements de dernière minute pour des motifs souvent flous : le couple reçoit la photo d'une petite fille et sur place un petit garçon lui est mis dans les bras ! Ou bien il faut renoncer à « pouponner » car, au lieu d'un nourrisson qu'on rêve de bercer, un petit bonhomme de trois ans vous est confié ! L'acceptation se traduira alors souvent par un : « Quand je l'ai vue, ça m'a enlevé l'envie d'un bébé », mais le regret de l'enfant annoncé persistera parfois : « J'aurais préféré un bébé. » Souvent une deuxième demande précipitée suivra. L'arrivée d'un second devant, pense-t-on, corriger les insatisfactions de la première adoption.

Quelquefois l'adoptante s'identifiera tellement à la mère de l'enfant qu'elle pleurera en pensant au sentiment d'arrachement qu'elle lui prête. La proposition du mari, décontenancé par ce désarroi – « Ne t'oblige pas, si tu veux, nous pouvons le rendre » –, provoquera la réaction inverse : « Tu es fou, il n'en est pas question, c'est mon enfant. » L'importance de la décision dans la démarche adoptive rend ce mouvement d'autant plus déconcertant qu'à cet instant fulgurant, désir et volonté se disjoignent. Les femmes qui viennent d'accoucher n'en parlent guère et les mères adoptives rarement.

Un père qui avait assisté, avant l'adoption du troisième, à la naissance de ses deux enfants témoignait : « Le père est dans le même état d'esprit à l'arrivée de l'avion qu'à l'accouchement », il ressent « une sensation de père ». Les répercussions bouleversent aussi ces pères, qui l'expriment en termes de responsabilités : « Il ne peut compter que sur moi, cet enfant » ; en terme de place dans la vie de leur femme : « Je n'étais plus le seul. » Ils sont étonnés – « Tiens, on est trois ! » – et rassurés d'entendre de la bouche de leurs amis que « pour les papas bio c'est la même chose ! », même lorsqu'ils ont « la fibre paternelle chevillée au corps ».

La tension se maintient jusque dans l'avion, l'atterrissage et l'accueil familial, à plus forte raison lorsque l'état de santé de l'enfant le justifie : « J'ai eu peur qu'il n'arrive pas vivant. » Une page se tourne, un effort reste à fournir, le décalage n'est pas seulement horaire, en quelques heures le décor change du tout au tout : « Il faut s'en remettre comme d'un accouchement, en arrivant en France, on ne savait plus où on était. » L'enfant adopté dans le contexte de son pays doit s'adapter à nouveau : « Il a somnolé vingt-quatre heures puis il a redémarré. » Quand il est plus grand, l'espace habituel est envahi : « On se demandait, en le voyant courir dans nos murs, s'il était bien le nôtre » ; ou bien : « Nous avions l'impression qu'on nous l'avait prêté. » Au bout de quelque temps ce « flottement » disparaît, le nouveau venu s'apprivoise, et il est fait sien au point qu'une mère pouvait dire : « Il me semble être comme elle, pourtant je ne l'ai pas conçue. Si je la regarde, j'ai l'impression que je lui ressemble, qu'elle me ressemble, sauf quand on est toutes les deux devant la glace. » Par le jeu des identifications les parents s'approprient l'enfant.

La période d'adaptation réciproque s'avère parfois moins paisible qu'on ne l'aurait cru. Non pas que l'adopté soit forcément perturbé, mais simplement son âge impose une disponibilité constante : à dix-huit mois Sarah ne supporte pas que sa mère disparaisse du champ de son regard. La simple présence continue qu'exigent banalement certains bambins, en particulier entre un et trois ans, devient une épreuve redoutablement fatigante sur tous les plans, surtout si l'entourage des parents adoptifs ne leur avait pas offert d'occasions d'observer des situations semblables : il marche, il court, il saute, il danse, il grimpe, il parle, il crie, il chante, il coupe la parole. Il vit !

Des attitudes, dont on craint qu'elles ne se pérennisent, déconcertent. Tel enfant ne pleure qu'au départ de l'un, ne veut donner la main, être nourri ou couché que par celui-là, excluant radicalement parfois durant des semaines l'autre parent. S'attacherait-il à un seul ? À l'inverse, tel autre utilisera quelque temps une nomination unique de son invention, valable pour les deux adultes, « mapa ».

L'expression « familles adoptives en perdition » peut sans doute paraître excessive. Pourtant, passer sans transition d'une relation de couple à une vie quotidienne avec un ou deux petits ou grands au caractère déjà affirmé demande pour le moins de l'énergie et de la souplesse. Il y a de quoi se sentir un peu, voire largement « débordé ». Sans compter la surprise de ses propres réactions en face d'un ou plusieurs enfants. Le même mécanisme joue pour tous les parents qui croient que les fibres maternelle et paternelle s'installent « d'office ». Est-ce si sûr ? Comme après une naissance, lors d'un accueil adoptif les modes d'apprivoisement réciproque, l'ajustement du rythme de vie, le réaménagement des relations du couple prennent quelques semaines ou quelques mois. Dans le même temps l'émotion d'être appelée « maman » est à son comble et le petit malin peut en jouer :

« Il m'a fait pleurer, il se gargarisait avec ce mot, on aurait dit qu'il le faisait exprès ! »

Chaque fois, en fonction de son âge et de sa position dans la vie, l'enfant manifestera dans son style, en actes ou en mots, sa position en face de l'offre qui lui est faite : adopter des parents.

En pensant aux grossesses de sa mère et à celles à venir de ses filles adoptées, une femme disait se sentir exclue de cette chaîne de la génération. Par l'adoption même elle se situait dans la classe, au sens d'ensemble, des hommes. « Adoptante, dans la classe des mères on y est, en y étant, sans y être », réfléchissait-elle. C'est là une expérience que celles qui vivent des grossesses ne connaissent pas. Mais admettre cette absence de procréation, quand elle n'est pas choisie, suppose de parvenir à consentir à ce choix forcé pour devenir parent. Dans cette période sensible post-adoptive, selon que la mère ressentira cet enfant comme choisi ou comme imposé, il deviendra l'objet qui la « comble », ou bien elle regrettera qu'il se soit substitué à celui qui persiste à lui manquer, quand bien même elle aurait été l'agent le plus actif dans les démarches.

Ce n'est pas l'accouchement qui fait la mère, et ce n'est pas non plus le jugement d'adoption : il y participe. Ce qu'être mère veut dire, les femmes l'expérimentent quand on leur met l'enfant dans les bras ou bien quand elles commencent à s'inquiéter pour lui. Elles parlent de quelque chose d'« irrémédiable ». Se préparer à l'adoption est une chose, mais peut-on se préparer sciemment à être mère ? Sans doute pas. D'où l'effet de « choc », terme qui dit la force du fait accompli et le temps nécessaire pour le comprendre. L'angoisse de l'attente, les incertitudes ajoutent leur poids à la valeur que prend l'enfant : « Quelque chose pour lequel on a souffert, on y tient mieux, c'est plus profond. » L'épreuve est suivie, comme après un accouchement, d'une relative et variable amnésie : « Avec le recul, j'ai oublié tous les problèmes sur place. »

La famille, les amis se précipitent dès le retour et occupent trop la place au gré des nouveaux parents : « Ils viennent voir la tête qu'il a. » Il faut souvent imposer un temps de repli de la famille sur elle-même pour s'habituer, s'approprier ce nouveau venu, demeurer avec lui, le regarder vivre et surtout se découvrir père ou mère sans le regard d'un tiers.

« Faire comprendre que cette enfant était la mienne m'a préoccupée plusieurs mois », dira une femme qui pensait que son entourage ne la traitait pas en mère. Assaillie de conseils, elle se sentit jugée dans ses moindres faits et gestes, comme si du fait de l'adoption elle devait savoir encore moins bien s'y prendre. Et elle se plaint : ils le sortaient de son berceau sans même son accord ; ils l'accaparaient sans plus faire cas d'elle. Alors que son rêve, son besoin, eût été d'avoir son bébé pour elle seule : « La maman qui accouche, elle l'a intériorisé pendant neuf mois ; quand il faut l'expulser, elle en souffre. À un moment donné celui qui vient de l'extérieur, il faut qu'on puisse l'intérioriser. » Les modalités de cette intériorisation varient : la reconnaissance de cette place soutient l'identification à l'image de mère qui se construit. L'idée qu'elle se faisait de ce que doit être une mère s'ajuste progressivement à la mère qu'elle se découvre être, de fait.

Le récit des premières semaines laisse entendre les diverses variantes d'« intériorisation ». Ces variantes sont comparables à celles des accouchées : « Au début j'ai eu un peu de mal à me laisser déranger par lui » ; « Je ne parvenais pas à répondre à ses besoins » ; « À certains moments j'avais envie de le laisser tomber » ; « À la maison, j'étais sonnée, comme un animal ». Les témoignages de leur propre mère ou d'amies pleurant sans savoir pourquoi devant le berceau de leur nouveau-né les aideront. Elles sont comme les autres mères, confrontées à une expérience aussi intense que radicale.

Une femme qui n'a jamais été enceinte ne saura pas ce que c'est que de « faire un enfant », mais elle saura ce que c'est que d'avoir un enfant, c'est-à-dire d'être marquée à jamais par cet événement : un enfant pour la vie.

Chapitre II

L'identité enracinée

La représentation de l'enfant adoptable est souvent celle d'un enfant traumatisé. L'amour de ceux qui l'attendent effacerait les dégâts causés par les malheurs et carences antérieurs. La réalité des événements qui ont entouré sa naissance, et les péripéties de sa vie avant la rencontre des parents adoptifs donnent du poids à l'idée que les antécédents sont lourds de conséquences. Si l'on dispose d'un certain nombre d'éléments précis, ils viendront étayer les explications concernant le comportement de l'enfant. Si l'on ne sait rien ou pas grand-chose, la voie sera ouverte à toutes les suppositions. Dans les deux cas le fait même de l'adoptabilité s'ajoute aux autres facteurs : pèseraient-ils de façon déterminante sur le futur adopté, victime plus que tout autre ? Quel rôle joueront les changements de langue, de nom, de prénom ? Comment réagira-t-il quand il se saura adopté ? Les parents craignent les séquelles de cette séparation précoce. Ils envisagent, s'il en manifestait le désir, de l'aider à retrouver « ses racines ».

1. La langue maternelle

Un nourrisson déroute moins que celui déjà en âge de parler sa langue maternelle. Plus il est jeune, plus « on le façonne comme on le pense, comme on le sent ». Pour lui aussi l'intégration est progressive, sinon « il risque de ne pas nous adopter ». Or l'expérience prouve que la barrière linguistique n'en reste pas une quand il accepte de perdre l'usage de sa langue d'origine pour une autre et pour de nouveaux parents.

Ces derniers apprennent ou réapprennent les rudiments de la langue du pays où ils iront le chercher. Car s'il est en âge de s'exprimer verbalement, comment communiquer ? Ils s'adressent à lui ainsi très peu de temps. Leurs efforts facilitent les premiers échanges mais rapidement l'enfant acquiert la langue du pays où il se trouve, progresse en compréhension et conversation de façon spectaculaire.

Comment aura-t-il parlé jusque-là ? Il a dû prendre, comme tout un chacun, sa langue maternelle à son compte, dans ce qu'on appelle l'énonciation. Il ne s'agit pas d'une forme spécifique de prononciation ni d'élocution, mais plutôt de la façon dont il prend place, se situe dans le discours proposé. Il passe d'un discours familial à un autre. Le repérage en est plus visible quand le passage d'une culture à une autre oblige à changer de code linguistique. Les témoignages concordent tous, ce qui peut sembler étonnant : en quelque trois mois l'enfant ne parle plus sa langue maternelle et manie aisément celle de ses parents et camarades. Au point que quelques semaines après son arrivée en France un petit Brésilien de trois ans, en vacances près de Lisbonne, ne comprenait plus le portugais.

Qu'est-ce donc que la langue maternelle ? N'importe qui fabrique une langue mais elle n'existe que s'il y a deux individus pour s'en servir. Elle implique l'altérité, voire un consensus. Elle est sociale dans son essence et individuelle dans son utilisation. Un enfant parle celle de la communauté qui le berce et il hérite nécessairement avec elle des rudiments d'une culture. Ce que « l'enfant acquiert en apprenant à parler, c'est le monde dans lequel il vit en réalité, que le langage lui livre et sur lequel il apprend à agir [...], la langue est un mécanisme inconscient [1] », écrivait le linguiste Émile Benveniste. Cela se fait tout seul en entendant les autres, la langue maternelle est la seule qui ne s'apprenne pas au sens propre.

Si un enfant s'exprime verbalement, c'est qu'il est né au langage, quelle que soit la langue, code qui nous rend capables d'entendre les paroles de l'autre. Elle l'introduit dans le monde des représentations et des images. Or, que se passe-t-il lorsqu'on ne s'adresse plus à un petit de trois-quatre ans dans sa langue maternelle pour qu'il l'abandonne en si peu de temps ? Il l'oublie et, plus tard éventuellement, la réapprendra scolairement. Les parents le déplorent, ils pensaient favoriser le bilinguisme. Le plus souvent les tentatives de leçons particulières sont vouées à l'échec, aussi bien que les échanges avec des compatriotes. Il ne l'entend plus, ne veut plus l'entendre, comme si c'était une condition de son adaptation à son nouvel univers. Ceci est à lire comme l'effet du désir d'être adopté et d'adopter. Il se demande ce qu'attendent ses parents de lui et cela passe par leurs mots à eux. Jacques Lacan notait à propos de la fonction du langage et de la parole : « Ce que je cherche dans la parole, c'est la réponse de l'autre. Ce qui me constitue comme sujet c'est ma question [...]. Je m'identifie dans le langage [2]. » Dans la parole exprimée l'enfant va tenter de décoder ce que ce père et cette mère attendent de lui. À la substitution de filiation qui s'opère, une nouvelle langue s'ajoute pour

1. E. Benveniste, *Problèmes de linguistique générale*, Paris, Éditions de Minuit, 1969, t. II, p. 24.

2. J. Lacan, *Écrits*, *op. cit.*, p. 299.

l'étranger par le sol, langue dans laquelle il va s'efforcer de déchiffrer l'énigme du désir de celui et celle qui lui proposent une place.

Tel bébé de six mois, arrivé du Guatemala, après un mois en France, ne détournait-il pas la tête quand il entendait parler espagnol ? Il n'en reste pas moins que beaucoup demeurent sensibles aux sonorités et au rythme de la langue qui les a bercés. Certains seront très contents de danser en écoutant de la musique latino-américaine, quand bien même ils n'en comprennent plus les mots.

Le nom

Comme la langue, le nom propre est toujours identique à lui-même, mais de plus il ne se traduit pas. Ce qui en fait un nom propre, ce n'est pas sa sonorité mais son écriture avec une majuscule. Il est irremplaçable, unique, ainsi que le souligne la juriste Catherine Labrusse-Riou : « Si le droit manifeste cette permanence du nom, il signifie que le nom ne nous appartient pas, que nous l'avons reçu, et que de ce fait nous n'en sommes pas les maîtres absolus. C'est tout à fait fondamental, parce que c'est une manière de rappeler que les individus nommés par leur nom de famille ont une identité prédéterminée et qu'ils ne sont pas tout-puissants [1]. »

C'est à travers, entre autres, la transmission du nom propre que va s'inscrire celui qui est reconnu comme « fils de » et « fille de ». L'enfant mâle sera l'héritier du nom et assurera sa continuité ; il s'y attache selon les familles plus ou moins de fierté. Le nom a été reçu par celui qui le donne à son tour, il désigne une appartenance à une lignée.

1. C. Labrusse-Riou, « Le nom au regard de la loi », in *Psychanalyse et nomination*, Nice, Z'édition, Traverses.

Le nom désigne une place dans l'ordre des générations, il ne décrit pas la personne qui le porte. Imposé, il l'identifie, indique une première identification. Il signale une appartenance, un peu comme une marque de fabrique, marque évidemment invisible. Elle fixe le sujet sous un mot qui va le représenter, avec lequel il va se présenter. Il est le premier signe d'un ancrage du vivant dans le langage. Sans doute est-ce à ce titre que la convention des droits de l'enfant stipule la nationalité et le nom comme un droit. L'enfant doit conserver son nom, il ne peut se modifier sans son accord.

L'adopté peut le conserver dans l'adoption simple mais porte celui des adoptants dans l'adoption plénière, puisqu'il cesse d'appartenir à sa famille par le sang, ce qui n'est pas le cas dans l'adoption simple. Celle-ci ne crée pas les mêmes liens entre l'adoptant et l'adopté puisque sur le plan juridique l'adopté n'entre pas dans la famille. C'est pourquoi l'adoption simple sera transcrite en marge de l'acte de naissance d'origine de l'adopté qui ne sera pas déclaré comme né des adoptants et ne figurera pas sur leur livret de famille. Le changement de nom marque un changement d'état, il participe d'une nouvelle inscription généalogique. Si l'identité change, l'enfant, lui, reste le même, identique, car le patronyme ne désigne pas son être. Le terme de greffe est souvent employé, ce nouveau branchement entraîne un changement que d'aucuns estiment être un manque de respect envers l'enfant : « Il devrait garder son patronyme, si un Finlandais ou un Égyptien m'avait adopté, j'aurais préféré garder mon nom d'origine, à moins que ce ne soit un nom à coucher dehors ! » commentait un futur père. Il rejoignait le cas de l'adoption simple dans laquelle les deux noms peuvent s'accoler.

Cette transmission fait acte, acte de naissance inscrit à l'état civil, dont on n'obtiendra ensuite que des extraits. Le nom est une marque dans le réel, comme gravée sur l'écorce d'un arbre, et l'adopté va changer d'arbre (généalogique s'entend), le second trait se superposant au premier, artificiellement supprimé. Ce trait est déterminant, il représente la personne en son absence. Il est aussi un point symbolique à partir duquel le sujet est englobé dans le discours familial et social.

Les pionniers de la psychologie appliquée à l'évaluation des acquis de base ne s'y étaient pas trompés. La première question à poser dans le fameux test d'intelligence pour enfants de Binet et Simon n'était-elle pas : « Bonjour petit, comment t'appelles-tu ? » On attendait de l'enfant qu'il se situe par son patronyme dans une parenté et par son prénom dans son individualité. Qu'il puisse se nommer est le signe qu'il se désigne comme absolument différent de son petit camarade et de tout autre.

Remarquons que longtemps le christianisme n'a connu que le prénom, puis le surnom est devenu nom de famille. Le nom s'impose, ne se choisit pas, au contraire du prénom qui peut être modifié au moment du jugement d'adoption.

Le prénom

L'enfant adoptable est déjà pris dans une histoire, il porte un prénom. Les adoptants ne se le représentent pas toujours ainsi. Lorsqu'on leur demande leurs intentions à ce propos, ils répondent habituellement : « S'il n'en a pas, nous lui donnerons celui que nous avons choisi. » Comme s'il n'en avait pas ! Ils ont encore une idée si abstraite de celui à venir qu'il n'est pas nommable, il demeure pour eux encore innommé. Est-il dans les limbes ? Faut-il y voir une difficulté à imaginer qu'il ait pu vivre sans eux ? Un peu comme, mais à l'inverse, ces jeunes enfants qui ont tant de peine à se figurer que leurs parents furent petits et existèrent avant qu'ils ne naissent.

Si le nom marque chacun de nous d'une particularité reçue, héritée, le prénom, donné, joue aussi un rôle. Il inscrit quelque chose de la représentation qu'a le parent de l'enfant. Sa transmission relève de l'imaginaire attaché à tel ou tel et déterminerait, si l'on en croit certains ouvrages, les traits de caractère plus ou moins aimables. Les positions varient vis-à-vis du prénom que l'on porte. Il ne correspond pas toujours à l'idée qu'on a de soi-même. Il est trop marqué par l'air du temps, par une appartenance culturelle ou familiale. Pour l'enfant adopté, il sera choisi en fonction de ces mêmes motifs. L'importance accordée au prénom dont on voudra le rebaptiser dépend du mode d'appropriation de chacun.

Souvent, dans l'intention de ne pas lui enlever quelque chose, qui apparaît comme une partie intrinsèque de lui-même, le prénom sera conservé, transformé dans un diminutif ou éventuellement francisé. Ou bien, placé en deuxième position, remplacé par un prénom usuel choisi par les adoptants, il signera sa nouvelle appartenance. C'est une façon aussi de s'accoutumer à l'étrangeté de l'enfant en le rendant ainsi d'emblée familier. Il est apparemment choisi au hasard, s'impose on ne sait pourquoi ou bien résulte d'un lien flou ou précis à quelqu'un qui le porte. Quand il s'agit d'un nouveau-né, les futurs parents au téléphone le choisissent parfois dans l'instant pour celui qui vient de naître à l'autre bout du monde.

L'essentiel est de prendre suffisamment en compte l'enfant et ce qu'il peut dire de ce changement éventuel de prénom. Il y a une distance entre l'identité reçue et la manière dont elle est vécue. Car il arrive que ce soit lui qui souhaite être prénommé à nouveau alors que, dans un respect de « sa vie d'avant », les parents pensaient mieux faire en ne modifiant rien. Ainsi celui qui réclamait : « Parce que c'est toujours les parents qui choisissent le prénom, alors si vous êtes mes parents, vous devez me donner un prénom que vous aimez. »

Et si ce prénom est imprononçable, que faire ? Chercher une ressemblance, une consonance avec celui d'origine qui ne déstabilise pas ses repères mais facilite l'intégration à l'école et plaise ? Ou bien à la réflexion : « S'il a trois ans, un prénom qu'il connaît, il vaudrait mieux, pour lui, ne pas changer du jour au lendemain, ça pourrait le perturber, cela doit être déjà assez difficile de s'adapter aux parents adoptifs », pensait en s'identifiant à lui une future mère. « À nous de nous mettre dans la peau de ce petit être pour qui nous sommes des martiens, commentait un père. Il va s'intégrer comme il pourra, c'est une pièce rapportée, en plus du reste on ne va pas changer son prénom. » Que garder de cette pièce rapportée ? Le dosage est subtil entre la richesse de la différence associée au prénom et le souci de faciliter l'intégration familiale et sociale. Les déclarations de principe passionnées à propos de la fascination pour sa culture et le souci affiché de « ne pas le couper de ses racines » contrastent souvent avec l'attribution du jour au lendemain d'un prénom longtemps rêvé.

2. Raconter leur histoire

L'heure n'est plus aux histoires de naissances dans les roses mais à celle de son adoption racontée à l'enfant, plutôt deux fois qu'une ! Serait-ce une façon de ne pas le couper de ses racines ? Que lui dire ? Comment ? À quel moment ? Tout est-il bon à entendre ?

Aujourd'hui, la vulgarisation psychologique aidant, tous proclament dans un même élan qu'ils ne feront pas mystère de l'adoption. Un nourrisson s'habituera petit à petit à cette notion, en grandissant il réalisera au fil du temps ce que cela signifie. « Il faut lui dire la vérité, c'est son histoire, dès qu'il sera en âge de comprendre », affirme-t-on. Que recouvre cet « il faut » ? Comment déterminer l'âge du « comprendre » ? Énoncée comme une évidence, cette détermination se traduit par l'usage du terme lui-même afin que l'enfant estime sa situation naturelle et ne la ressente pas comme une « tare » vis-à-vis des autres, ne se laisse pas montrer du doigt : « adopté » ne doit plus résonner comme un jugement péjoratif. Entre camarades ils « se traitent », comme ils disent, et les réflexions du style : « Toi, ta mère t'a abandonné parce qu'elle ne t'aimait pas », ou bien « C'est pas tes vrais parents » accentuent la différence, l'aspect hors norme de la filiation. Ces remarques ont une fonction de réassurance pour les non-adoptés qui ont peur d'être à leur tour un jour abandonnés. Elles ciblent la particularité sensible de celui dont la filiation est différente, mais, disait un père : « Nous lui apprendrons à avoir de la repartie ! »

La façon d'évoquer l'adoption dépendra des éléments dont les parents disposeront, ils les interpréteront dans des versions plus ou moins romancées, retrouvant, peu ou prou, les belles histoires dont les grand-mères enjolivaient les choses de la vie. Chaque formulation sera teintée de la représentation de l'adulte : « C'est parce qu'elle t'aimait trop, elle a voulu que tu sois heureux », de toute façon « il y a un peu de vrai ». Une certaine prudence devra accompagner les explications : « Dire absolument à l'enfant que sa mère l'a jeté dans le ruisseau, ça peut être trop dur » ; mieux vaudra lui expliquer qu'elle a pensé « ne pas pouvoir l'élever », prévoyait une future mère qui ajoutait : « En aucun cas je ne noircirai le tableau. »

Ne plus lui cacher qu'il a été adopté signifie-t-il qu'il faille en parler sans cesse, glorifier les parents d'origine, chercher la formule dans des livres, s'en remettre au savoir-faire de spécialistes ?

Il fut un temps, pas si lointain, où se posait la question de la révélation et du moment opportun pour cet aveu. Qui dit révélation suppose quelque chose de caché, à dévoiler, secrets de famille, secrets d'alcôve.

« Nous répondrons à toutes ses interrogations » ; sans doute, mais pourquoi justement se poserait-il celle-là ? Les adoptants imaginent qu'il abordera spontanément le sujet. Est-ce si sûr ? Car enfin, pourquoi l'adoption le tracasserait-il ? « Il verra bien que nous n'avons pas la même couleur de peau », pensent les parents ; « Cela lui sautera aux yeux s'il est café-au-lait ». Certes, mais un enfant n'imagine pas que les choses soient autrement que ce qu'il a toujours connu : « Nous lui dirons le plus tôt possible son adoption, mais je ne sais pas s'il comprendra ce que ça veut dire » ; « Nous lui dirons que nous ne sommes pas ses vrais parents ». Mais si, justement, ils sont les vrais parents par la loi, les autres sont les parents géniteurs, « biologiques ». Car, s'ils se présentent comme n'étant pas les vrais, l'enfant en déduira qu'ils sont faux, faux-jetons, en porte à faux, qu'ils lui ont menti. Qui sont alors les siens ?

Ayant adopté Nadia à un an en Haïti, Françoise et Pierre voulaient attendre le moment propice. Il leur semblait impératif d'en parler ouvertement avant les réflexions sur la différence de couleur à l'école. Afin qu'elle ne soit pas déstabilisée par un « C'est pas ta mère », ils étaient décidés à lui en parler le plus tôt possible, mais comment ? Des professionnels compétents sauraient leur expliquer la bonne manière de s'y prendre. Finalement Françoise s'y résolut seule et, à l'occasion d'une naissance dans la famille, lui en dit quelques mots. Elle l'avait « fait non avec son ventre mais avec son cœur ». Et quelques jours après, Nadia demandait une précision ; depuis, elle en parle de temps à autre.

Raconter tous les jours sous une forme romancée ou chantée son histoire à l'enfant devient un rituel touchant mais aussi bien une ritournelle vidée de son sens. Ce peut être un plaisir d'évoquer les premiers souvenirs communs mais aussi une manière de conjurer les craintes des réactions de l'enfant. N'est-ce pas une préparation des adultes à aborder les questions à propos de la différence sexuelle ? Ces interrogations ne sont-elles pas des variantes de la question universelle : « D'où viennent les enfants ? », qui porte sur le désir des parents ?

L'enfant adopté des années quatre-vingt-dix sait d'un savoir théorique que ses parents sont allés le chercher : « On lui a toujours dit en lui montrant une carte du monde, il sait qu'il est arrivé dans un avion. » Les avions remplaceraient-ils les cigognes ? Il regarde des films ou des albums de photos. Comme beaucoup d'autres dans son cas, qu'il soit thaï, colombien ou népalais, longtemps il n'aura qu'une vague idée de ce que cela veut dire. Au moment de construire sa théorie sexuelle infantile, il intégrera les bribes des éléments transmis avec application par ses parents. Il s'assurera par exemple que sa mère, étant petite, vivait aussi en Colombie. Ou bien il fera mine d'ignorer les explications trop détaillées et organisera comme tout un chacun son roman familial : « Ah, si j'avais su, j'aurais connu d'autres papas ! »

Il cherchera un visage à mettre sur le sien, se demandera à qui il ressemble, de qui il tient son caractère. Il devra s'en faire une idée à partir de la description qui pourra lui en être donnée. Certains, sachant qu'ils sont nés dans une contrée lointaine, s'emparent de tous les éléments qu'ils connaissent, brodent autour mille détails et s'imaginent des familles misérables ou grandioses. Ils utilisent le roman familial à leur avantage et insistent auprès de leurs camarades sur cette origine qui leur donne une valeur exceptionnelle. Rien ne prouve qu'ils y croient vraiment ni qu'ils désirent aller sur place vérifier la véracité de leurs dires. L'enfant adopté dispose du scénario d'un roman familial étayé sur une réalité qu'il peut parer de toutes les fantaisies. D'autres ne supporteront pas d'entendre sans cesse parler d'adoption ou de leur pays, ne diront pas « mon Chili », et revendiqueront une totale assimilation. Les questions des tiers importunent, le Viêt-nam « c'est un secret » ; ou bien au contraire, tant qu'il n'aura pas expliqué en classe, photos ou films à l'appui, son adoption et le pays d'où il vient, celui-ci ne se sentira pas accepté par ses pairs. S'il cherche à en savoir plus, il aura ces documents à sa disposition.

En insistant tellement sur cette recherche des origines, que veulent les parents adoptifs ? N'avoir rien à se reprocher en ce domaine ? Que l'enfant n'ait pas matière à les critiquer ? Ne le seront-ils pas comme tous les parents par leur progéniture ? Ce en quoi il faudrait voir un signe de santé et une preuve qu'ils sont bien dans une position parentale ! Ou bien doit-on y voir un point de réel dont ils appréhendent chez eux ou chez l'enfant le retour périodique ?

Ils craignent des difficultés au moment de l'adolescence. S'il allait nous quitter, se rendre sur place, ne plus revenir ? « S'il est bien avec nous, il n'aura pas besoin de rencontrer ses parents d'origine », entend-on. Justement, s'il se sent bien, il pourra sans en être trop déstabilisé se risquer à feuilleter son dossier ou à faire un voyage dans son pays natal.

Ils redoutent les réactions de rejet de la part de l'enfant, découvrant une tromperie : « On ne sait pas si le gamin qu'on aura nous en voudra, nous reprochera ou nous dira merci. » Ils redoutent de se voir abandonnés à leur tour par un adolescent révolté ou ingrat. Quand il va comprendre ce qu'être adopté veut dire, va-t-il nous en vouloir, nous témoigner sa reconnaissance, nous considérer comme ses parents, se demander qui il est ?

On sait l'importance pour tout un chacun de la question « Qui suis-je ? ». Une partie de la réponse sur le plan de l'identité, de l'état civil, est donnée par la date et le lieu de naissance et par le lien aux géniteurs. L'autre s'élabore au gré des identifications et de l'image de soi que chacun se forge. Lorsqu'il y a création ou substitution d'une filiation à une autre, l'enfant la vit sans en entrevoir tous les motifs et tous les effets. Ceux-ci ne viendront que plus tard s'éclairer au fil des explications qu'on lui donnera spontanément ou qu'il réclamera. Or, durant des décennies, associé à une sexualité coupable, l'abandon était tu tout autant que l'adoption, liée aussi à la sexualité, sans procréation. De plus, la crainte que les géniteurs ne réclament l'enfant ou que l'enfant ne les recherche et ne délaisse ses parents épaississait le silence autour des circonstances de l'adoption. Remarquons que, même lorsque la filiation était légitime, naturelle, les adultes donnaient peu ou pas d'explications concernant la vie sexuelle. Que visait-on lorsqu'on voulait cacher aux enfants leur origine ? Craignait-on de susciter trop précocement leur intérêt avant qu'il ne s'éveille naturellement ? Par cette dissimulation, espérait-on contenir leur curiosité et maintenir une fiction : faire comme s'il était né de soi ? Sans doute croyait-on possible que cette connaissance qu'on leur refusait ne fût pas donnée d'une autre manière.

À ce sujet, le poète Jules Supervielle confiait : « Je me souvins du jour (je devais avoir neuf ans) où une amie de ma tante, que j'avais toujours prise jusqu'alors pour ma mère, lui dit : Dis donc, Anne-Marie, c'est le fils de ta sœur ce petit ?

« Ce ne fut que quelques années plus tard qu'une parente me montra dans un album les portraits de ceux qui m'avaient *donné le jour*. Je ne connais pas d'expression plus belle [1]. »

Freud estimait absurde de dissimuler aux enfants ce qui concerne la sexualité. Il lui semblait que « ce qui provoque la "cachotterie" des adultes à l'égard des enfants n'est rien d'autre certainement que la pruderie habituelle et la mauvaise conscience de ces parents eux-mêmes [2] ». Ces adultes font comme s'ils pensaient que la pulsion sexuelle ne survient qu'à la puberté. Grossière erreur. Et comme si les enfants n'étaient pas capables de déduction. À ce sujet, Freud relate une observation : « Un petit garçon faisait des remontrances à sa petite sœur : "Mais comment peux-tu penser que la cigogne apporte les petits enfants. Tu sais bien que la cigogne est un mammifère. Crois-tu alors que la cigogne apporte aux *autres* mammifères leurs bébés ?" [3] »

Depuis, l'éducation sexuelle a fait son entrée à l'école et la soif de savoir est reconnue dès la plus tendre enfance. Aborder avec l'enfant la question de son adoption s'impose mais demeure un moment délicat. On lui doit la vérité, mais la vérité sur quoi ? Sur la chronologie des événements connus, sur ceux qui lui ont donné le jour, mais aussi sur ceux qui ont pris le relais. Il semble parfois que la place accordée à cette recherche des origines vienne masquer, à l'époque de la transparence qui atteint même l'intimité, la question de la sexualité des adultes. Bien sûr la plupart des adoptés se demanderont pourquoi ils ont été abandonnés, mais ils adresseront aussi une interrogation corollaire à

---

1. J. Supervielle, *Boire à la source, confidences*, Paris, Gallimard, 1951, p. 22.

2. S. Freud, "*Les Explications données aux enfant*", in *La Vie sexuelle*, *op. cit.*, p. 8.

3. *Ibid.*, p. 13.

leurs parents : « Pourquoi m'avez-vous adopté ? » Elle ne tracasse pas outre mesure les adoptants qui répondent en évoquant leur besoin de donner de l'amour à un petit qui en manquait. Il est tentant d'évacuer le registre de la sexualité. Pourtant, qu'ils soient ou non stériles, ils auront à cœur de laisser entendre qu'ils ont des relations de couple, ne sont pas impuissants. Orienter les interrogations enfantines, voire la recherche des géniteurs, n'est-ce pas quelquefois une façon de déplacer l'embarras que suscitent ces questions en se définissant moins comme homme et femme se désirant l'un l'autre et davantage comme père et mère ? Ce serait à l'autre mère, à l'autre père de répondre de leur désir, de dire la vérité, le fin mot de l'histoire. Alors que la demande – elle peut passer par une consultation du dossier administratif – manifeste une volonté de savoir quelque chose du désir de ce parent qui vous a confié ou « laissé tomber », mais quelque chose aussi de ce désir de ces parents-là qui ont fait de vous leur enfant.

La curiosité des adultes à l'égard de l'« avant » précède largement celle de leurs enfants qui s'y intéresseront peu à peu, chacun à son rythme. Ils mettent en avant son droit à savoir, à connaître ses origines. Ne risquent-ils pas d'échafauder un roman dont ils transmettront les éléments à un enfant qui prendra cette interprétation pour argent comptant. Ne parlent-ils pas pour lui ? Qu'il sache ce qu'il en est des circonstances de sa venue au monde, certes, mais laissons-le cheminer sans l'inciter à aller au-delà de ce qu'il souhaite élucider. Certains, et cela variera pour un même enfant au fil du temps, souhaitent une confirmation, une précision, un détail à intégrer dans leur roman familial. Parfois, le simple fait de savoir que des recherches sont possibles, un jour, tranquillise. Jusqu'où aller dans les informations ? La défiance entoure la notion de secret, connotée péjorativement. Certains parents ne tentent-ils pas de réduire ainsi, en transmettant, prématurément ou à tout prix, ce qu'ils savent, leur difficulté à accepter ce réel : une procréation par un autre couple ? Entre ce qu'ils imaginent nécessaire d'expliquer pour que l'enfant le sache et ce qui préoccupe celui-ci au moment où ils s'efforcent de lui en souffler quelques mots se glissent parfois des malentendus.

Dire à l'enfant qu'il est adopté est une chose, lui raconter, lui « restituer » son histoire en est une autre, dans la mesure où l'histoire est une construction. L'histoire appartient à l'enfant, dit-on. Quelle histoire ? Celle du temps qui précède la rencontre dont les parents eux-mêmes n'eurent qu'un récit par des tiers et qu'ils auront reconstituée petit à petit avec les souvenirs de l'enfant, s'il en a. L'histoire de l'enfant se poursuit en s'insérant dans l'histoire de la famille dans laquelle il entre. Les péripéties qui ont marqué son attente et sa rencontre en font partie.

Actuellement une idéologie de la vérité se développe. Elle invite à une vérification scientifique des dires grâce aux empreintes, aux tests de paternité, au biologique, au réel. Les liens du sang peuvent se prouver avec les marqueurs ADN par la comparaison des cellules : c'est la vérité biologique. Faudrait-il vérifier l'exactitude de toutes les filiations et réduire la mère à l'ovocyte et le père au spermatozoïde ?

Grâce aux progrès techniques, l'échographie ou le film de l'accouchement font partie des photos de famille. La naissance perdrait-elle de son mystère ? Sans doute pour une part, et le mystère se concentre sur le commencement, l'acte sexuel. Dans le cas le plus général, que savons-nous de ce commencement ? Pas grand-chose, dans le meilleur des cas les parents donnent une version de leur rencontre, moment mythique autour duquel chacun brode.

La question des origines génétiques se pose pour les enfants de la science, conçus grâce à l'intermédiaire d'un tiers. Mais ils sont loin d'être les seuls car les liens de parenté recouvrent bien des secrets d'alcôve. Faut-il, et au nom de quoi, expliquer à un enfant qu'il est né d'un échec de contraception, d'un adultère, d'un viol ou d'un inceste ? C'est à chacun d'en décider. Pour les adoptés, lorsque ces précisions figurent dans le procès-verbal, il conviendrait que chaque parent clarifie le retentissement en lui de ces mots. De plus, il peut se glisser un doute : la femme qui a consenti à l'adoption a-t-elle donné cette indication pour justifier son geste et prévenir des considérations moralisatrices ? Enfin à quoi bon, avant que le jeune n'éprouve le besoin de vérifier, lui lire ce document, lui infliger ces révélations ? Entre travestir la vérité objective, l'édulcorer, la cacher et l'ignorer, il y a des nuances. Ce qui est secret, c'est ce qui est occulté. De tout temps des hommes ont endossé, à leur insu ou pas, des paternités que la biologie n'aurait pu confirmer. La filiation maternelle est plus rarement attaquée : « Les recels de grossesse ou de naissance mettent en lumière des cas de supposition d'enfant ou de substitution d'enfants punissables pénalement et sanctionnés par le juge civil [...] par la remise en cause de la maternité elle-même. La maternité naturelle n'est pas non plus à l'abri d'une action visant à contester la véracité de la reconnaissance [1]. » Dans l'adoption plénière qui imite parfaitement la filiation légitime, l'avant, les racines sont effacées et donc disparaissent : « L'enfant adopté plénièrement cesse d'appartenir à sa famille d'origine [2]. » Alors comment faire avec ce qui est gommé mais a existé ? En parler c'est déjà le reconnaître. Pour l'enfant conçu par

1. I. Copart-Oulerich, « Le secret des origines », *Revue de droit sanitaire et social*, n° 1, 1994, p. 5.

2. Article 356 du Code civil.

insémination artificielle il y a un consensus pour qu'il sache qu'il y a eu l'intervention d'un donneur. Le débat tourne autour du maintien de l'anonymat de ce dernier : « Ces hésitations se retrouvent également dans les textes qui oscillent entre le secret et la transparence. Le choix est difficile [1], écrit la juriste Isabelle Copart-Oulerich qui cite un propos du garde des Sceaux : « Certes la connaissance de ses origines est une aspiration naturelle de l'homme. Mais le droit au silence est tout aussi légitime [2]. » Lorsque les circonstances de l'adoption auront été manifestement douteuses, il y a fort à parier que le malaise des parents pèsera d'un certain poids. On ne cache plus l'adoption, mais il demeure parfois bien des obscurités autour de son contexte, en particulier à l'étranger, malgré la connaissance de l'identité des géniteurs.

Dans l'adoption, l'héritage biologique vient d'ailleurs, mais ce qui s'appelle la vie chez les êtres parlants ne se transmettrait pas sans la parole. Or c'est de la parole de ses parents adoptifs que l'enfant hérite. En les interrogeant sur « ses origines » il vérifie la place qu'il a, ce qu'il représente pour eux fondamentalement. Cette parole l'intéresse dans la mesure où elle lui confirme son inscription, le différenciant des autres dans leur discours et dans celui qu'il tient sur lui-même. L'histoire de son adoption, en tant que telle, est comparable à une mythologie de sa naissance. contrairement à ce que l'on aimerait penser, cette histoire n'est pas écrite une fois pour toutes. Les réponses trouvées et obtenues au fil du temps la modifient au fur et à mesure que les mots prennent sens. C'est pourquoi les parents ne sont jamais au bout de leurs peines car ils ne cessent d'être interrogés sur leur désir au travers des compléments

1. I. Coupart-Oulerich, *op. cit.*, p. 12.
2. *JO*, Sénat, 8 décembre 1992, p. 3728.

d'information réclamés. Le peu d'éléments à transmettre ou leur maladresse n'est pas en cause, d'autres ne seraient ni plus habiles ni plus compétents. Exactement comme le montrent les impasses de l'éducation sexuelle au collège, il ne s'agit pas seulement d'information. Il restera toujours des zones d'ombre autour desquelles se polarise l'histoire individuelle. Car une information, si exacte soit-elle, ne prendra pas en compte la vérité du sujet. Celui-ci devra lire entre les lignes car il n'y a pas une parole qui dise « la vérité », quels que soient les efforts pour la cerner au plus près, sur l'acte qui a inauguré son destin. On essaie de l'attraper dans des explications, des significations.

Penser prévenir les difficultés en énumérant les événements objectifs implique l'idée que la cause est en dehors de soi, quelque part. Or, la psychanalyse enseigne que la cause du mal-être des adoptés comme le mal-être de tout homme est à situer au-delà des événements et imperfections des institutions humaines, toujours néanmoins à améliorer. La question des origines : « Pourquoi suis-je au monde ? » met en lumière que, pour tout un chacun, ce qui cause le désir c'est un point vide de savoir, dont on ne peut rien savoir. De ce point-là personne ne sait rien : ni les géniteurs, ni les parents, adoptants ou pas, ni l'administration, ni les « psy ».

Nous voudrions connaître notre point de départ, nous n'en avons que des coordonnées. L'enfant croira longtemps secret ce que ses parents ne lui auraient pas dit. Qu'est-ce qu'un savoir caché ? La « révélation » de l'adoption, le « tout lui dire », mêle le registre de ce que l'on sait, documents à l'appui éventuellement, et le savoir qui touche à la vérité du sujet, « qui suis-je, quel est mon désir ? ». Cette vérité ne peut être que « mi-dite », et chacun prend une position singulière vis-à-vis de ce qui est impossible à dire. La façon dont nous avons été créés est de l'ordre d'un savoir qui nous échappe et chacun tient à sa version, en fait parfois toute une histoire, et en ce sens ne peut que raconter des histoires à ses enfants car la vérité : « Toute la dire on n'y arrive pas. La dire toute, c'est impossible matériellement : les mots y manquent [1]. »

3. En quête d'origine

Les mythes et les religions proposent des réponses collectives quant à l'origine. La question est neuve pour celui qui est en quête de sa réponse singulière.

Ainsi que Freud le mettait en évidence à propos des explications données aux enfants sur la sexualité, la curiosité, l'intérêt pour l'énigme de la vie, apparaît très tôt. L'éveil intellectuel parfois précoce se traduit par d'incessantes interrogations. Les enfants ont soif de savoir en ce domaine et ils cherchent toujours à percer ce que les adultes tentent de voiler. Serait-ce pour éviter d'autres questions embarrassantes que les adoptants vont au-devant des « pourquoi » ?

Une de leurs grandes préoccupations, « la plus vieille et la plus brûlante de la jeune humanité » écrivait Freud : « D'où viennent les enfants [2] ? » Si les réponses obtenues sont évasives, incomplètes, insuffisantes aux yeux de l'enfant, il se tourmente secrètement. Il échafaude « des tentatives de solution dans lesquelles la vérité devinée se mêle de la façon la plus remarquable avec le faux grotesque ». Freud décrit l'embarras des parents ne sachant comment parler de sexualité et évoque les formules « emphatiques » ou « cérémonieuses » auxquelles ils recou-

1. J. Lacan, *Télévision*, Paris, Seuil, 1974, p. 9.
2. S. Freud, "*Les Explications sexuelles données aux enfants*", in *La Vie sexuelle*, *op. cit.*, p. 10.

rent. La transposition se fait d'elle-même, au grand embarras des adoptants.

L'enfant saisit que la mère génitrice est toujours certaine, le père incertain, après avoir découvert le rôle de l'homme et de la femme dans la procréation. La certitude concerne la mère, une part du désir maternel échappe au père. C'est sans doute ce qui explique les interrogations portant presque exclusivement sur la mère. Il faudra en passer obligatoirement par elle pour savoir quelque chose du père. À propos du père il y a toujours un doute possible, en dehors des preuves apportées par la biologie. L'incertitude structurale est recouverte par la réalité lorsque l'état civil le déclare inconnu. Pour les enfants adoptés il est certain que les parents sociaux, les parents de cœur ne sont pas les géniteurs. Alors qui sont les autres ?

Adoptée à un an, cette jeune fille métisse de vingt ans possède les documents concernant les démarches de ses parents, les courriers précédant sa vie avec eux. Ils lui ont proposé à dix-huit ans d'en savoir un peu plus en consultant son dossier administratif au service de l'aide sociale à l'enfance. Elle sait que sa mère était une femme européenne, mariée, pas très stable. Seule l'intéresse son identité qui ne peut lui être révélée puisque celle-ci demanda qu'elle soit tenue secrète. La retrouver lèverait son interrogation actuelle : l'homme avec qui elle la conçut venait-il du Maroc, de Tunisie ou d'Algérie ? Elle se heurte aux limites qu'impose la volonté de la femme qui souhaita qu'elle soit adoptée mais ne puisse la retrouver. Son hypothèse demeurera invérifiée, objectivement invérifiable.

Les consultations de dossier sont toujours un moment fort pour celui qui décide de se rendre au rendez-vous. Des professionnels de diverses formations et fonctions remplissent cette tâche délicate.

Le dossier est administratif par excellence, il contient un ensemble de pièces relatives à la responsabilité prise par la société à l'égard d'un enfant placé en famille d'accueil ou d'un pupille.

Les « origines », c'est la source, appliquée à une personne, c'est l'ancêtre : fondateur. À partir du XVIIe siècle, le mot est employé à propos d'une origine situable dans le temps. « Être l'origine de » contient une nuance causale. Enfin, en géométrie, le dictionnaire Littré signale : « Point à partir duquel on compte les coordonnées. »

Il n'y a pas de dossier des origines, il serait donc abusif de parler d'un « dossier des origines ». consulter son dossier revient à retrouver ou découvrir des données objectives (mesures judiciaires, arrêtés administratifs d'admission, procès-verbal du conseil de famille), et aussi des traces de vie, décrites ou suggérées. Les textes officiels rappellent que le dossier est propriété de l'administration et sera archivé. Trame d'un moment de la vie d'un enfant, il lui appartient aussi dans la mesure où, avec l'autorisation de ses parents s'il est mineur et à sa majorité quand il le désire, il y aura accès. « La conservation de ces documents est organisée dans l'intérêt public tant pour les besoins de la gestion et de la justification des droits des personnes physiques et morales, publiques ou privées, que pour la documentation historique de la recherche [1]. » L'expérience de l'accompagnement des consultations de dossier montre l'intérêt des documents revêtant un caractère privé : photos, cartes postales, courriers manuscrits, dossiers scolaires. L'original leur confère une précieuse valeur d'authenticité. Seules les photocopies des documents à portée sentimentale devraient rester au dossier et les originaux être remis à leur destinataire. La chronologie des événements, la suite

1. Loi n° 79-18 du 13 janvier 1979 sur les archives.

des interventions sociales n'offrent pas en tant que telles un fil conducteur, car grands et petits papiers se mêlent. L'aide sociale à l'enfance est dans une position de « témoin pris à partie de la sincérité des sujets, dépositaires des procès-verbaux, référence de l'exactitude de leurs discours, garant de leur droiture, gardienne de leurs testaments [1] », dans le registre d'une réalité sociale dont l'éthique n'est pas sans parallèle, toutes proportions gardées, avec celle du psychanalyste. N'est-ce pas une délicate et lourde entreprise que d'en assurer une transmission dont les modalités risquent fort, au gré des idéologies en vogue, d'être toujours critiquables ?

Actuellement l'attention, à juste titre, se porte sur la rédaction des procès-verbaux de remise en vue d'adoption dans lesquels la loi recommande de recueillir « les renseignements ne portant pas atteinte au secret de l'identité » lorsque la mère ne révèle pas son identité. Parfois, non sans excès de zèle, les éléments à transmettre à l'enfant sont aménagés, réducteurs ou au contraire proliférants. Atténuer, par anticipation, le retentissement présumé de tel ou tel détail ou mot sur celui qui les découvrira plus tard demeure une des préoccupations des intervenants sociaux. Il ne s'agit pourtant pas d'édulcorer, de romancer les choses à notre convenance, car par des détails on tient à son enfance. Ne vaudrait-il pas mieux qu'ils soient transmis, ces détails, par la mère, dans son langage à elle et non pas dans une traduction socialement admise ? Ce serait déjà en soi un indice. Car les réactions des intéressés étonneront toujours. Ce qui nous aura choqué, en fait à cause de notre roman familial singulier, ce qui nous aura semblé d'avance difficile à transmettre, ne suscite pas les réactions attendues.

1. J. Lacan, *Écrits*, *op. cit.*, p. 313.

Surprise que de voir une femme lire, sans ciller, une lettre laissée par sa mère, au contenu lourd de conséquences pour elle. En fait, ces éléments, elle les connaissait par leurs effets dans sa vie, elle les avait admis depuis bien longtemps. Elle était âgée de plus de soixante ans. L'important, l'émouvant – elle en pleura – fut pour elle de déchiffrer non seulement le texte écrit mais l'écriture de sa mère. Enfin ! elle découvrait une trace matérialisée de cette femme inconnue, jusque-là trop abstraite. Des pleins, des déliés, elle avait de l'instruction ! Exemplaire rencontre que celle d'une femme, avancée dans la vie, en quête d'un détail qui donne corps, à la lettre, à une mère dont elle se sentît fière. Le sujet s'arrime à d'infimes signes concrets qui, pour lui, feront la différence avec le destin des autres.

D'autres événements seront objectivement importants. Ce n'est pas la même chose d'avoir été élevé dans telle famille d'accueil ou dans telle famille adoptive : « Un enfant n'est pas un enfant abstrait. Il a une histoire et une histoire qui se spécifie de cette particularité : ce n'est pas la même chose d'avoir eu sa maman et pas la maman du voisin, de même pour le papa [1]. » Souvent, quand les parents sont trop abstraits, on recherche des précisions, des dates, condition pour que l'histoire commence. Ainsi cette lettre : « Une loi me permet de prendre connaissance de mon dossier concernant ma naissance. Je désire tout simplement connaître les prénoms, la date et le lieu de naissance de ma mère naturelle non pas pour la retrouver, mais tout simplement pour connaître mes racines. » Ici les racines équivalent à l'état civil de la mère. L'importance accordée aux dates, surtout aux dates d'anniversaire, signale la valeur particulière qui s'y attache. Elle renvoie à l'origine, à ce qui

1. J. Lacan, *Scilicet*, 1976, n°s 6-7, p. 45.

a marqué l'émergence du vivant. Elle marque le lien entre l'événement réel et son historisation.

Ces consultations enseignent qu'à la reconstitution des faits s'ajoute quelque chose d'une vérification. Tissée d'imaginaire, la vérité est inventée, devinée à partir de quelques indices et le sujet voudrait l'étayer, lui donner plus d'assise. Ceux qui se font ainsi historiens de leur propre vie, en s'aidant de la connaissance de leur dossier, rencontrent toujours un point qui manque, une indication insuffisante. Ils voudraient en savoir plus, quand l'identité maternelle est inaccessible mais aussi dans les autres cas de figure. Trouve-t-on toute l'histoire dans un texte ? N'y a-t-il pas une inaccessible réponse à la question fondamentale, signalée au début : « De quel désir suis-je né ? » De sorte que si les document écrits sont nécessaires, ils ne sont pas suffisants : « Sans document écrit, vous savez que vous êtes dans un rêve. Ce que l'historien exige c'est un texte ; un bout de papier ; de toutes façons, il doit y avoir quelque part, dans une archive, quelque chose qui certifie par l'écrit, et dont le défaut rend l'histoire impossible [1]. » Les recherches que tenteront, parfois tôt, certains adoptés, ne sont pas à interpréter uniquement en termes de vérification de la véracité des informations transmises, mais comme le besoin de constater ce qui est écrit noir sur blanc, pour sortir d'une sorte de rêve. Ces recherches sont le fait des pupilles nés en France, les éléments à la disposition de ceux nés à l'étranger seront limités au jugement d'adoption, à moins qu'un organisme agréé ne soit intervenu.

Quel impact aura la lecture de ces documents ? Nul ne saurait en prévoir le retentissement à court et à long terme : révolte, angoisse, apaisement ? Tout dépendra des interprétations, et elles sont multiples : à laquelle s'arrêter ? La pru-

1. J. Lacan, *op.cit.*, p. 20.

dence et l'éthique imposent de laisser chaque personne décider de celle qui lui convient. L'essentiel n'est-il pas que l'orphelin ne soit ni l'adopté du roman familial de ses interlocuteurs, ni l'abandonné de tout discours ? C'est-à-dire qu'à partir des indices dont il pourra s'assurer, il s'organise avec la donne particulière de son existence ?

Aura-t-il connu alors quelque chose de ses origines, de son origine, de son histoire ou de son passé ? Se confondent-ils ? Du passé distinguons plusieurs formes. Le passé physique, il n'existe plus : nous ne sommes plus en 1900. Le passé historique, commun à tous les hommes, relate les événements de l'Histoire avec un grand H. Enfin le passé épique, le passé de chaque épopée personnelle, est l'œuvre de cette « oublieuse mémoire » dont parlait le poète Jules Supervielle. L'expérience commune prouve qu'il est reconstruit : ce passé-là est différent pour des frères et sœurs ayant pourtant vécu dans la même famille les mêmes événements. Le sujet s'appuie sur son passé pour envisager l'avenir. Dans la remémoration de son existence se mêlent, pour tout un chacun, moments sociaux et anecdotes tout aussi essentielles. Repérer avec l'enfant ou l'adulte le détail (bonne ou mauvaise rencontre, images, rêves, plaisir, angoisse) met en évidence combien la réalité psychique détermine la réalité matérielle.

Que disent-ils devant leur dossier ? « Je suis venu parce que je voudrais en savoir un peu plus sur moi-même » ; « Je voudrais comprendre pourquoi je suis angoissé » ; « Je vais mal depuis plusieurs années, je voudrais pouvoir y donner une explication, mais j'ai eu une famille adoptive géniale » ; « Je suis marié depuis quelques mois, je voudrais de plus amples détails sur mon passé et la femme qui m'a mis au monde ». Ils veulent comprendre ce qui leur arrive, trouver un sens, là encore comme tout un chacun, à leur existence qui comporte cette particularité au départ. Serait-elle moins ineffable s'ils en apprenaient un peu plus ?

Car une fois de plus, et c'est inévitable, la véracité des événements et la version que le sujet s'en donne s'enchevêtrent. À partir des données descriptives leur chronologie se reconstruit, elle viendra combler les lacunes de la mémoire. De nos souvenirs nous sommes incertains, nous avons « la mémoire qui flanche » comme dans la chanson. À moins que, comme le disait très joliment quelqu'un devant son dossier, nous n'ayons pas « la mémoire des souvenirs ». Ne pas avoir cette mémoire des souvenirs signifie ne pas se rappeler ce que pourtant on sait.

Au cours des entretiens, l'obtention de renseignements favorise l'évocation de certains incidents oubliés. Mais souvent aussi cet appel aux témoins de l'enfance par le biais de l'administration apporte une déception : en l'absence de documents l'exactitude des faits demeure invérifiable ; un point essentiel fait défaut. La déception provient aussi de la difficulté à assimiler les nouveaux éléments, à les intégrer à la version sur laquelle jusque-là le sujet avait fondé son existence. Il se retrouve en quelque sorte dépossédé de la première et doit en échafauder une qui tienne compte de ces éléments anciens dans une nouvelle édition, revue et corrigée, de son roman familial. Ce désir de savoir provoque, au lieu d'un « plus » de savoir attendu, une mise à plat de son mythe individuel. Des effets imprévisibles en résulteront : libération de l'angoisse, écroulement, fragilisation ou déclenchements de symptômes, relance du désir.

L'accès facilité aux documents administratifs et l'accueil des services concernés n'expliquent pas à eux seuls l'augmentation constante des demandes de consultation des dossiers. Elle coïncide avec la quête scientifique de la vérité formelle, valable pour tous, dans tous les domaines. La vulgarisation psychologique va aussi dans ce sens. « Racontez une fois pour toute à cette personne son passé, qu'elle sache enfin à quoi s'en tenir ! » semble dire le discours ambiant. Nombre de ces démarches sont encouragées, suggérées par des thérapeutes. Nul doute qu'ils n'en attendent une amélioration, et dans la réflexion qui s'ensuivra une rectification de la position de leur patient, dans sa façon de prendre les choses qui lui arrivent. Selon le déroulement des consultations de dossier le sujet fermera sa question ou bien la creusera davantage. L'entrevue amorcera un travail à poursuivre. Il pourra rencontrer cette fois-ci non pas quelqu'un qui en connaît plus que lui sur ses antécédents, mais quelqu'un auquel il suppose un savoir grâce à quoi il cernera au plus près sa vérité par la parole.

La quête d'informations, si légitime et indispensable qu'elle soit à un moment de la vie, traduit un appétit de « vérité historique ». Mais l'origine, point autour duquel s'ordonnent les coordonnées de l'histoire, ne peut être retrouvée en tant que telle. En revanche, remonter aux origines entretient l'espoii de rapporter la cause de ce qui ne va pas à l'extérieur à la famille d'origine, à « la DASS », à un autre. Dans les explications étayées par des significations qui paraissent aller de soi, du style : « C'est parce qu'il a manqué de câlins qu'il ne s'endort jamais seul » ou « Adopté, il a souffert de l'abandon », les explications causalistes assimilent cause et origine. L'amalgame est tentant du fait de l'impact imaginaire de l'abandonné-adoptable sur chacun. Les récits et fantasmes qui mettent en scène l'angoisse d'être lâché par qui on aime ou de perdre ceux qu'on aime émeuvent et semblent s'adresser à tout un chacun.

Pourquoi faire de l'adoption toute une histoire ? À la place de l'adopté ? Pourquoi faire de ces enfants une catégorie à part, entériner une sorte de ségrégation ?

4. Adopté : traumatisé ?

Pourquoi toujours supposer une souffrance à l'enfant abandonné ? Si ce n'est par identification rétrospective. Il a pu comprendre très tôt que sa mère ne pourrait pas l'élever et s'organiser avec cette perspective. Cela ne signifie pas qu'il ne pourra aimer ses parents adoptifs.Comme en témoignait une mère : « Je pensais que j'aurais besoin de la protéger tout le temps, c'est pas ça du tout. » Ils seront déroutés, les parents qui découvrent un enfant moins craintif qu'ils ne l'imaginaient, solide, s'affirmant, aux antipodes de la victime passive et souffreteuse de leur représentation inspirée par la malheureuse Cosette des *Misérables.*

Magda avait trois ans lorsque Gilles et Élise la rencontrèrent en Pologne. Elle vivait dans une institution religieuse. À deux ans ses parents l'hospitalisèrent et ne revinrent que pour dire qu'ils renonçaient à tous leurs droits sur elle. Elle fut alors confiée à une famille d'accueil avec laquelle ses parents adoptifs, grâce à un interprète, purent parler d'elle. Il a fallu plusieurs jours avant que cède une terreur qui la laissait immobile contre son lit à les dévisager sans rien dire. Plusieurs mois s'écoulèrent avant que ne disparaissent ses « grands coups de cafard » : elle restait dans un coin, suçant son pouce, le regard vide. Depuis, elle a retrouvé la gaieté et le dynamisme décrits dont elle faisait preuve durant son séjour à l'orphelinat : « C'est une enfant sensationnelle et très curieuse de tout. »

« Tout se joue *in utero,* tout se joue avant cinq ans, j'y crois sans y croire », disait une mère dénonçant les interprétations à tout faire. Elle se demandait pourquoi, forcément, avant elle, l'enfant aurait été mal aimé, maltraité. Cette suspicion ne permettrait-elle pas d'imaginer que sans leur rencontre il aurait eu une vie dramatique, n'aurait pas survécu ? Plus il aura manqué de soins, de nourriture, d'affection, plus les parents adoptifs seront confortés dans l'idée qu'ils lui sont indispensables : plus il aura souffert, plus on l'aimera. La culpabilité, dont parlait Freud, entretenue par la morale chrétienne, incite à soustraire un plus petit que soi aux difficultés qu'il ne pourrait affronter seul. La période antérieure, supposée plus ou moins désastreuse, tiendra une place importante. D'autant que chacun s'attache à trouver des motifs rationnels à la transplantation imposée à l'enfant. Il faut absolument légitimer son déracinement. Sans vouloir gommer le passé dont beaucoup d'éléments sont ignorés, sans amplifier à l'excès l'impact de l'avant, il faut parvenir à lui laisser une place et, comme le disait un père, « prendre le train en marche ». Les observations décrivant les symptômes de ce qu'on nomme « hospitalisme » sont suffisamment connues : les séjours prolongés dans des conditions de vie déshumanisantes entraînent des replis sur soi, modes de survie. Ainsi que les parents en témoignent, la récupération est quelquefois spectaculaire, quelquefois progressive et parfois minime. Personne ne peut faire de pronostic d'avance, les capacités d'adaptation et de désir sont aussi variées que la personne humaine. Nul doute que la manière dont l'enfant aura pu être préparé joue un rôle, même si le décalage entre ce qui sera expliqué et ce qu'il intégrera est imprévisible. S'il est haïtien, lui aura-t-on dit que ses parents n'auront pas la peau noire ? Imaginera-t-il à l'inverse que sa peau va blanchir en la frottant à la pierre ponce ?

La réalité fonderait le postulat selon lequel les adoptés seraient différents des autres, comme si la raison de leur situation était liée à ce qu'ils sont et comme si le premier lien devait servir de cause à tout faire, évitant les questions plus actuelles. À l'extrême, l'adoption en soi pourrait servir d'alibi aussi bien aux adoptants qu'aux adoptés quoi qu'il arrive. À l'instar de ces enfants qui justifient leur désinvestissement scolaire prolongé par une réponse qui clôt toute interrogation sur leur propre désir : « Je ne travaille plus en classe parce que mes parents ont divorcé. » Ce qui ne va pas viendrait-il toujours et seulement d'ailleurs ?

L'idée d'un ou de traumatismes est séduisante quoique simpliste. Cette loi de cause à effet instaure l'idée d'une continuité entre les phénomènes et suppose que les mêmes causes, quel que soit l'individu, produisent les mêmes effets. La première définition du traumatisme, celle d'une trace laissée sur un corps par un autre à l'issue d'un contact, est médicale. La cause identifiée doit être bien concrète, les événements qui entourent la petite enfance des pupilles du monde entier sont une explication toute trouvée à ce qui, ensuite, ne va pas. Le désarroi à certains moments, en particulier à l'adolescence, incite à chercher une issue dans toutes les directions et pourquoi pas du côté d'un dossier quand il en existe un. Le risque de forçage ne saurait être sous-estimé, lorsque tiré, poussé par ses parents, comme c'est classiquement le cas à cet âge, le jeune est incité fortement à aller trouver ailleurs que chez lui la cause de ses tourments, du côté de sa famille naturelle, via le dossier. Ne pourrait-on y percevoir une forme modernisée du vieux fantôme de l'hérédité ? Elle ne serait plus tant physique que psychologique.

« Je suis venue voir à qui je ressemble » – à la fois dans les traits du visage et dans ceux du caractère, sans doute. Lucie ne connaît que trop, par cœur pourrait-on dire, les circonstances de son adoption : « Je comprends, je n'ai pas envie d'entendre. » Ne pas vouloir entendre ce que ses parents modernes lui racontèrent cent fois ? Ne pas en savoir éventuellement plus ? Rester dans une relative ignorance des détails concernant sa famille d'origine ? Ne pas croire que le dossier changera ses relations actuellement tendues avec sa famille ? Adoptée, elle savait l'être depuis toujours. Elle avait « grandi avec » mais comment ? D'une certaine manière en l'ignorant malgré toutes les informations dont elle dira avoir été abreuvée. Elle le savait mais n'avait pas assimilé ce que cela signifiait pour elle. Si étrange que cela paraisse, quand elle lisait quelque chose dans la presse à ce sujet, elle ne pensait pas du tout être dans ce cas. Jusqu'au jour où, dans un authentique souci de clarté, ses parents, tentant une ultime fois de mettre avec elle les choses au point, dirent : « Mais tu sais bien que nous ne sommes pas tes vrais parents. » La phrase, ce jour-là, résonna comme un « Tu n'es pas notre vraie fille » ; elle en déduisit : « Tu es notre fausse fille. » Elle ne se le représenta pas aussi clairement sur l'instant mais un profond malaise s'installa entre eux et elle.

Elle fit de cette donnée exacte, sans le vouloir délibérément, une fiction. Elle était leur « fausse fille » – cette formule disait quelque chose de sa vérité. Les parents auraient-ils dû dire les choses autrement ? Ce qui importe c'est ce que cette adolescente, intelligente et aimante vis-à-vis d'eux, entendit derrière ce qui s'était dit.

On prétend qu'abandonnés, ayant vécu une première rupture, ces enfants seraient traumatisés, auraient besoin de plus d'amour, régresseraient immanquablement, traverseraient des adolescences tumultueuses, etc. Les généralités de cet ordre sont réductrices : au nom de quel savoir affirmer que tous les adoptés sont perturbés ? Encore une fois on ne peut extrapoler à partir d'un cas particulier. « Adopté » ne saurait décrire un trait de caractère, une position dans la vie sociale, affective, scolaire ou sexuelle.

Précisons aussi que pour parler de rupture, de séparation au sens de l'éloignement de personnes chères, il faut que des liens se soient déjà tissés, ce qui n'est pas toujours le cas dans les situations en cause, en particulier quand les nourrissons vivent en collectivité.

D'un excès de secret à un excès de transparence chez les parents, d'un abusif « On ne peut rien vous dire » à un tout aussi abusif (car on ne le protège plus) « Un enfant a le droit de tout savoir » chez des administratifs qui craignent de se voir taxer d'abus de pouvoir, les positions nuancées sont difficiles à tenir.

Ce qui « cloche » dans une vie ne tient pas seulement aux événements de la vie, aux insuffisances des parents, aux erreurs de l'administration, cela tient au fait même de parler. Si bien que les choses se passent, il y aura toujours des « loupés », des incompréhensions, des méconnaissances. Essayer de repérer ces points, de faire la part des responsabilités et de l'irréductible permet de mieux le supporter.

Pour certains, l'étoile qui aura présidé à leur venue au monde sera particulièrement funeste et les événements qui auront suivi dramatiques. Ils pourront s'en servir pour expliquer, justifier ce qui leur arrivera ensuite par les insuffisances objectivées de leurs parents à y faire face. Là encore les mêmes causes ne produiront pas les mêmes effets : dans les familles adoptives comme dans les autres il y a des hauts et des bas, pour les parents et pour les enfants !

Lorsque légalement un état civil se substitue à un autre, les traces d'une première nomination disparaissent. Chaque enfant, selon ce qui lui en sera transmis, par qui et dans quelle relation de confiance, réaménagera son histoire individuelle en reprenant, dans son style, ces données à son compte : bribes, approximations, enjolivements, omissions. Finalement, ni un dossier même amélioré, ni la rencontre du pays natal ou des géniteurs, ni les commentaires des uns et des autres n'apporteront une réponse définitive à la question de l'existence. Peut-être l'enfant puisera-t-il là une reconnaissance, une légitimité à son désir de savoir. Parents et professionnels indiquent une orientation : « Il faut faire avec cela. » La mise en ordre chronologique de la chaîne du destin lui revient, nul ne peut dire le vrai sur le vrai, le fin mot de l'histoire, qu'il soit adopté ou pas. Il appartient à chacun de le supporter, de s'en faire une raison.

Il est tentant de réduire la question existentielle de l'adopté à celle de son origine, de sa préhistoire, de son histoire adoptive. Un enfant, quel qu'il soit, n'est pas déterminé uniquement par son histoire familiale. Il jaillit en lui un être radicalement nouveau et unique soutenu par le désir de l'homme et de la femme dont il est né, relayé par d'autres dans les cas qui nous occupent. À partir de là il comptera les coordonnées du hasard dont il se fera, avec la marge de liberté dont il dispose, un destin.

Parents et enfants par adoption ont à fondre leur histoire antérieure à la rencontre au fil des mots, de la filiation instaurée, des liens tissés. Ils composent peu à peu le lieu de leur origine, y naissant après coup, fondés chaque jour plus définitivement comme père, mère, enfant.

Lorsqu'un être humain voit le jour, la série de ses antécédents, les bafouillages de ses ancêtres, les secrets et histoires de famille sont les données de sa partition. Il sera une voix de plus dans la cacophonie du monde. Il ne connaît pas encore la chanson, la déchiffre à son rythme avec l'aide de ceux qui l'ont précédé. Le temps, la pluie, les larmes ont rendu des pages illisibles, d'autres sont arrachées, il devra deviner leur contenu en reconstituant les mouvements incomplets.

Plus qu'un autre l'adopté est soumis au hasard de la rencontre dont les circonstances et le mode auront des répercussions indéniables. Il est un enfant comme les autres. À sa première partition, une nouvelle s'est adjointe. Plus ou moins dominée par les harmoniques, non sans dissonances, avec des pauses, des bémols, des soupirs, des silences et des points d'orgue. Il l'interprétera dans les intervalles de la composition de ceux dont il aura porté le nom et parlé la langue.

Conclusion

Au nom d'un idéal de famille, d'un idéal de justice, s'exprime, à travers toutes les justifications et rationalisations évoquées, l'engouement contemporain pour l'enfant adopté. La place qui lui est attribuée apparaît comme symptomatique. L'appel au naturel (quoi de plus naturel que de lui apporter ainsi soins et tendresse) signale un appel au mythe du bonheur dans une représentation pastorale qui s'offre comme recours au malaise de la civilisation. La hiérarchie des filiations, étonnamment, s'inverse, favorisée sans doute par le développement des conceptions médicalement assistées avec donneur et par celui des diagnostics génétiques. La transmission héréditaire est dépréciée au profit d'une valeur ajoutée, apportée par l'inconnu qui entre ainsi, artificiellement, dans la lignée. La pratique du cas par cas fait valoir combien ce lien volontaire trouble ou bat en brèche la parenté commune.

L'appréhension de l'expérience de la mort est inséparable du don de la vie. Serait-ce une façon de l'éviter que de préférer la contraception à la conception lorsque le choix en duo ou en solo s'oriente vers l'adoption ? Y lirait-on aussi une crainte très contemporaine de l'avenir : le progrès technique et scientifique ne parvenant pas à dominer sur l'ensemble de la planète les perturbations qu'apportent à la vie en société les pulsions humaines d'autodestruction et d'agression ? Les futurs parents prouvent, s'il en était besoin, en laissant un autre homme, une autre femme transmettre la vie et la mort, alors qu'ils pourraient se reproduire, qu'ils sont moins heureux qu'ils ne le proclament et plus angoissés qu'il n'y paraît.

Dans l'adoption l'acte sexuel est disjoint de la procréation, dévolue à d'autres, et l'essence problématique de la paternité et de la maternité prend alors tout son relief de s'enraciner non pas dans la chair mais uniquement dans l'ordre du langage et de la nomination. La mère n'est pas la génitrice mais elle est inscrite d'emblée dans la filiation comme mère. La différence homme/femme s'estomperait-elle ? Elle confirmerait une tendance à l'uniformisation des sexes, que favorise le déclin de la représentation sociale du père. La différence homme/femme, gommée dans l'adoption, présente l'avantage aux yeux de certaines de les mettre sur le même pied d'égalité que le sexe mâle. La jouissance sexuelle est entrée dans la série des droits et l'enfant semble devenir, comme objet, la cause du désir des deux sexes. Il est au premier rang des biens qui s'offrent sans qu'intervienne la distinction anatomique. La disjonction jouissance sexuelle/amour/enfant joue pour tous. Chez les femmes qui élèvent ou adoptent seules leurs enfants se mesurent les répercussions du « tous pareils » au niveau de la réalité familiale et de la parenté. De l'unisexe le glissement s'amorce vers l'« uni-parent » ou « parent-unique ». Celui-ci imagine apporter à lui tout seul le bonheur : il rêve d'un lien parfait mère/enfant ou père/enfant qui le comblerait.

Parallèlement à ces remaniements de la civilisation, l'idéologie des droits de l'homme, des droits de l'enfant gagne du terrain. Il s'agit des idéaux d'une justice qui distribuerait la même chose à tous : nous aurions tous *droit à* et plus seulement *droit de.* La société, avec l'appui de la science, devrait garantir le bonheur des petits et des grands. Les sujets modernes revendiquent la liberté de leur choix comme leur bien le plus précieux : choix amoureux, sexuels, et d'accès à la parenté. Dans la série, tous devraient avoir droit aussi à un enfant adopté. Ce dernier est élevé à la dignité du pur choix, du choix par excellence, enfant de choix, de premier choix.

Désormais les femmes sont à même de se déterminer : se marier ou non, enfanter ou non, quand elles le veulent, selon leur bon vouloir. Cela les oblige « à décider non seulement d'avoir un enfant mais à assumer le choix du père, l'âge ou la stérilité restant seuls à introduire parfois un impossible. Les conjonctures du désir d'enfant ont changé et engendrent de nouveaux drames subjectifs et de nouveaux symptômes [1] », souligne la psychanalyste Colette Soler. La psychanalyse nous enseigne combien, en ce qui concerne le choix, l'inconscient laisse peu de liberté au sujet. Néanmoins, poursuit-elle, les femmes plus libres se font « plus que jamais juges et mesures du père. Ainsi se développe un discours de la responsabilité maternelle majorée jusqu'à l'emporter sur celle du père. […] Il élève à une puissance seconde la carence paternelle de notre civilisation, dans la mesure où il institue la femme-mère en position de sujet savoir de l'être du père [2] ». Il est frappant qu'un certain nombre de femmes qui adoptent seules, dissociant mariage et maternité, gardent le père comme objet d'amour et ne parviennent pas à concéder leur corps à un homme, dont elles craignent les défaillances paternelles.

Ainsi, le statut de la famille change et il y aura des effets subjectifs sur les enfants à venir, ceux de la science de l'adoption et les autres. Nous ne savons lesquels.

Avons-nous à prendre parti ? Il ne s'agit pas de défendre la place de l'homme, au nom d'un « Tout enfant a le droit d'avoir un père ». Il ne s'agit pas non plus de réduire le désir féminin à la maternité au nom d'un « Toute femme a le droit d'être mère ». Au-delà des trajectoires individuelles,

1. C. Soler, « Symptômes inédits », *Letterina*, bulletin de la Cause freudienne Normandie, 1996, n° 13, p. 44.

2. *Ibid.*, p. 45.

de la façon propre à chacun de faire avec son désir, de la singularité de chaque demande d'agrément, se découvre une question plus générale. Pourquoi, en cette fin de siècle, l'adoption donne-t-elle consistance au rêve d'un idéal social universel ? Elle est une réponse singulière à l'état de la civilisation, un espoir de bonheur pour l'enfant et pour soi. Cet espoir n'est-il pas d'autant plus fort que, malgré la libéralisation des mœurs, du sexe, « le bonheur c'est toujours pour demain », comme le chante Pierre Perret ? Alors le désir de « réaliser l'idéal humanitaire » rallie les générosités de tous bords, dans une sorte de nouvelle croisade pour délivrer les enfants de toutes les exploitations par le biais de l'adoption. La valorisation individuelle et sociale dont elle est devenue l'objet est inspirée par les tourments d'un trop de bonheur insupportable en face d'un trop de malheur injuste. Et l'adoption sert d'argument pour étayer l'espoir d'un monde meilleur où, comme dans la chanson : « Quand les hommes vivront d'amour, il n'y aura plus de misère. »

C'est pourquoi certains, indépendamment de toute stérilité, s'obligent à parcourir le monde pour sauver un enfant. La conscience morale est d'autant plus sévère et d'autant plus méfiante que le sujet s'efforce d'être vertueux. La conscience est exigeante et vigilante. Impérative, elle est sans pitié, hypermorale. La civilisation y participe en régulant l'agressivité individuelle et en renforçant la culpabilité. Il faut entendre par civilisation l'ensemble des règles et lois qui, en nous éloignant de l'état d'animal, régit nos institutions dans un double objectif : protéger l'homme contre la nature et organiser les relations humaines. La civilisation qui relie les hommes entre eux par le lien social n'est pourtant pas dispensatrice du bonheur qu'on attend d'elle.

Ces données mises en évidence à travers les demandes d'adoption sont nouvelles mais Freud, en 1929, donnait les coordonnées du malaise inhérent à la civilisation. Les êtres humains ne recherchent pas uniquement le plaisir, l'équilibre, l'harmonie. Les hommes voudraient être heureux pour toujours. Ils essaient d'éviter la douleur et les privations de joie et en même temps ils recherchent des jouissances et des sensations fortes. Malgré la quête de plaisir et parallèlement à elle, Freud décelait ce qu'il a appelé la « pulsion de mort » qui oriente vers la souffrance et la destruction, que ce soit par l'agressivité et la violence envers soi-même ou envers les autres. Il démontrait que le cœur de l'homme n'est pas autant assoiffé d'amour qu'on voudrait le croire, qu'il éprouve aussi la tentation de s'en prendre à son prochain : il l'humilie, l'exploite, en abuse, s'approprie ses biens, lui inflige des souffrances qui peuvent aller jusqu'à le faire disparaître. C'est ce qu'enseigne l'expérience de la vie. Tous les sujets souffrent de ce qu'il appelait la libido, autrement dit le désir plus l'appétit de satisfaction, et il faisait valoir combien le rapport à la satisfaction est difficile, bien que la société s'efforce de s'organiser afin de la rendre accessible à tous.

Il semble que l'enfant adoptable se prête spécialement bien à la satisfaction du désir : le désir de materner de la femme stérile, le désir de descendance de l'homme sans progéniture, le désir de famille des personnes isolées, le désir de partage des familles nombreuses, le désir de nouveauté des blasés du vieux continent, le désir de pérennité d'un lien enfin irrévocable.

La particularité de l'enfant vient de ce qu'il est créé, il est un être-objet, mis au monde. Lorsque, du fait de la science et de l'adoption, il entre dans la série des objets que le capitalisme met à la disposition pour en profiter, ne voyons-nous pas les conséquences d'« un certain effondrement de la sagesse [1] » ? On voudrait même se dispenser du

1. J. Lacan, *Écrits, op. cit.*, p. 374.

temps qu'il faut pour fabriquer un homme ! L'univers industriel et scientifique produit des objets mis à disposition moyennant finances pour causer notre désir. « On nous inflige des désirs qui nous affligent », chante Alain Souchon, on leurre ainsi « la foule sentimentale ». La foule sentimentale s'engouffre aussi dans les filières qui réduisent l'enfant à l'état d'objet mercantile. Le malaise suscité par ce système où tout s'achète et se consomme s'amplifie quand il s'empare des enfants, capitalisés.

Les débats de société autour de la bioéthique, du droit de recourir à la médecine de la procréation pour « convenance personnelle », d'un prétendu droit à l'adoption entraînent une assimilation de l'enfant à un bien désirable et une sorte de promotion de l'adopté, surestimé. Les désirs se transforment en droits en s'appuyant sur une idéologie de la liberté : droit à l'enfant, droit à l'enfant adopté. Et les instances de décision, autorité administrative qui délivre l'agrément et autorité judiciaire qui prononce le jugement, sont confrontées à des impasses. Lors des débats préparant le vote de la loi du 5 juillet 1996, Jean-François Mattei mettait, à ce propos, en garde en ces termes : « Il faut se préserver de la tentation de transformer l'enfant en objet par une dérive du droit à l'enfant et des comportements qui confèrent à l'enfant des propriétés communes aux choses dont on décide quand, comment et dans quelles conditions on les acquiert [...]. Une société n'a de valeur que celle que l'homme s'accorde à lui-même et d'abord au plus petit et au plus fragile, l'enfant [1]. »

Le recours à l'adoption est très directement une conséquence de la science : que ce soit à propos des techniques médicales de lutte contre la stérilité, à propos de l'usage de la contraception, à propos de la quête de l'enfant

1. J.-F. Mattei, *JO*, 30 mai 1996.

parfait, à propos d'Internet. Bientôt elle saura fabriquer des enfants sur commande.

Poursuivons dans ce registre au risque de heurter les sensibilités. En attendant, pour des raisons de rupture de stock en Europe, la plupart des transactions ont lieu à l'étranger. Moyennant quelques estampilles, normes françaises d'agrément pour l'acquéreur, les autorités délivrent les autorisations nécessaires. Le bien acquis est à emporter, il existe fort peu de livraisons à domicile et pas de bon de garantie, donc pas de service après-vente. Des usagers expérimentés sont à disposition bénévolement pour les grands débutants. La formation, en réalité, s'effectue sur le tas, et donne tout compte fait de bons résultats. Si des défauts de fabrication se révélaient à l'usage, les autorités compétentes déclinent toute responsabilité. Il faudra faire face avec les moyens du bord, ne pas hésiter à recourir aux remèdes de bonne femme et aux savoir-faire d'anciens usagers et même d'usagers chevronnés. Ne crions pas au scandale car cette manière de voir les choses n'est que l'envers des bonnes intentions qui soutiennent ces démarches.

Dans le même temps, cette part de l'humanité adoptante n'est plus soumise à la reproduction de l'espèce. La situation d'ensemble créée par la science constitue la toile de fond de ces demandes dont aujourd'hui la moitié émane de couples ou de célibataires déjà parents. Ces derniers se répartissent à peu près également entre foyers adoptifs et foyers ayant eu des enfants « par les voies naturelles ». Par là même le visage de l'adoption a changé. Cette orientation s'accentue. Du fait du système économique mondial, l'écart se creuse entre la minorité qui profite des avantages du développement et de la culture, et la majorité qui en est privée. La fin, les sortir de la misère, justifie-t-elle n'importe quels moyens ? L'exploitation de la valeur marchande des enfants à des fins d'adoption n'est pas sans soulever une question éthique de plus. Miroir grossissant des mouvements qui traversent nos sociétés, l'universalisation de l'adoption conjugue deux tendances inhérentes au développement individuel : « L'aspiration au bonheur que nous appelons généralement "égoïsme" et l'aspiration à l'union avec les autres membres de la communauté que nous qualifions d'"altruisme" [1]. »

Face à ce contexte s'élève une protestation humaniste. La notion d'« adoption humanitaire » renvoie à celle d'« intervention humanitaire », nous proposons de la rebaptiser « assistance humanitaire adoptive ». Ces actions peuvent être conduites dans un souci de prévention afin de protéger la vie et la santé des enfants sur toute la planète. Peut-on se référer à l'enfant universalisable ? Au nom des vraies valeurs, au nom du beau geste, au nom du bien à faire, du bonheur à partager. Une goutte d'eau dans la mer, mais une goutte quand même pour apaiser, supprimer la souffrance dont l'origine est sociale. Un enfant souffre de carences, d'abus, d'exploitation, sauvons-le, il profitera des objets que la science met à notre disposition. « Sa famille adoptive sera sa famille intégrale », il sera protégé, aimé autant sinon plus que les autres. Plus tard, s'il le souhaite, il sera accompagné et rendra visite à sa première famille. Personne ne le retiendra s'il veut mettre ses forces au service de son pays natal. Sans « l'adoption, base de ce que devrait être l'humanité », il ne serait plus là. Il s'agit d'« une justice humanitaire » et d'« une démarche sociale pour donner de l'amour » dans laquelle prédominent le sentiment d'universalité et le rêve d'un ordre social universel.

D'un extrême à l'autre, le malaise s'exprime différemment, mais il est bien là : chosification de l'enfant, idéalisation de l'amour pour lui. Il est constitué de ce paradoxe : la réification du semblable, qui côtoie l'amour du prochain.

---

1. S. Freud, *Malaise dans la civilisation*, *op. cit.*, p. 101.

Cette insidieuse forme de barbarie s'insinue au cœur des démarches les plus idéalistes tandis que l'époque est à la défense de l'enfant et à la promotion de ses droits, d'autant plus qu'ils sont bafoués. Le mal-être individuel se collectivise. Que vient faire le psychanalyste dans cette galère ? Il ne peut s'abstraire du contexte historique, social et juridique dans lequel s'élabore, avec sa collaboration, la solution singulière de chacun concernant son rapport à la parenté, aux générations passées et à venir.

Adoption, société, psychanalyse : l'adoption est devenue un problème social, politique et moral, comme les autres, à l'échelle du globe. Les rappels à l'ordre collectif par les instances nationales et internationales sont d'actualité. Le législateur se préoccupe au plan national et international de signifier les devoirs, les obligations, les délits. Il ne ménage pas ses efforts pour imposer une orientation là où le bât blesse, où il y a dérive, pour soutenir la civilisation quand elle donne des signes de faiblesse. On pourrait y voir la manifestation d'un impératif internationalisé. Il élabore des idéaux collectifs et pose des exigences. Lorsqu'il s'agit des relations entre nos semblables on emploie le terme d'éthique. « De tout temps, l'on a attaché la plus grande valeur à cette dite éthique, comme si on attendait d'elle qu'elle dût accomplir de grandes choses. Elle s'attaque en effet, il est aisé de s'en rendre compte, au point le plus faible de toute civilisation [1] », écrivait Freud. Que convient-il de voir dans cette éthique ? Des tentatives pour obtenir, non sans efforts, ce que jusque-là la société n'a pu obtenir par d'autres moyens. Cette tentative de thérapeutique entérine le malaise, l'incarne. La civilisation est paradoxale : elle est à la fois la cause du malaise et le seul traitement au malaise

1. S. Freud, *op.cit*, p. 103.

collectif. L'usage de la filiation qui nous intéresse est paradoxal : il est à la fois la conséquence d'un mal de vivre individuel et la cause d'un malaise dans l'adoption qui se présente comme une des réponses altruistes à la misère sociale mondialisée.

Dans l'« adopte-qui-peut » de cette fin de siècle trois effets prédominent dont la convergence amplifie l'importance du phénomène : un effet de la science qui recule les limites de tous ordres – un enfant adopté quand je veux, avec qui je veux, de l'âge et de la couleur que je veux ; un effet du capitalisme déchaîné qui s'empare de ce marché planétaire ; un effet du malentendu entre les sexes qui trouve ainsi une issue partielle, dans la présence aux côtés du sujet moderne d'un enfant qui, faute de partenaire, l'accompagnera dans la vie.

Les nouvelles possibilités offertes par la science ont des conséquences sur l'idée de bonheur. La société se devrait de répondre aux aspirations qui l'associent à la présence d'un enfant. À cette fin, elle interroge des spécialistes des sciences humaines qui sont appelés à se mettre au service des biens et du bien pour l'enfant. Il nous semble que la légitimité de leur intervention tient à la prise en compte de la singularité dans chaque demande et au refus d'entériner des critères qui ne pourraient être que normatifs et idéologiques. Y aurait-il un « savoir-adopter » ? Certainement pas. La liste des qualités, humaines forcément, requises pour être parents demeure introuvable. Le ciel nous garde d'élaborations de grilles de critères technocratiques et pseudo-scientifiques en ce domaine ! Fuyons comme la peste le profil type, l'appariement comportementaliste parents/enfants qui supposerait fiables les ingrédients mesurables de la réussite. La société s'entoure d'un minimum de précautions, elle veille à travers diverses instances à ce que la santé, la sécurité et la moralité soient assurées aux enfants dans leurs foyers adoptifs. La sympathie dont les pouvoirs publics entourent l'entrée en France d'enfants étrangers cristallise un malaise. Ils témoignent de souplesse dans la délivrance des visas. D'autre part, autour de la récente loi, il a été débattu d'un article, finalement rejeté, qui aurait permis de prononcer l'adoption d'enfants originaires de pays n'autorisant pas l'adoption, voire entrés illégalement en France. Le législateur périodiquement se penche donc avec gravité sur ses textes, luttant pour alléger notre humaine condition. Il vise à remédier à l'insuffisance de la protection et des bienfaits que devraient nous dispenser nos institutions afin de nous préserver de la souffrance au sein de la famille, aussi bien que de l'État et de la société.

Au cours des entretiens qui visent à la délivrance de l'agrément, très en aval de la réalisation du projet, les enjeux ne sont qu'entr'aperçus. L'accord est de principe : aucune contre-indication sociale, éducative, psychologique n'a été décelée. Il resterait à approfondir, durant une période variable, le projet en tenant compte des attentes et des propositions afin qu'il se concrétise et soit aussi cohérent que possible. Ce devrait être la tâche des organismes agréés. Il ne saurait exister de mesure universelle de la capacité adoptive (ni côté parents ni côté enfants), mais il serait bien souvent nécessaire de poursuivre les entretiens afin de cerner davantage avec chacun les limites qu'il se donne.

Ne devrait-on pas prévenir les difficultés, voire les échecs de l'adoption ? Car obtenir enfin cet enfant et être heureux n'est pas un vœu qui s'exauce automatiquement. Il arrive que sa possession, sa présence augmentent l'insatisfaction. contre qui se retourner ? La commission d'agrément, le conseil de famille, l'œuvre, l'intermédiaire, le partenaire, soi-même, l'enfant ? La déception à la mesure des espérances terrasse. Ce forçage du destin tant voulu déclenche, quand il ne répond pas assez aux attentes, des positions tranchées du côté des enfants aussi bien que des adultes. Les réussites comme les ratages gardent une part d'inexplicable. La violence s'exerce contre soi-même ou contre l'enfant, et ce sont les récits dramatiques d'adoptions manquées. Quand les choses se passent mal, elles se passent souvent très mal, d'autant plus qu'il y a, du fait même du jugement irrévocable, un point de non-retour. Les conflits parents/enfants ne datent pas d'hier et des relais de tous ordres s'aménagent. Là encore, les généralisations seraient réductrices, et le constat d'une vie impossible à partager ne se fait pas sans déchirement de part et d'autre. contrairement à ce qui se passait autrefois, il n'y a plus ou pas assez de périodes probatoires. C'est tout, tout de suite et pour la vie : avec des nouveau-nés, admettons que la nature soit imitée ; avec des plus grands, commencer par une adoption simple, transformée ensuite en adoption plénière, laisserait une ouverture et éviterait des drames. Les étapes que propose notre législation ne sont guère utilisées, les futurs parents craignent-ils d'être critiqués pour leur frilosité ? Ils s'engagent totalement, et ne voulant pas que l'enfant se sente adopté à l'essai, ils récusent l'adoption simple. Elle représente pourtant un engagement conséquent.

L'adoption n'est plus réservée à la catégorie des couples stériles et l'aura d'exception qui l'accompagne conserve un impact non négligeable. Le souhait d'adopter est-il adéquat à l'objet ? C'est une des fonctions des entretiens que de répondre à cette interrogation. La responsabilité de poser les actes qui concrétiseront ce projet ou le garderont inachevé revient aux candidats. Mais les professionnels ont à donner leur avis, à se prononcer. Nous nous trouvons devant des rêves, devant des faits, devant des lois, devant un futur, devant des familles « qui viendront peut-être nous poser la seule question vraie sans réponse vraie : “De quel droit avez-vous fait cela ?" [1] », écrivait Catherine Labrusse-Riou.

Finalement ce n'est qu'après coup que les enfants de demain, de la science et de l'adoption, comme ceux de la tradition d'ailleurs, disent quelque chose de leur père et mère, et quand ils s'expriment, toute la palette des positions s'y déploie. Aucune généralité ne peut s'en déduire et c'est tant mieux. Les ineffables enthousiasmes se juxtaposent aux déceptions les plus amères.

Adopter au nom de la volonté, au nom du droit, au nom de l'esthétique, au nom de l'amour, au nom du bien, autant de déclinaisons de la quête du bonheur. L'adoption est imaginée, recherchée comme une solution non seulement auxiliaire, mais auxiliaire à tout faire, consolation « à tout va », un alibi fabuleux face au « désamour », au démariage, aux désenchantements de l'existence qui n'a rien d'un conte de fées. Comment remettre les choses à leur juste place ? Peut-être en considérant, comme cette jeune femme adoptée enfant, future adoptante, que « l'adoption ce n'est ni honteux, ni glorieux, ni affreux, ni super, c'est comme ça » ; et elle ajoutait : « Le meilleur secret c'est que ce soit clair. »

Il reste beaucoup à inventer pour qui souhaite que tout enfant de tout pays, dès que possible, puisse trouver soins, affection, éducation, sur sa terre natale ou d'adoption. Cela honorerait l'humanité et préserverait l'homme. Comment ne pas souscrire à ces propos de Lamartine et le rejoindre quand il affirme que « l'enfant recueilli, adopté, élevé,

1. J. Foyer et C. Labrusse-Riou, *L'Adoption d'enfants étrangers*, avant-propos, Paris, Économica, coll. Famille, droit et société, 1986.

incorporé dans la famille et dans la population, devient un homme de plus, un serviteur, un citoyen utile, un titre de gloire et une force pour la nation [1] ».

1. R. David, *Lamartine, la politique et l'histoire*, Paris, Imprimerie nationale, 1993, p. 272.

Bibliographie

Adoption

Autrement, 1988, n° 96 (sous la dir. de Brigitte Trillat), *Abandon. Adoption, liens du sang, liens d'amour.*

Azoulai Minou et Damiens Maryse, « Comment adopter un enfant », *Enfant magazine*, Nathan, 1992.

Croissance des jeunes nations, hors-série n° 4, *Adoption, ces enfants venus d'ailleurs.*

Dialogues, n° 133, *L'Adoption, une nouvelle naissance*, 1996.

Galaïnena Mirentchu, *L'Adoption, voyage au bout d'un désir*, La Découverte, 1988.

Robert Alberte, *L'Adoption et après ?*, Ergo-Press, 1989.

Terre des hommes, *Un peuple né de l'ombre : l'adoption en terre des hommes,* Terre des hommes, 1979.

Terre des hommes France, *Enquête sur l'adoption internationale*, 1995.

Verdier Pierre et Duboc Martine, *Face au secret des origines. Le droit d'accès au dossier des enfants abandonnés*, Dunod, Pratiques sociales, 1996.

Vigouroux François, *Le Secret de famille*, PUF, Perspectives critiques, 1993.

Droit

CNAF, *Le Nom de l'enfant et le droit. Représentations et pratiques de la parenté,* Espaces et familles, 1992.

Hauser Jean, *L'Adoption à tout faire*, Dalloz, 1987.

L'Adoption internationale, Actes du colloque organisé par l'association Louis Chatin à la Cour de cassation, Paris, 2-3 décembre 1994.

Labrusse-Riou Catherine, « Ombres et lumières des lois », *Autrement*, 1991, n° 120, *Le Défi bioéthique.*

Legendre Pierre, *Leçons IV. Le dossier occidental de la parenté*, Fayard, 1988.

Legendre Pierre, *Leçons VI. Les enfants du texte. La fonction parentale de l'État*, Fayard, 1988.

Murat Pierre, « Le droit face au désir d'enfant », *Informations sociales*, 1991, n° 12, *Enfants désirés, enfants demandés.*

Poisson-Drocourt Élisabeth, « L'adoption internationale », *Revue critique de droit internationnal privé*, oct.-déc. 1987, n° 76 (4).

Rubellin-Devichi Jacqueline, « Le droit de l'enfant face au droit à l'enfant et les PMA », *Revue trimestrielle de droit civil*, 1988.

Rubellin-Devichi Jacqueline, *Réflexions pour une indispensable réforme de l'adoption*, Dalloz, 1991, p. 209.

Sturlèse Bernard, *L'Adoption d'enfants étrangers : réalités et perspectives juridiques*, *Gazette du Palet*, 10-11 novembre 1989.

Thiffry S., « Le conseil de famille des pupilles, sa place essentielle en matière d'adoption », *Annales de pédiatrie*, vol. 36, 1989, n° 3.

Ethnologie, histoire, sociologie

Ariès Philippe, *L'Enfant et la vie familiale sous l'Ancien Régime*, Seuil, Points, 1975.

Bologne Jean-Claude, *La Naissance interdite. Stérilité, avortement, contraception au Moyen Âge*, Olivier Orban, 1988.

Boswell John, *Unions du même sexe*, Fayard, 1996.
Burguière A., Klapish-Zuber C., Segalen M. et Zonabend F. (sous la dir. de), *Histoire de la famille*, Armand Colin, 1986.
Cent ans d'action et de réflexion en faveur de l'enfance, Union française pour le sauvetage de l'enfance, ouvrage réalisé pour le centenaire de l'association, 1988.
Corbillon M., Assailly J.-P. et Duyme M., *L'Enfant placé : de l'assistance publique à l'aide sociale à l'enfance*, Documents Affaires sociales, ministère de la Solidarité et de la Protection sociale, 1988.
Moro Marie-Rose (sous la dir. de), *La Pensée sauvage*, 1989, n° 12, " *L'enfant exposé.* ".
Propp Vladimir, *Morphologie du conte*, Seuil, Points, 1970.
Roussel Louis, *La Famille incertaine*, Odile Jacob, 1989.

Psychiatrie, psychologie

Briole G., Lebigot F., Lafont B., Favre J.-D. et Vallet D., *Le Traumatisme psychique : rencontre et devenir*, publié par le congrès de psychiatrie et de neurologie de langue française, Toulouse, Masson, 1994.
Daubigny Corinne, *Les Origines en héritage*, Syros, 1994.
Duboc Martine, « L'accompagnement des projets d'adoption, éléments de compréhension des candidats à l'adoption », *Journal de pédiatrie et de puériculture*, 1992, n° 1.
Duboc Martine, « Les parents adoptifs », *Revue de pédiatrie et de puériculture*, 1992, n° 2.
Dumaret A., Duyme M. et Tomkiewicz S., « Enfants carencés placés après quatre ans en familles adoptives avec un QI inférieur à la moyenne : étude des facteurs de vulnérabilité », *Neuropsychiatrie de l'enfance*, juillet 1991, n° 7.
Guyotat Jean, *Mort, naissance et filiation*, Masson, 1980.

Hayez Jean-Yves (sous la dir. de), *Un jour l'adoption*, Fleurus, 1988.

Larabi Noura, *La Question de l'adoption par des couples de concubins, à propos de la filiation unique et du « parent » non inscrit*, mémoire de DESS, Université Pierre-Mendès-France, Grenoble, 1993.

Launay Clément, Soulé M. et Veil S., *L'Adoption, données médicales, psychologiques et sociales*, ESF, 1978.

Loutre du Pasquier Nathalie, *Le Devenir d'enfants abandonnés*, PUF, 1981.

Marcelli A., Dubœuf Cl., Launay Cl. et Lebat M., « Rôle du médecin dans l'adoption sans frontières », *Bulletin de l'Ordre des médecins*, décembre 1987, n° 11.

Neuropsychiatrie de l'enfance et de l'adolescence : les enjeux de l'adoption, oct.-nov. 1995, n° 10-11.

Noël Janine et Soulé Michel, « L'adoption », in *Traité de psychiatrie de l'enfant et de l'adolescent*, t. III, PUF, 1985.

Noël Janine, « Aspects psychologiques de l'adoption des enfants étrangers », *Revue de pédiatrie*, août-septembre 1985, n° 7.

Noël Janine, « Que dire à un enfant qui se préoccupe de son origine ? », in *Origines, identités, destinées* (sous la dir. de Soulé M. et Golse B.), ESF, 1996.

Ozoux-Teffaine Ombline, *Adoption tardive, une autre naissance*, Stock, Laurence Pernoud, 1987.

Perspectives psychiatriques, 1988, n° 11/1, *De la nourrice à l'assistante maternelle.*

Plenchette Claudine, *L'Évolution des candidatures adoption, proposition d'un dispositif départemental*, AFORA, 1987.

Poussin Gérard et Sayn Isabelle, *Un seul parent dans la famille. Approche juridique et psychologique de la famille monoparentale*, Païdos/ Centurion, 1990.

Rioux Alain, « Adoption et mythologie », *La Lettre de l'ASE*, 1996, n° 34.

Verdier Pierre et Soulé Michel, *Le Secret sur les origines. Problèmes psychologiques, légaux, administratifs*, ESF, 1986.

Psychanalyse

André Serge, *Que veut une femme ?*, Seuil, Points, 1995.
André Serge, *L'Imposture perverse*, Seuil, Champ freudien, 1993.
Brousse Marie-Hélène, « Le fantasme de la femme dans la prime éducation au XIXe siècle », *Ornicar*, revue du Champ freudien, 1981, n°s 22-23.
Brousse Marie-Hélène, *La Relation mère-enfant, ses enjeux dans la psychanalyse post-freudienne*, thèse de doctorat de psychanalyse, Paris VIII, 1991, inédite.
Brunin Jean-Pierre, « Adoption et sélection », in *L'Enfant et la famille*, *Les feuillets du Courtil*, publication du Champ freudien en Belgique, n° 5, septembre 1992.
Bruno Pierre, « L'incertitude toujours du père », in *L'Enfant, la vérité et le roman familial*, Série de la Découverte française, vol. VII, supplément au n° 26 de la revue *Pas Tant*, 1991.
Cottet Serge, « Freud et le père », in *Le Père*, Denoël, L'espace analytique, 1989.
Cottet Serge, « L'éthique analytique et le malaise du désir », *Ornicar*, revue du Champ freudien, 1981, n° 24.
Deutsch Hélène, « Les mères adoptives », in *La Psychologie des femmes*, PUF, Quadrige, 1987.
Dolto Françoise, « Réflexions sur l'adoption », in *Les Chemins de l'éducation*, Articles et conférences, vol. 2, Gallimard, 1994.
Dolto Françoise, « Le non-dit des origines. Questions à F. Dolto », in *Origines. D'où viens-tu ? Qui es tu ?*, Stock, 1985.
Freud Sigmund, plus particulièrement :

Études sur l'hystérie, PUF, 1967.

La Féminité in *Nouvelles conférences d'introduction à la psychanalyse*, Gallimard, Folio, 1989.

L'Homme Moïse et la religion monothéiste, Gallimard, 1986.

L'Inquiétante Étrangeté, Gallimard, Folio, 1985.

Totem et tabou, Petite bibliothèque Payot, 1973.

Trois Essais sur la théorie de la sexualité, Gallimard, Idées, 1975.

Hamon Marie-Christine, *Féminité mascarade*, Seuil, Champ freudien, 1994.

Koehler Françoise, *Filiation et transmission*, Actes de la journée-rencontre *Les Lieux d'accueil parents-enfants : « un lien dans la cité »*, CEREDA Petite Enfance, 1991.

L'Amour du prochain, Journées de formation, Cahiers de l'ANPASE, coll. Le psychologue, 1992.

Lacan Jacques, plus particulièrement :

« Le mythe individuel du névrosé, ou poésie et vérité dans la névrose », *Ornicar*, 1979, n°s 17-18.

« Propos directifs pour un congrès sur la sexualité féminine », in *Écrits*, Seuil, 1966.

« Deux notes sur l'enfant », *Ornicar*, 1986, n° 37.

Le Séminaire, Livre IV, *La Relation d'objet*, Seuil, 1994.

Le Séminaire, Livre VII, *L'Éthique de la psychanalyse*, Seuil, 1986.

Le Séminaire, Livre XVII, *L'Envers de la psychanalyse*, Seuil, 1991.

Le Séminaire, Livre XXII, *R.S.I.*, in *Ornicar*, 1975, n° 3.

Laurent Éric, « L'effet-mère », in *Un nouveau symptôme de la femme ?*, L'Âne, 1981, n° 2.

Laurent Éric, « Le père pour tous ? », in *Letterina*, bulletin de l'Association de la Cause freudienne Normandie, n° 11, juin 1995.

Laurent Éric, « État, société, psychanalyse », *La Cause freudienne*, Navarin/Seuil, février 1995, n° 29.

Laurent Éric, « Psychanalyse et science : le vide du sujet et l'excès des objets », *Quarto*, revue de l'École de la Cause freudienne-ACF en Belgique, n° 56.

L'Étranger est au cœur du sujet, bibliothèque confluents, Bulletin de l'ACF-IDF, novembre 1995.

Miller Jacques-Alain, *Extimité*, cours 1985-1986, inédit.

Miller Jacques-Alain, *Les Divins Détails*, cours 1988-1989, inédit.

Rank Otto, *Le Mythe de la naissance du héros*, Payot, 1983.

Robert Marthe, *Roman des origines, origine du roman,* Gallimard, Tel, 1977.

Sauret Marie-Jean, « L'invention du célibat », in *Les Énigmes du masculin,* Barca ! poésie, politique, psychanalyse, n° 3, 1994.

Solano-Suarez Esthela, « Que sont devenus les parents aujourd'hui ? », CEREDA Petite Enfance, 1991.

Soler Colette, « Éros enchaîné », L'Âne, n° 20, *Enfants adoptés, enfants de la science : enfants de personne ?*, 1985.

Soler Colette, « À quelles demandes répond le psychanalyste ? », in *La Psychanalyse et les formes contemporaines du symptôme*, bibliothèque confluents, Bulletin de l'ACF-IDF.

Soulé Michel, « Contribution clinique à la compréhension de l'imaginaire des parents », *Revue française de psychanalyse*, PUF, t. XXXII, n° 3, mai-juin 1968.

Winnicott Donald W., « Les écueils de l'adoption », in *L'Enfant et le monde extérieur*, Payot, 1988.

Winnicott Donald W., « Le problème de l'adoption », in *L'Enfant et sa famille*, Petite bibliothèque Payot, 1971.

Stérilité

ANPASE, *Les Procréations assistées. Aspects d'une recherche* effectuée par le Centre de droit de la famille, 1989, n° 1.

Autrement, 1981, n° 35, *Un enfant ?*

Autrement, 1985, n° 72, *Objectif bébé, une nouvelle science : la bébologie.*

Autrement, 1991, n° 120, *Le Défi bioéthique, la médecine entre l'espoir et la crainte.*

Bydlowski Monique, « À propos de l'écoute des couples en demande d'enfant », Études psychothérapiques, *Centurion*, n° 1, nouvelle série, 1990.

Cahen Françoise, « L'inconcevable enfant », *Revue de médecine psychosomatique*, 1985, n° 1.

Chatel Marie-Magdeleine, *Malaise dans la procréation. Les femmes et la médecine de l'enfantement*, Albin Michel, 1993.

Delaisi de Parseval Geneviève et Janaud Armand, *L'Enfant à tout prix*, Seuil, 1983.

Delaisi de Parseval et Verdier Pierre, *Enfants de personne*, Odile Jacob, 1994.

Génétique, procréation et droit, Actes du colloque, Actes Sud, 1985.

Les Enfants des couples stériles (sous la dir. de Pasini W., Beguin F., Bydlowski M. et Papiernik E.), ESF, 1985.

Mattei Jean-François, *L'Enfant oublié ou les folies génétiques*, Albin Michel, 1994.

Mattei Jean-François, *Les Droits de la vie*, Odile Jacob, 1996.

Testart Jacques, *Le Désir du gène*, François Bourin, 1992.

Tort Michel, *Le Désir froid*, La Découverte, 1992.

Vamos Esther, « Enfer et paradis dans la génétique », *Quarto*, revue de l'École de la Cause freudienne-ACF en Belgique, 1995, n° 58.

Témoignages

Adler Jacqueline, *L'Adoption vécue*, Seuil, 1978.

Blain Annette, *« Née de père et mère inconnus », ou le Droit aux origines pour les abandonnés/adoptés*, L'Harmattan, 1995.

Brunet Marie, *L'Amour adopté*, Éditions du Rocher, Renaudot et Cie, 1983.

Delfieu Fabrice et Gravelaine Joëlle de, *Parole d'adopté*, Robert Laffont, 1988.

Dufour Josette, *Adopte-moi quand même*, Fayard, 1991.

Grange Dominique, *Je t'ai trouvé au bout du monde : journal d'une adoption*, Stock, Laurence Pernoud, 1987.

Grange Dominique, *Victor, l'enfant qui refusait d'être adopté*, Stock, Laurence Pernoud, 1993.

Servan-Schreiber Sylvie, *Les Enfants du cœur : dix-huit histoires d'adoption*, Hachette, Carrère, 1991.

Wolinski Maryse, *L'Adoption, une autre naissance*, Barrault, 1984.

Remerciements

Je remercie tous ceux qui m'ont encouragée à écrire ce livre. Les commentaires, suggestions, critiques et précisions de Bernard Chatelain, Marie-Louise Lescœur, Geneviève Martin-Jarrand, Françoise et Henry Torgue, Nicole Virat-Tréglia, qui ont bien voulu lire le manuscrit, me furent précieuses. Qu'ils trouvent ici l'expression de ma profonde reconnaissance.

Table

CET OUVRAGE A ÉTÉ COMPOSÉ
PAR LES ÉDITIONS FLAMMARION

Imprimé en France par la Société Nouvelle Firmin-Didot
Dépôt légal : février 1997
N° d'édition : FF 728201 - N° d'impression : 37398